© Noordhoff Uitgevers bv

Introductie in management

Over plannen, organiseren, leidinggeven en beheersen

Peter Thuis

Derde druk

Noordhoff Uitgevers Groningen/Houten

© Noordhoff Uitgevers bv

Ontwerp omslag: G2K Ontwerpers, Groningen
Omslagillustratie: Stocksy

Eventuele op- en aanmerkingen over deze of andere uitgaven kunt u richten aan: Noordhoff Uitgevers bv, Afdeling Hoger Onderwijs, Antwoordnummer 13, 9700 VB Groningen, e-mail: info@noordhoff.nl

Aan de totstandkoming van deze uitgave is de uiterste zorg besteed. Voor informatie die desondanks onvolledig of onjuist is opgenomen, aanvaarden auteur(s), redactie en uitgever geen aansprakelijkheid. Voor eventuele verbeteringen van de opgenomen gegevens houden zij zich aanbevolen.

© 2017 Noordhoff Uitgevers bv Groningen/Houten, The Netherlands.

Behoudens de in of krachtens de Auteurswet van 1912 gestelde uitzonderingen mag niets uit deze uitgave worden verveelvoudigd, opgeslagen in een geautomatiseerd gegevensbestand of openbaar gemaakt, in enige vorm of op enige wijze, hetzij elektronisch, mechanisch, door fotokopieën, opnamen of enige andere manier, zonder voorafgaande schriftelijke toestemming van de uitgever. Voor zover het maken van reprografische verveelvoudigingen uit deze uitgave is toegestaan op grond van artikel 16h Auteurswet 1912 dient men de daarvoor verschuldigde vergoedingen te voldoen aan Stichting Reprorecht (postbus 3060, 2130 KB Hoofddorp, www.reprorecht.nl). Voor het overnemen van gedeelte(n) uit deze uitgave in bloemlezingen, readers en andere compilatiewerken (artikel 16 Auteurswet 1912) kan men zich wenden tot Stichting PRO (Stichting Publicatie- en Reproductierechten Organisatie, postbus 3060, 2130 KB Hoofddorp, www.stichting-pro.nl).

All rights reserved. No part of this publication may be reproduced, stored in a retrieval system, or transmitted, in any form or by any means, electronic, mechanical, photocopying, recording, or otherwise, without the prior written permission of the publisher.

ISBN 978-90-01-87691-3
NUR 801

Woord vooraf

Er is – zeker wanneer we de Angelsaksische kloeke uitgaven meeoverwegen – een veelheid aan tekstboeken op het gebied van management en organisatie. Beknopte uitgaven zo rond de tweehonderd pagina's zijn er veel minder.

Introductie in management, over plannen, organiseren, leidinggeven en beheersen geeft invulling aan de vraag naar beknopte toegankelijke inleidingen in management en organisatie. Dit boek richt zich op de volgende toepassingen:
- Het is een eerste **kennismaking met Management en Organisatie**, voor studenten die het vaker in het curriculum gaan tegenkomen en die nog geen voorkennis hebben.
- Omdat iedereen in elk beroep te maken krijgt met organisaties, management en leidinggeven, is het boek ook een aanrader voor die studierichtingen waar dit vak wellicht geen kernonderdeel van de studie is. We denken dan aan studierichtingen waar men de student wel goed en compact wil voorbereiden op deze elementen uit de beroepspraktijk. Dat kan zijn een **minor**, **keuzevak** of aanbevolen literatuurlijst.
- Vanwege het beoogde instapniveau en de gehanteerde schrijfstijl denken we dat een student uit een **Associate degree-programma** met dit boek goed uit de voeten moet kunnen.
- Dit boek zou uitstekend passen in sectoren als het **heo**, **hsao**, **hto** en **hzgo**.

In dit boek hanteren we de vier belangrijkste managementvaardigheden **plannen**, **organiseren**, **leidinggeven** en **beheersen** als kapstok voor de theorie. Dit biedt enerzijds structuur zonder aan de andere kant knellend te worden. Op deze thema's worden diverse relevante 'uitstapjes' gemaakt. De docent zou dit ook heel makkelijk kunnen doen door eigen casusmaterialen, en (nog) meer beroepsspecifieke inhoud.

We kijken naargelang het onderwerp op de volgende niveaus naar de thema's plannen, organiseren, leidinggeven en beheersen:
- op het niveau van de organisatie (de plannende organisatie, de organisatie van een organisatie, de leiding van een organisatie en het beheersen van en door een organisatie);
- op het niveau van groepen of afdelingen in een organisatie (denk aan besluitvorming in de planningsfase door groepen en aan weerstand vanuit groepen);
- op het niveau van het individu, vaak dat van de manager maar soms ook het niveau van de medewerker (denk aan de motiverende leidinggevende of aan vraagstukken als weerstand of motivatie van de werknemer).

We zullen tevens zien dat bij al deze beschouwingniveaus de omgeving invloed uitoefent op de organisatie, de groep in de organisatie en het individu in de organisatie. Een en ander is schematisch weergegeven in de volgende figuur.

Beschouwingsniveaus in dit boek

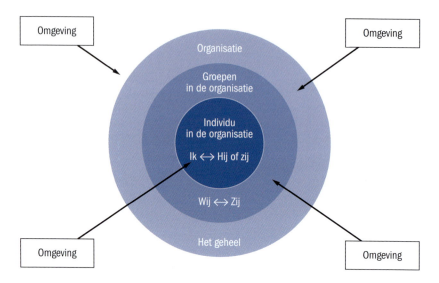

Dit boek kent een website met extra oefenvragen in een geautomatiseerde toetsbank (www.introductiemanagement.noordhoff.nl), en aanvullend materiaal voor student en docent.

Uitgever en auteur willen niet alleen leerstof presenteren, maar ook van u leren. Graag vernemen we via ho@noordhoff.nl uw visie op het boek.

In deze derde druk hebben we op verzoek van de gebruikers het Canvas Business Model toegevoegd (paragraaf 2.4.4) en veel van de praktijkvoorbeelden geactualiseerd. Voor het overige hebben we er nadrukkelijk voor gekozen het boek niet verder uit te breiden, gezien de grote behoefte in de markt aan een compacte uitgave voor een introductie in management.

Ir. Peter Thuis
Sittard, januari 2017

Inhoud

1 Organisaties 7

1.1 Wat zijn organisaties 9
1.2 Hoe werken organisaties en wat heb je eraan? 13
1.3 Management in organisaties 22
1.4 Plannen, organiseren, leidinggeven en beheersen 26

Samenvatting 28
Kernbegrippen 29
Vragen en opdrachten 33

2 Plannen 37

2.1 Plannen in organisaties 39
2.2 De strategisch plannende organisatie 45
2.3 Besluitvorming in organisaties 51
2.4 Praktische planningstechnieken voor de manager 60

Samenvatting 67
Kernbegrippen 68
Vragen en opdrachten 71

3 Organiseren 75

3.1 Structureren van organisaties 77
3.2 Coördinatie in organisaties 87
3.3 De zeven organisatiestructuren van Mintzberg 89
3.4 Humanresourcesmanagement (hrm) 100
3.5 Cultuur in organisaties 108
3.6 Veranderen van organisaties 111

Samenvatting 115
Kernbegrippen 116
Vragen en opdrachten 119

4 Leidinggeven 123

4.1 Leiders, leidinggevenden en managers in organisaties 125
4.2 Stijl van de leidinggevende 128
4.3 De motiverende leidinggevende 134
4.4 Gedrag in organisaties, in relatie tot leiderschap 139
4.5 De leidinggevende als coach 149
4.6 De communicerende leidinggevende 152

Samenvatting 158
Kernbegrippen 159
Vragen en opdrachten 163

5 Beheersen 167

5.1 Beheersing in organisaties: de planning- en controlcyclus 169
5.2 Beheersing in vormen, bronnen en criteria 171
5.3 Beheersing volgens Merchant 184
5.4 Veranderende beheersingsfilosofie 188
5.5 Kwaliteitsbeheersing 191

Samenvatting 199
Kernbegrippen 200
Vragen en opdrachten 202

Literatuuroverzicht 204

Over de auteur 208

Illustratieverantwoording 209

Register 210

1 Organisaties

In dit inleidende hoofdstuk bespreken we wat organisaties zijn, hoe ze werken en wat je eraan hebt. Daarnaast kijken we naar wat **management** is en wat managers doen. Ten slotte staan we stil bij de belangrijkste functies van een manager: **plannen**, **organiseren**, **leidinggeven** en **beheersen**. In de resterende vier hoofdstukken van dit boek komt telkens een van deze vier managementactiviteiten uitgebreid aan de orde.

3P- of PPP-benadering 19
Arbeidsverdeling 20
Bedrijf 11
Beheersen 27
Brundtland-rapport 19
Cradle to Cradle 20
DESTEMP 15
Duurzame ontwikkeling 19
Hiërarchie 20
Hoofddoelstelling van de organisatie 11
Leidinggeven 27
Maatschappelijk verantwoord ondernemen 19
Management 22, 25
Managementniveaus 22
Managementrollen 25
Managementvaardigheden 25
Natuurlijke personen 13
Omgeving 14
Onderneming 11
Organisatie 9, 11
Organiseren 26
Plannen 26
Psychologisch contract 22
Rechtspersonen 13
Synergie-effect 9
Transformatieproces 13

Een nieuwe wereld

Marceline, Daan, Imke en Steven ontmoeten elkaar in Utrecht in een restaurant. Vijf jaar geleden namen ze tegelijkertijd intrek in een nieuw studentenhuis. Sindsdien groeide hun vriendschap. Ze studeerden alle vier iets anders. Marceline deed Personeel en Arbeid, Daan deed Accountancy, Imke studeerde HBO-Verpleegkunde en Steven deed Werktuigbouwkunde.

Na een stormachtige studietijd zijn ze nu allemaal zo'n half jaar aan het werk. Marceline had enkele jaren iets met Daan. En ook Imke en Steven hadden samen een jaar iets dat ze nu omschrijven als 'some kind of verkering'. Dit is nu allemaal over, maar ze kunnen het desondanks nog wel heel goed met elkaar vinden.

De vier vrienden praten elkaar bij over de ervaringen bij het solliciteren en de start van de nieuwe baan. Het is een heel ander leven dat ze nu leiden. Vroeg opstaan, een baas, het leven is ineens een stuk minder ongedwongen en minder consequentievrij. De beslissingen die ze in hun baan nemen, raken andere mensen. Tijdens hun studie waren ze alleen verantwoordelijk voor zichzelf.

Het is erg wennen aan hun nieuwe werkomgeving, hun plek in een organisatie. Regels, procedures, lastige en leuke collega's, verantwoordelijkheden en deadlines, helder krijgen wat er van je verwacht wordt, een vaste aanstelling in de wacht slepen.
In dit inleidend hoofdstuk komen we de vier vrienden nog enkele malen tegen.

1.1 Wat zijn organisaties

In deze paragraaf behandelen we de kenmerken van een organisatie. Vervolgens kijken we naar de verschillende betekenissen van het woord organisatie. Daarna geven we aan wat de samenhangende begrippen 'organisatie', 'bedrijf' en 'onderneming' van elkaar onderscheidt. We sluiten deze paragraaf af met een blik op de verschillende juridische vormen die men kan kiezen voor een organisatie.

CASUS 1.1

'Verschillen'

Marceline is gaan werken als personeelsadviseur op de personeelsafdeling van een ziekenhuis. Daan werkt in een accountancyfirma als Junior Accountant. Steven is bij Rijkswaterstaat gaan werken en is samen met zijn team verantwoordelijk voor het onderhoud van alle pompen en gemalen in regio 7 van Noord-Nederland-West. (Hoewel hij onlangs op zijn donder kreeg omdat hij 'per ongeluk' ook een pomp uit regio 6 had laten vervangen.) Imke werkt als beginnend leidinggevende in een verpleegtehuis.
Steven, Imke en Marceline werken in de publieke sector. Ze geven aan dat ze vooral voor deze organisaties werken vanwege de aard van het werk. Ook vinden ze de maatschappelijke doelstelling van de organisatie waarin ze werken belangrijk.
'Dat geldt ook voor mij', geeft Daan aan. 'Ik zit dan misschien niet heel sociaal noodzakelijk werk te doen, maar zonder accountants is het lastig werken bij boekhoudschandalen en instortende aandelenbeurzen. Dat lijkt me sociaal gezien niet onbelangrijk.'
'Ik dacht dat die accountants juist die schandalen veroorzaken door hun gebrekkige controles', plaagt Imke.
'We mogen dan voor verschillende clubjes werken, toch zijn er in de kern ook veel overeenkomsten in het werk dat we doen', zegt Steven na een tijdje. 'Gek eigenlijk, als je bedenkt dat we tegelijkertijd zulke verschillende opleidingen hebben.'
'Hoe bedoel je?', vraagt Marceline.
'Nou', zegt Steven, 'we constateren net dat we eigenlijk alle vier veel werktijd kwijt zijn aan rapportages aan de baas, dat we heel wat te stellen hebben met onze leidinggevenden, dat met name het goed plannen van het werk lastig is en dat soort dingen.'
'Tja, eigenlijk is het ietsjes betere salaris en mijn miniatuurleaseauto alleen terug te voeren op het feit dat ik de enige ben die in een onderneming werkt', zegt Daan.

1.1.1 Hoe herken je een organisatie?

Een organisatie definiëren we als een menselijke samenwerking die blijvend is. De organisatie heeft drie belangrijke kenmerken. Zonder deze kenmerken geen organisatie. Het gaat om de volgende kenmerken:
1 Er is sprake van samenwerking door mensen
2 aan een gemeenschappelijk doel
3 met de bedoeling de organisatie voort te laten bestaan.

Ad 1 Samenwerking door mensen
De mens ziet in dat samenwerking in organisaties voordelig is. Iedereen wordt daar beter van. Dat komt door het zogeheten synergie-effect, wat wil zeggen dat mensen meer bereiken als ze samenwerken dan wanneer ieder voor zich werkt. Deftig gezegd: het resultaat van het totale samenwerkingsverband is groter dan de optelling van de individuele prestaties. Als een paar duizend man samenwerken, kunnen ze een vliegdekschip bouwen of de deltawerken aanleggen. Zou ieder voor zich werken, dan zou men maximaal een aantal onbruikbare bootjes

Synergie-effect

in elkaar kunnen knutselen of voor een paar uur een dammetje in de zee kunnen werpen. Dit heeft ook met schaaleffecten te maken. Als duizend mensen samenwerken en een groot verkoopbaar product maken, heeft het economisch gezien zin om te investeren in grote machines en dergelijke. Voor één enkel persoon die een vliegdekschip gaat maken, kun je geen dok gaan aanleggen.

Door de industrialisatie vanaf de uitvinding van de stoommachine in 1765 werden organisaties groter. Machines werden namelijk groter en moesten door meer mensen worden bediend. De machines hadden ook grotere organisaties nodig om economisch rendabel ingezet te kunnen worden.

● WWW.DNHS.NL (AANGEPAST)

Meer synergie in organisaties via drie tips

Sub-optimalisatie in organisaties ontstaat doordat mensen in de organisatie ieder voor zichzelf aan een doel werken waarvan zij denken dat het goed is. De optelsom daarvan hoeft niet per se optimaal uit te pakken voor de organisatie. DHNS geeft drie tips om dit tegen te gaan.

1 Vind het naast hogere gemeenschappelijke doel
Om de sub-optimalisatie te voorkomen, kun je terugvallen op het naast hogere gemeenschappelijke doel dat je samen met je collega kunt vinden. Vaak zijn er in de opbouw van de subdoelen in de organisatie verschillende punten waar je een gemeenschappelijk doel kunt vinden. Desnoods ga je terug op het overall doel van de organisatie, maar vaak is dat niet eens nodig. Bovendien is een gemeenschappelijk doel op een lager niveau vaak effectiever voor het tot stand brengen van de samenwerking.

2 Functioneel escaleren
Een aanpak die in mijn ogen veel te weinig wordt gebruikt, is de aanpak van 'functioneel escaleren'. Bij functioneel escaleren maak je voor de hogere managementlagen zichtbaar wat er gebeurt en vraag je actief een beslissing. Je legt met andere woorden de keuze tussen effectiviteit en efficiëntie op een hoger niveau, het niveau waar de consequenties van die afweging beter bekeken kunnen worden.

3 Het is niet persoonlijk!
Een belangrijke frustratie die in gesprekken met professionals en managers op te tekenen valt, is het zien van sub-optimalisatie en het niet bespreekbaar kunnen krijgen van verbeteringen daarop. Het niet voor elkaar krijgen wordt ervaren als een persoonlijk falen. Vanuit een organisatiekundige manier van kijken (en ook vanuit andere manieren van kijken) is dit NIET WAAR.

Als jij met deze tips de mogelijke sub-optimalisatie bespreekbaar hebt gemaakt en functioneel geëscaleerd hebt, heb je gedaan wat in jouw vermogen en bereik ligt om te doen. Als het hogere management besluit dat het toch anders moet dan hoe jij het ziet, moet je ervan uitgaan dat datzelfde hogere management een andere kijk of aanvullende informatie heeft die een andere keuze rechtvaardigt.

Ad 2 Gemeenschappelijk doel
In hoofdstuk 2 zal uitgebreid uit de doeken worden gedaan hoe de organisaties hun gemeenschappelijke doel opstellen, en waarvoor dat nodig is.

Ad 3 Doel voortbestaan organisatie
Doorgaans gaan we bij de bestudering van organisaties uit van de gedachte dat we er alles aan moeten doen om de organisatie te laten voortbestaan. Anders zouden we ook heel verkeerde kortetermijnbeslissingen gaan nemen. We kunnen voor een jaar een prima winst behalen door alle machines en het pand te verkopen. Alleen hebben we het jaar daarop dan een groot probleem. Om dit te voorkomen, moeten we ons houden aan de interne hoofddoelstelling van de organisatie: het streven naar het voortbestaan van de organisatie. De externe hoofddoelstelling is het voorzien in een maatschappelijke behoefte. Als er in de maatschappij niemand op de organisatie zit te wachten, bijvoorbeeld om er te werken of er de producten of diensten van af te nemen, dan is de organisatie immers overbodig en ten dode opgeschreven.

Hoofddoelstelling van de organisatie

1.1.2 Verschillende betekenissen van het begrip organisatie
Met 'organisatie' kunnen we verschillende dingen bedoelen. We kennen namelijk het begrip organisatie op de volgende wijzen:
1 **Functioneel**: dan doelen we op het effectief op elkaar afstemmen van activiteiten, bijvoorbeeld in 'de organisatie van een feest door een paar mensen'.
2 **Institutioneel**: dan doelen we op een 'organisatie' als instituut, met een bepaalde naam en locatie, bijvoorbeeld de organisatie Philips met haar hoofdkantoor in Amsterdam.
3 **Instrumenteel**: dan doelen we op de manier waarop men de zaak geregeld heeft in de organisatie. Daarbij gaat het om de manier waarop men de taken verdeeld heeft, hoe men zaken afstemt, welke afdelingen men gecreeerd heeft en dergelijke. Dit zullen we vooral tegenkomen in hoofdstuk 3 met als titel 'organiseren'.

Organisatiebegrip

1.1.3 Organisatie, bedrijf en onderneming
De begrippen 'organisatie', 'bedrijf' en 'onderneming' hebben wat met elkaar te maken maar zijn toch verschillend. Een organisatie was zoals we eerder zagen een menselijk samenwerkingsverband dat doelgericht en blijvend is. Sommige, niet alle, organisaties zijn een bedrijf. Een bedrijf betreft namelijk alleen maar de organisaties die goederen en/of diensten maken om deze op een afzetmarkt te verkopen. Amnesty International, de Belastingdienst of de volleybalvereniging zijn volgens die definitie dus geen bedrijven maar wel organisaties.

DSM in Sittard-Geleen is tegelijkertijd een organisatie, een bedrijf en een onderneming.

De bedrijven op hun beurt kunnen we weer onderverdelen in bedrijven mét en zonder winstoogmerk. De bedrijven zonder winstoogmerk hebben vaak een ideëel of maatschappelijk doel, zoals een waterleidingbedrijf. De bedrijven die wel een winstoogmerk hebben noemen we onderneming. Hilfiger, Coca Cola en Gamma zijn ondernemingen. Nederlandse gemeenten verkopen weliswaar tegen veel te hoge prijzen paspoorten en bouwvergunningen, maar zijn daarmee geen bedrijven. In figuur 1.2 zijn de benoemde begrippen weergegeven.

FIGUUR 1.2 De relaties tussen de begrippen 'organisatie', 'bedrijf' en 'onderneming'

1.1.4 Juridische keuzen ten aanzien van de organisatie

Rechtsvormen

Organisaties kennen we in verschillende juridische gedaanten die we rechtsvormen noemen. Er zijn rechtsvormen voor zogeheten natuurlijke personen. Dat zijn mensen van vlees en bloed. En er zijn rechtvormen voor instanties, waarbij de organisatie als geheel een rechtsvorm krijgt. Dat noemen we de rechtspersonen.

We kennen de volgende rechtsvormen voor natuurlijke personen:

Natuurlijke personen

- **Eenmanszaak**. Hierbij is de eigenaar met zijn gehele privévermogen aansprakelijk voor schulden in de 'zaak'.
- **Maatschap**. Deze rechtsvorm wordt veelal gebruikt door beoefenaren van een vrij beroep die willen samenwerken (als zogeheten maten). De maten zijn voor een gelijk deel van mogelijke schulden aansprakelijk.
- **Vennootschap onder firma (vof)**. Vaak kortweg 'firma' genoemd. Dit is een samenwerkingsverband tussen twee of meer personen (de firmanten) onder één naam. Soms brengen firmanten alleen (start)kapitaal in, soms brengen ze arbeid in of vergunningen (bijvoorbeeld een taxi- of tapvergunning). De firmanten zijn allemaal aansprakelijk voor de schuld van de vof, met hun privévermogen.
- **Commanditaire vennootschap (cv)**. Deze rechtsvorm is vergelijkbaar met de firma. Het verschil is dat bij de cv sprake is van actieve en stille (commanditaire) vennoten. De stille vennoten brengen alleen geld in als financier, maar gaan niet meewerken in de organisatie. De commanditaire vennoot kan wettelijk gezien niet meer verliezen dan zijn totale inleg. Hij is daarboven niet aansprakelijk meer.

Bij de rechtspersonen komen we de volgende rechtsvormen tegen:

Rechtspersonen

- **Naamloze vennootschap (nv)**. Bij deze vorm zijn de aandelen wat men noemt 'aan toonder'. Iedereen die de aankoopprijs van het aandeel op een aandelenbeurs kan en wil betalen, kan ze kopen. De aandeelhouders worden eens per jaar bijeen geroepen in de ava (algemene vergadering van aandeelhouders). Een nv kent een raad van bestuur (rvb, het topmanagement van de nv) en toezichthouders in de vorm van een raad van commissarissen (rvc). Alle beursgenoteerde ondernemingen zijn nv.
- **Besloten vennootschap (bv)**. De bv is vergelijkbaar met de nv, met het belangrijkste verschil dat de aandelen van de bv juist wel op naam staan. Als de aandeelhouder de aandelen niet kwijt wil, kan niemand eraan komen. De aandeelhouder van een bv is niet met zijn privékapitaal aansprakelijk voor schulden van de bv.
- **Coöperatieve vereniging (cv)**. De cv is een vereniging van leden die hetzelfde doel nastreven, bijvoorbeeld gezamenlijke inkoop van producten bij winkeliers, of de gemeenschappelijke aankoop van dure landbouwmachines door boeren. Ook de cv heeft een raad van bestuur en toezicht in de vorm van een raad van toezicht. Voorbeelden van een cv zijn de Rabobank en de Boerenbondwinkels.

1.2 Hoe werken organisaties en wat heb je eraan?

In deze paragraaf kijken we naar het transformatieproces dat speelt in organisaties. We gaan in op de invloed van de omgeving op de organisatie. Hiërarchie en arbeidsverdeling wordt daarna behandeld. We ronden deze paragraaf af met het antwoord op de vraag wat we aan organisaties hebben.

1.2.1 Het transformatieproces

In de kern kunnen we alle organisaties op de navolgende wijze karakteriseren. Organisaties worden opgericht met een bepaalde doelstelling. In hoofdstuk 2 zullen we dat verder uitdiepen. Om die doelstelling te realiseren, zal input veranderd moeten worden in output. Dit omzettingsproces is vergelijkbaar met de processen die plaatsvinden in de mens, andere levende wezens, tal van machines enzovoort. De mens neemt voedsel tot zich, doet energie op door te slapen en zet dit overdag om in beweging, in denkprocessen, in het warm houden van het lichaam. Dit transformatieproces is ook van toepassing op organisaties. Laten we het voorbeeld nemen van een productieorganisatie: een boerderij voor landbouwgewassen als aardappels.

Input

Aan de inputzijde onderscheiden we:
- materialen (zaden, kunstmest, water);
- middelen (menselijke arbeid door boer en personeel, geld, EU-subsidies, investeringen, informatie over optimale productiemethoden);
- overige factoren (wetgeving, klimaat).

Output

In de organisatie wordt deze input getransformeerd tot:
- gewenste output (verkoopbare producten in de vorm van gewassen en daarmee omzet);
- ongewenste output (afval, milieuvervuiling, onverkoopbare producten).

Dit transformatieproces is schematisch weergegeven in figuur 1.3.

FIGUUR 1.3 Het transformatieproces in een organisatie

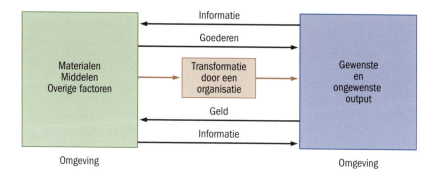

1.2.2 Omgevingsinvloeden

Omgeving

Zoals in figuur 1.3 te zien is, staat de organisatie in rechtstreek contact met de omgeving. De economie, de bevolkingsopbouw en het politieke klimaat in die omgeving hebben een sterke invloed op de organisatie. Een paar voorbeelden:
- Als het loonpeil in de regio waar je zit erg hoog is, heeft dat effect op de verkoopprijs. De looncomponent in de verkoopprijs zal anders liggen dan in een lagelonenland.
- Als je als organisatie zeeschepen bouwt, maakt het veel uit waar je zit. Sowieso is het wel handig om die schepen in de buurt van de zee in elkaar te zetten. Maar het feit of je in Zuid-Afrika of in Rotterdam zit, maakt ook uit voor de milieu- en andere wettelijke eisen waar je aan moet voldoen.
- Hetzelfde geldt voor de beschikbaarheid van goedkope arbeidskrachten, alsook de hoogwaardige arbeidskrachten die het schip ontwerpen. Ook de arbeidsmoraal (hoe nauw men het neemt met de plichten richting werkgever) en de cultuur verschillen per regio.

CASUS 1.4

'De boze buitenwereld'

Onze vier jonge beroepsbeoefenaren uit de voorgaande cases zitten nog altijd op het terras. Door matig drankgebruik iets luidruchtiger, staan ze inmiddels stil bij de invloed van de omgeving op de organisatie. Hoewel ze dat zelf natuurlijk niet zo zullen omschrijven.
'Had ik eigenlijk nooit zo bij stilgestaan', geeft Imke aan, 'dat ze waar wij werken zo'n last hebben van ontwikkelingen buiten de poort. Toen ik studeerde nam ik aan dat de bazen en baasjes vooral bezig waren met de sores binnen de eigen organisatie.' Daan reageert: 'Ik weet niet of ze er echt last van hebben. Maar je merkt wel dat bij het uitstippelen van de koers je heel goed in de gaten moet houden wat de concurrentie doet. Of er nog wel iemand op je spullen zit te wachten buiten de muren van de organisatie.'
'Na lange jaren van bezuiniging is er nu van de overheid weer iets meer geld voor wachtlijstreductie enzo', zegt Imke. 'Dat maakt de collega's wat relaxter, maar diezelfde overheid heeft er door de bezuinigingen wel voor gezorgd dat er te weinig mensen verpleger willen worden. Is er eindelijk wat geld… kan het verpleeghuis geen verplegers krijgen in Nederland. Die gaan we nu halen in wat we ooit ontwikkelingslanden noemden.'

Men moet de omgeving dus goed in kaart hebben om te kunnen zien hoe deze invloed uitoefent op de organisatie. Stoner en Freeman (2002) geven aan dat er drie schillen te herkennen zijn in de omgeving van de organisatie:
1 de **interne belanghebbenden**: de partijen die een direct belang bij de organisatie hebben, bijvoorbeeld werknemers, aandeelhouders en de raad van bestuur;
2 de **externe belanghebbenden**: partijen die geen onderdeel van de organisatie zijn, maar er wel een duidelijk belang bij hebben; we moeten dan denken aan concurrenten, klanten, leveranciers, overheden, pressiegroepen, media, vakbonden en banken;
3 de **indirecte omgeving**: de algemene omgevingsvariabelen die van invloed zijn op de organisatie, de zogeheten DESTEMP-variabelen. De afkorting DESTEMP verwijst naar de respectievelijke eerste letter van zeven variabelen.

De zeven DESTEMP-variabelen
Demografische variabelen. Hierbij moeten we denken aan de omvang, groei en samenstelling van de bevolking. Als de bevolking vergrijst, is dat goed nieuws voor de rollatorfabrikant en slecht nieuws voor de babywinkels. Het gaat trouwens niet alleen om de verkoopmarkt. Een vergrijzende bevolking heeft ook zijn weerslag op de arbeidsmarkt waaruit de organisatie haar personeel moet putten.
Economische variabelen. De economie kan variëren en daarmee invloed hebben op de organisatie. Het besteedbare inkomen voor de producten of diensten die de organisatie biedt, de loonkosten, de conjunctuur en de bereidheid van investeerders om geld te lenen, hebben allemaal invloed op het functioneren van de organisatie.
Sociale variabelen. De organisatie wordt beïnvloed door sociale variabelen als het percentage tweeverdieners, de mogelijkheden van en de gedachten over kinderopvang, de arbeidsmoraal (hoe goed en hoeveel uur in de week is men bereid om te werken bijvoorbeeld) en de sociale zorg van de staat.

● WWW.MT.NL (AANGEPAST)

Duurzaamheid loont

Het groenste jongetje van de klas blijkt ook het best verdienende. Ieder jaar onderzoekt de Vereniging van Beleggers voor Duurzame Ontwikkeling (VBDO) de duurzame doelstellingen en resultaten van Nederlandse beursgenoteerde bedrijven. De vereniging toetst de AEX-bedrijven op grond van zeven criteria: circulaire economie/recycling, mensenrechten, belastingafdracht, uitstoot broeikasgassen, diversiteit, ketenverantwoordelijkheid en externe beleidseffecten.

Eind augustus publiceerden de beursactivisten hun nieuwste bevindingen. Als 'winnaar' kwam AkzoNobel uit de bus. Het chemieconcern bleek op alle zeven criteria goed te scoren. Opvallend is dat AkzoNobel ondanks noodgedwongen herstructureringen en een moeilijke markt (het is met zijn verfproducten afhankelijk van de kwakkelende bouwsector) het afgelopen jaar op de beurs redelijk goed presteerde. Ook andere bedrijven die in de VBDO-lijst hoge ogen gooiden, zoals ASML en Corio, hebben een goed beursjaar achter de rug.

Mvo-bedrijven presteren beter
Dat is geen toeval. Uit eerder onderzoek van VBDO bleek dat bedrijven die veel aandacht schenken aan maatschappelijk verantwoord ondernemen beter presteren op de beurs dan bedrijven die dat niet doen. In 2012 becijferde VDBO dat de koerswaarde van de tien best scorende bedrijven in de duurzaamheidsranking in de drie voorgaande jaren gemiddeld 30 procent sneller was gestegen dan de waarde van de tien slechtst scorende bedrijven.

Technologische variabelen. Hoe wordt er geproduceerd en wat is de stand van de techniek? Het maakte voor het totale functioneren van weverijen nogal uit of ze in de periode zaten voor of na de uitvinding van de stoommachines. Computers hebben hun invloed op de bedrijfsvoering. Allemaal zaken die ook nu nog verschillen per regio in de wereld. Soms worden technologische tekortkomingen goedgemaakt doordat bijvoorbeeld de loonkosten veel lager liggen of de mensen bereid zijn harder en langer te werken dan in de technologisch hogerstaande landen.

Ecologische variabelen. Hierbij speelt de vraag hoe het land of de regio waar de organisatie zich bevindt met het milieu omgaat. Wordt de organisatie geacht hierin een rol te spelen (door duurzaam te produceren)? Ook kan het zo zijn dat de organisatie beïnvloed wordt door de staat waarin het milieu verkeert in haar omgeving. De organisatie van de Olympische Spelen wordt niet zelden gehinderd door de smog, veroorzaakt in de grote steden waar de evenementen plaatsvinden. In sommige landen worden fabrieken stilgelegd als er veel luchtverontreiniging aan de orde is. In Nederland wordt de wegen- en huizenbouw beïnvloed (beperkt) door Europese regelgeving op het gebied van fijnstof.

Markt- en bedrijfstakvariabelen. Hierbij moet je denken aan de omvang van de markt waarop de organisatie actief is, de hevigheid van de concurrentie op die markt en de stand van zaken in de bedrijfstak. Overwegen bijvoorbeeld veel andere organisaties om ook jouw markt te gaan betreden? Of vertrekken er juist veel organisaties uit de bedrijfstak omdat het er niet goed toeven is? Denk aan boerderijen of visserijvloten die 'gesaneerd' worden (opgedoekt met middelen van de overheid).

Politieke variabelen. Is er sprake van een overheid die zich actief bemoeit met de economie en de marktverhoudingen? Of kiezen de politieke bestuurders voor liberalere terughoudendheid? Creëren de politieke machthebbers kansen voor organisaties door middel van subsidies of werpen ze juist drempels op? In het ergste geval nationaliseren ze organisaties, hetgeen wil zeggen dat de organisaties onteigend worden en in handen van de staat vallen. Of zoals men in die landen liever zegt: 'in handen van het volk vallen'.

In tabel 1.5 zijn vier van deze zeven variabelen uitgewerkt (de S, T, E en P).

TABEL 1.5 De ingevulde STEP-analyse

STEP-analyse
1 Welke factoren uit de indirecte omgeving beïnvloeden de organisatie?
2 Welke van deze factoren vormen nu of in de toekomst kansen of bedreigingen voor de organisatie?

Sociaal-cultureel	Economie
Demografie • Inkomensverdeling • Sociale mobiliteit • Verandering van levensgewoonten • Houding ten opzichte van werk en vrije tijd • Consumentisme • Opleidingsniveau	Conjunctuur • Levensfase van de bedrijfstak • Trend van het BNP • Rentestand • Monetaire situatie • Besteedbaar inkomen van klanten • Beschikbaarheid van energie en kosten daarvan
Technologie	**Politiek en wetten**
De overheidsuitgaven voor research • De gerichtheid van overheid en industrie op technologie • Nieuwe uitvindingen en ontwikkelingen • De snelheid van veroudering van technologie	Antimonopolie & antikartel wetgeving • Milieubeschermende maatregelen en wetten • Belastingklimaat en wetgeving • Regulering van buitenlandse handel • Arbeidsrecht • Politieke stabiliteit van overheid en democratie

Bron: aangepast overgenomen uit Johnson & Scholes

Voor de organisatie betekenen deze omgevingsinvloeden het volgende:
1 De organisatie zal zich bewust moeten zijn van de omgeving en deze moeten *kennen*. In het volgende hoofdstuk zullen we zien hoe de organisatie zicht krijgt op de omgeving.
2 De organisatie zal *keuzes* moeten maken ten aanzien van de omgeving. Waar willen we zitten? Waar produceren we? Hier of in een lagelonenland? Realiseer je overigens wel dat het verplaatsen van productie naar lagelonenlanden heel wat voeten in de aarde heeft!
3 De organisatie zal moeten proberen de omgeving naar haar hand te zetten en te *beïnvloeden*. Veel ondernemingen zijn in Nederland lid van de werkgeversorganisatie VNO-NCW, die onder andere tracht de politiek en de publieke opinie te beïnvloeden. Organisaties proberen ook individueel het publiek te beïnvloeden door reclame te maken voor hun producten of diensten. Op deze wijze creëert men een vraag of verhoogt men deze. Organisaties sponsoren goede doelen of doen pogingen duurzaam (met respect voor natuur en milieu) zaken te doen. Allemaal acties waarmee men poogt de omgeving te veranderen.

● WWW.WERKEN20.NL (AANGEPAST)

Sociaal-culturele trend? Wat is Het Nieuwe Werken?

'Het Nieuwe Werken (HNW) is een visie waarbij recente ontwikkelingen in de informatietechnologie als aanjager gelden voor een betere inrichting en bestuur van het kenniswerk. Het gaat om vernieuwing van de fysieke werkplek, de organisatiestructuur en -cultuur, de managementstijl en niet te vergeten de mentaliteit van de kenniswerker en zijn manager.'

Het Nieuwe Werken is de katalysator van een stille revolutie. Het is een verzamelnaam van diverse manieren van slimmer, efficiënter en effectiever werken, toepassen van Web 2.0, gebruik maken van nieuwe technologieën; experimenteren met nieuwe vormen van samenwerking, maar ook nieuwe manieren van leidinggeven; minder hiërarchie; meer eigen verantwoordelijkheid; meer delegeren en meer overlaten aan eigen creativiteit en oplossingsgerichtheid.

Het Nieuwe Werken is multidisciplinair

Hoewel technische ontwikkelingen de aanleiding vormen voor Het Nieuwe Werken, zijn de gevolgen veel fundamenteler: voor maatschappij, voor cultuur, voor de economie, voor de overheid, etc. Door internet zijn de beperkingen van tijd en afstand grotendeels weggevallen. Informatie en kennis zijn op allerlei mogelijke manieren beschikbaar. Het wordt een uitdaging om op het juiste moment, op de juiste plaats, de juiste mensen, kennis en informatie te verzamelen.

Al met al zijn de vraagstukken die Het Nieuwe Werken oproept nogal multidisciplinair van aard: technologisch, facilitair, organisatiekundig, sociologisch en cultureel.

Nieuwe Werkers

Nieuwe Professionals hebben andere wensen en stellen andere eisen aan hun werkgever of opdrachtgever en aan de inrichting van hun werk. Organisaties zullen andere eisen stellen aan werknemers. Het laat zich raden dat de manier waarop organisaties zijn ingericht daardoor behoorlijk kan gaan verschillen van de manier waarop wij dat momenteel kennen. En waarom ook niet? We werken immers ook niet meer zoals in de periode van de industriële revolutie.

Gevolgen van Het Nieuwe Werken

De veronderstelling is dat door Het Nieuwe Werken kenniswerk in de aard ingrijpend zal veranderen. Dit is dan het gevolg van de nieuwe, interactieve mogelijkheden die door internet ontstaan, maar ook door nieuwe werkmethoden, de nieuwe generatie werknemers en veranderende eisen en behoeften aan werk, met als kernwoord 'flexibiliteit'.

Duurzaamheid en MVO

Duurzaam omgaan met de omgeving, het milieu waarin een onderneming actief is, vraagt tegenwoordig zo veel aandacht dat we er voor wat betreft de omgevingsvariabelen extra aandacht aan schenken.

Maatschappelijk verantwoord ondernemen (MVO), duurzaam ondernemen of maatschappelijk ondernemen is een vorm van ondernemen gericht op economische prestaties (profit), met respect voor de sociale kant (people), binnen de ecologische randvoorwaarden (planet): de 3P- of PPP-benadering. Bij maatschappelijk verantwoord ondernemen gaat het om het vinden van een balans tussen people, planet en profit. De gedachte is dat deze balans leidt tot betere resultaten voor zowel het bedrijf als de samenleving, bijvoorbeeld doordat klanten zich aangetrokken voelen tot een bedrijf dat goed zorgt voor de omgeving (milieu) van een bedrijf.

De Organisatie voor Economische Samenwerking en Ontwikkeling (OESO) heeft aanbevelingen voor maatschappelijk verantwoord ondernemen opgesteld, de zogenoemde OESO-richtlijnen. Deze richtlijnen maken duidelijk wat overheden van het gedrag van bedrijven verwachten.

Maatschappelijk verantwoord ondernemen

Duurzaam ondernemen

3P- of PPP-benadering

Duurzame ontwikkeling is ontwikkeling die aansluit op de behoeften van het heden zonder het vermogen van toekomstige generaties om in hun eigen behoeften te voorzien in gevaar te brengen, aldus de definitie van de VN-commissie Brundtland. Het Brundtland-rapport is de verkorte naam waaronder het VN-rapport *Our common future* uit 1987 bekend is geworden. De populaire naam verwijst naar de voorzitster van de commissie, de toenmalige Noorse premier Gro Harlem Brundtland.

De belangrijkste conclusie van het rapport was dat de belangrijkste mondiale milieuproblemen het gevolg zijn van de armoede in het ene deel van de wereld en de niet-duurzame consumptie en productie van het andere deel van de wereld. Het rapport riep voor het eerst op tot duurzame ontwikkeling.

Duurzame ontwikkeling

Brundtland-rapport

Duurzaamheid gaat over de schaarste van de hulpbronnen waarmee welvaart wordt voortgebracht, zowel nu als in de toekomst. De oppervlakte van de aarde is eindig, grondstoffen kunnen op raken en de opnamecapaciteit van de atmosfeer en onze natuurlijke omgeving kent haar grenzen.
Bij duurzame ontwikkeling is dus sprake van een ideaal evenwicht tussen ecologische, economische en sociale belangen. Alle ontwikkelingen die op technologisch, economisch, ecologisch, politiek of sociaal vlak bijdragen aan een gezonde aarde met welvarende bewoners en goed functionerende ecosystemen zijn duurzaam.

Cradle to Cradle

Een term die we vaak tegenkomen bij duurzame ontwikkeling of duurzaam ontwerpen betreft het begrip Cradle to Cradle (C2C). Cradle to Cradle (wieg tot wieg) is een nieuwe kijk op duurzaam ontwerpen, die naar voren is gebracht in het boek *Cradle to Cradle: Remaking the Way We Make Things* (2002) van William McDonough en Michael Braungart.
Bij C2C is er bij het te ontwikkelen product van meet af aan aandacht, bijvoorbeeld via een levenscyclusanalyse (LCA), voor de totale keten van ontstaan (grondstoffen, productie), gebruik (energieverbruik en verbruik van hulpstoffen zoals waspoeder en benzine) en afdanking (hergebruik en storten van restproducten). C2C ziet erop toe dat:
- schonere grondstoffen worden gebruikt;
- het product zo ontworpen wordt dat het zuiniger in gebruik is;
- het vooraf geoptimaliseerd wordt voor recycling.

De centrale gedachte van de C2C-filosofie is dat alle gebruikte materialen na hun leven in het ene product, nuttig kunnen worden ingezet in een ander product. Het eerste verschil met conventioneel recyclen is dat er geen kwaliteitsverlies optreedt en er geen restproducten overblijven die alsnog gestort worden. Deze kringloop wordt aangeduid met het motto: afval = voedsel. Het afval (product) van het een is het 'voedsel', het begin voor het volgende product.

1.2.3 Hiërarchie en arbeidsverdeling in organisaties

In organisaties van meer dan één persoon wordt arbeid verdeeld. De te klaren klus kan dan kennelijk niet meer door één persoon worden gedaan. Er moeten afspraken gemaakt worden over wie wat gaat doen. Hoe we dat precies doen, zullen we zien in hoofdstuk 3 dat over het onderwerp organiseren gaat. Op dit moment melden we dat we de arbeid horizontaal en verticaal kunnen verdelen.

Horizontale verdeling van arbeid

Bij horizontale verdeling van arbeid wordt de arbeid in delen van hetzelfde niveau gesplitst. Denk bijvoorbeeld aan een vertegenwoordiger die een hele regio moet bedienen. Als het werk te veel wordt, kan deze iemand erbij krijgen die het noordelijk deel van het land gaat bedienen, terwijl de eerdergenoemde vertegenwoordiger hetzelfde werk gaat doen in het zuidelijk deel van het land. In een dergelijk geval spreken we van horizontale verdeling van de arbeid. (Let wel: dat horizontale heeft dus niets te maken met dat land en de indeling noord-zuid.) In figuur 1.6 wordt dit schematisch weergegeven.

Verticale verdeling van arbeid

Bij verticale verdeling van arbeid gaan we niveauverschillen aanbrengen. De een wordt de leidinggevende of aansturende baas van de ander. In het voorbeeld van daarnet zou een vertegenwoordiger die het te druk krijgt ook een ondergeschikte kunnen krijgen die voor het hele land de eenvoudigere taken gaat doen, bijvoorbeeld reclamemateriaal verspreiden, telefonisch verkopen of afspraken maken voor de leidinggevende, terwijl de hogergeschikte voortaan de lastigere klussen doet, zoals het opzetten van een marketingcampagne. In dat geval is er hiërarchisch verschil ontstaan en spreken we van verticale arbeidsverdeling. Dit is eveneens inzichtelijk gemaakt in figuur 1.6.

FIGUUR 1.6 Horizontale en verticale arbeidsverdeling

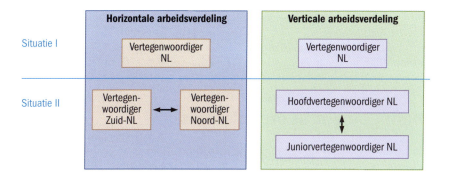

Op deze wijze worden rangen, standen en verschillen in de organisatie gecreeerd. De hiërarchisch hoger geplaatsten zullen doorgaans:
- meer macht hebben;
- beter betaald worden;
- meer invloed hebben op de organisatie;
- meer vrijheid hebben;
- grotere verantwoordelijkheid dragen;
- zich meer op de lange termijn van de organisatie richten.

Hiërarchie

In hoofdstuk 2 zullen we zien dat de top van de organisatie de verste planningshorizon kent en de werkvloer zich het meest op de korte termijn en de dagelijkse bezigheden richt.

Doorgaans zorgt de verticale arbeidsverdeling voor een piramidevormige organisatie. We zien daarbij normaliter veel medewerkers op de werkvloer. Naarmate men op hogere functieniveaus komt, zijn er telkens minder mensen met dezelfde functie. Om uiteindelijk uit te komen bij de eindverantwoordelijke topfunctionaris (de directeur, president, general manager of voorzitter van bestuur). Mensen kunnen 'hogerop' komen door gepromoveerd te worden naar hoger gelegen functies. Dit als gevolg van goed functioneren, maar soms ook door vleierij, geluk of omstandigheden. Een andere methode is het bereiken van hoger gelegen functies door hiernaar bij andere organisaties te solliciteren.

1.2.4 Wat heb je aan organisaties?
Nu we in globale lijnen besproken hebben hoe organisaties werken, staat de vraag nog open wat je eraan hebt. Organisaties bestaan bij de gratie van het eerder besproken synergie-effect. Doordat mensen samenwerken, bereiken ze meer dan helemaal alleen. Maar organisaties hebben ook nog andere pluspunten:
- De meeste mensen vinden het prettig om collega's te hebben. Men gaat uiteraard ook voor het geld werken. Maar als we dan toch een groot deel van ons leven aan de arbeid moeten, dan graag in een organisatie waar we sociale contacten kunnen opdoen.
- Met organisaties kun je je identificeren. Veel mensen hebben een binding met de organisatie waar ze werken.
- Van de organisaties waar we niet werken, zoals verenigingen, worden we zelfs vrijwillig lid. We vinden het prettig dat ze er zijn, we willen erbij horen.

Psychologisch contract

Mensen gaan met hun organisatie, hun werkgever een psychologisch contract aan. Dat wil zeggen dat zij veel belangrijker dan het papieren contract een subtiel geheel van ongeschreven wederzijdse verwachtingen blijken te hebben. De medewerker wil naast geld ook uitdaging, weg uit de sleur, zich kunnen verbeteren, interessante mensen ontmoeten, zich gewaardeerd voelen, persoonlijke aandacht en coaching. De werkgever verwacht voor zijn loon niet alleen arbeid terug, maar ook loyaliteit, inzet en teamwerk.

1.3 Management in organisaties

Management

Management is het zich richten op de planning, organisatie, leiding en beheersing van een organisatie. Op deze begrippen komen we in paragraaf 1.4 terug. Hierbij moeten menselijke en materiële middelen toegewezen worden om de organisatiedoelen te bereiken.

We kijken in deze paragraaf naar de verschillende managementlagen in een organisatie, we bespreken de managementvaardigheden en we gaan in op managementrollen.

1.3.1 Management in lagen

Manager

Managementniveaus

Management wordt doorgaans uitgeoefend door de manager. Deze staat aan het hoofd van een groep mensen, een afdeling of de complete organisatie. We kennen drie managementniveaus:

1 **Topmanagement**. Het topmanagement formuleert de overall-doelen van de organisatie (dit noemen we ook wel de formulering van de strategische doelen van de organisatie), bepaalt de koers, stuurt het middenmanagement aan en draagt de eindverantwoordelijkheid.
2 **Middenmanagement**. Het middenmanagement vertaalt de strategische doelen van het topmanagement in tactische doelen voor de middellange termijn, heeft een specifieker aandachtsterrein of beperktere blik dan het topmanagement, richt zich op een breder terrein dan de operationele manager en brengt de relevante informatie en signalen uit de lagere delen van de organisatie naar boven.

Op alle managementniveaus zijn communicatieve vaardigheden belangrijk. De manager verzorgt informatieoverdracht naar boven-, neven- en ondergeschikten.

3 **Operationeel management**. Het operationele management staat net boven het uitvoerende personeel. Vaak was de operationele manager eerder een van de uitvoerend personeelsleden. Een uitvoerend manager plant en verdeelt het werk. Hij geeft orders aan het uitvoerend personeel, werkt de plannen van het middenmanagement verder uit en brengt ze ten uitvoer. Hij informeert het uitvoerend personeel over beleidsbesluiten die hogerop in de organisatie genomen zijn en hij informeert het middenmanagement over gevoelens, zorgen, wensen en waardering die leven onder het uitvoerend personeel.

De indeling in managementniveaus levert een piramidevormige organisatie op (zie figuur 1.7). Dit omdat er naarmate je hiërarchisch gezien afdaalt in de organisatie meerdere mensen zijn met dezelfde functie. De piramide wordt dus zoals het hoort van boven naar beneden bezien steeds breder. Er is één president-directeur, er zijn meerdere middenmanagers en er is nog meer uitvoerend personeel. Als het andersom zou zijn, spreekt men in de volksmond wel eens van een 'Mexicaans leger' (meer generaals dan soldaten) of 'more chiefs than indians' (meer opperhoofden dan gewone indianen).

Piramide

FIGUUR 1.7 De verschillende managementlagen in piramidevorm, met daaronder het uitvoerende personeel

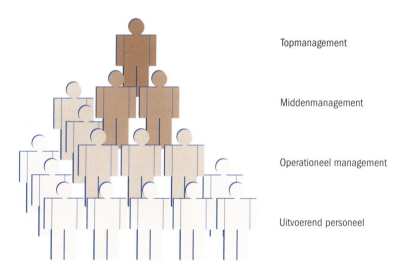

Topmanagement

Middenmanagement

Operationeel management

Uitvoerend personeel

CASUS 1.8

'Macht'?'

De vier studievrienden Imke, Daan, Steven en Marceline zijn inmiddels aanbeland in een eetcafé om wat te eten. Nadat ze wat geroddeld hebben over andere oud-studiegenoten en wat herinneringen hebben opgehaald, komen hun ambities voor de toekomst ter sprake.

'Wat je moet worden, is manager', zegt Marceline. 'Beste salarissen, anderen vertellen wat ze moeten doen en zelf alle vrijheid.'
'Maar wat doen de managers dan zelf?', vraagt Imke.
'Nou dat is niet altijd duidelijk.'
'Ze sturen verticaal aan.'
'Wat?'

'Ja, dat betekent dat ze de baas zijn en de lakens uitdelen.'
'O.'
'Maar ze dragen natuurlijk wel extra verantwoordelijkheid en als het misgaat zijn zij de klos', geeft Daan aan.
'Dan krijgen ze hun bonus zeker niet.'
'Bij ons in het ziekenhuis heb je managers in alle soorten en maten, belangrijke en minder belangrijke. De meneer die de post rondbrengt noemt zich voor de grap altijd "manager inhuizige logistiek van vooral papier"', zegt Marceline.
'De managers bij ons zijn over het algemeen trouwens best aardig, ze willen niet zo per se op een voetstuk staan', zegt Steven.
'Het zijn vooral de directe collega's waar ik aan moet wennen, ze bemoeien zich meer met mijn werk dan mijn baas.'

"In de praktijk verdwijnen de meeste voorstellen, concepten en visies die teams hebben ontwikkeld in een bureaula. Slechts een minimum van de ideeën wordt in de praktijk gebracht, omdat slechts een handjevol mensen echt beslissingen kan nemen. En dat is – hoe ouderwets ook – de top van het bedrijf."

— Dominique Haijtema,
Nederlands managementauteur

● WWW.MT.NL (AANGEPAST)

Manager, leer eens delegeren

Gooi je werk over de schutting, doe je alles zelf of blijf je vaag over het overdragen van werk? Als je goed delegeert, helpt dat jezelf én je team.

Stuur jij wel eens mails met allerlei collega's in de cc? Volgens personal business coach Eelco Smit is dit een van de meest *sneaky* manieren van delegeren. Door mensen te cc'en draag je namelijk iets over zonder duidelijk te maken wat de ander moet doen, terwijl het blijkbaar wel belangrijk genoeg is om door te sturen. 'Passief-agressief delegeren', noemt Eelco Smit deze stijl, die meestal wordt gebruikt als iemand zich wil indekken. Smit: 'Wat zo'n bericht eigenlijk zegt is: ik ga je niet vertellen wat je moet doen, maar als het misgaat kan ik je achteraf de schuld geven.'

De passief-agressieve stijl komt vaak voor in bureaucratische organisaties. Welke stijlen van delegeren zijn er nog meer?
Voor Richard Branson was leren delegeren een van de belangrijkste lessen als beginnend zakenman. De oprichter van de Virgin Group huurt altijd vakkundige managers in voor zijn bedrijven. 'Zo kan ik me blijven concentreren op onze nieuwe ideeën en projecten en op het starten van de volgende bedrijven', liet Branson eens weten aan MT.

Ook topchef Gordon Ramsay benoemt delegeren als een van zijn 'succesrecepten'. De timing ervan luistert nauw, zegt Ramsay, en de scheidslijn tussen de touwtjes in handen houden en verantwoordelijkheid geven, is dun. 'Vanaf de eerste kriebels van een idee tot de afronding van het nieuwe project heeft het je volledige aandacht nodig. Daarna moet je het uit handen geven.'

Maar hoe doe je dat nou, werk goed uit handen geven?

Delegeren begint met vertrouwen
'Als ik mijn team meer zou kunnen vertrouwen, dan zou ik wel meer delegeren', denken veel managers. Maar vertrouwen moet groeien, schrijft '*business thinker*' Taco Oosterkamp. 'Als jij elke keer zelf ingrijpt bij alles wat je ziet misgaan, houd je elke keer de echte verantwoordelijkheid weg bij je teamleden. Daarmee maak je het onmogelijk voor hen om hun eigen fouten te maken en daarvan te leren, daardoor te groeien in verantwoordelijkheid en stapje voor stapje jouw vertrouwen te winnen.'

1.3.2 Managementvaardigheden

Een goede manager moet een aantal vaardigheden beheersen, dit naargelang het niveau van zijn functie. We kennen in dit verband vier vaardigheden:
1 **conceptuele vaardigheden**: vaardigheden om op creatieve wijze zelfstandig ideeën te kunnen ontwikkelen die oplossingen moeten bieden voor gerezen problemen of kansen;
2 **communicatieve vaardigheden**: vaardigheden om op de juiste wijze informatie, gedachten en gevoelens te kunnen overbrengen en ontvangen;
3 **interpersoonlijke vaardigheden**: vaardigheden om te kunnen leiden, motiveren, conflicten op te lossen en samen te werken;
4 **technische vaardigheden**: vaardigheden om specifieke, voor een bepaald werkterrein benodigde methoden, procedures en technieken toe te kunnen passen, bijvoorbeeld planningstechnieken.

Ten aanzien van deze vaardigheden kunnen we stellen dat naarmate men in hogere managementlagen komt, de behoefte aan technische vaardigheden afneemt. Daarvoor kan men namelijk leunen op het werk van de mensen lager in de organisatie.
Ook is het zo dat naarmate men in hogere managementlagen komt de behoefte aan conceptuele vaardigheden toeneemt. Dat is immers de reden waarom men op de hoger gelegen positie in de organisatie zit: sturen, plannen en nieuwe ideeën en plannen opzetten voor de organisatie.

1.3.3 Managementrollen

Een van de meest toonaangevende en origineelste denkers over management is Henry Mintzberg. Aan het begin van zijn carrière volgde en observeerde hij managers en beschreef wat zij doen. Mintzberg nam waar dat managers tien rollen op zich nemen die hij indeelde in:
- **Interpersoonlijke rollen**. De manager is boegbeeld van de organisatie naar buiten toe en is intern de leider en verbindingspersoon van de organisatie met de omgeving.
- **Informationele rollen**. De manager neemt als waarnemer de ontwikkeling in de omgeving en de positie van zijn organisatie daarin waar, verspreidt informatie en is als woordvoerder de persoon die de informatie vanuit de organisatie naar buiten de omgeving in brengt.

- **Besluitvormende rollen**. De manager zit in de besluitvormende rol als ondernemer, als oplosser van storingen, als de persoon die besluiten moet nemen over de verdeler van middelen en als onderhandelaar.

In figuur 1.9 is deze indeling schematisch weergegeven.

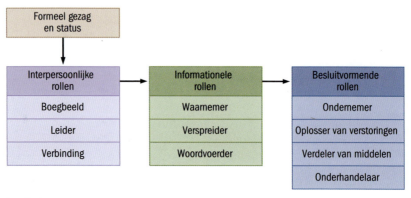

FIGUUR 1.9 Relatie tussen de verschillende managementrollen

Bron: Mintzberg

1.4 Plannen, organiseren, leidinggeven en beheersen

In paragraaf 1.3 noemden we de begrippen planning, organisatie, leiding en beheersing van een organisatie al in de verklaring van het begrip 'management'. We zullen deze begrippen in deze paragraaf en in de rest van het boek verder uitwerken, omdat dit de managementfuncties zijn die je zelf moet gaan beheersen.

Plannen

Het werk van de manager is onder te verdelen in vier basisfuncties die het management heeft. De eerste basisfunctie is plannen: de managementfunctie waarbij men doelen voor de toekomst vaststelt en vervolgens bepaalt welke acties op welke tijdstippen nodig zijn om de gestelde doelen te bereiken. Planning wordt gedaan om de gestelde organisatiedoelen vast te stellen.

Daarna moet de manager – nog steeds in de planningsfunctie – bepalen met welke middelen hij een dergelijke planning kan uitvoeren. Welke acties zijn nodig om het doel te realiseren en vast te stellen en via welke weg wil hij het doel bereiken? Soms heeft hij meerdere acties waaruit hij kan kiezen. In hoofdstuk 2 zullen we dit verder uitwerken. We zullen in dat hoofdstuk zien hoe men de overkoepelende planning (lees: *strategie*) van de organisatie maakt, en hoe *besluitvorming* tot stand komt. Ook komen praktische planningstechnieken aan bod waarmee je al bij de start van jouw carrière in aanraking komt.

Om de gemaakte planning te kunnen realiseren, moet de organisatie daarop worden ingericht (zie figuur 1.6). Als je de markt in Duitsland wilt gaan veroveren, moeten mensen in de organisatie zich op Duitsland gaan richten. Organiseren is de functie van het management die erop gericht is een structuur van relaties tussen het personeel te creëren waardoor dit in staat is de gestelde doelen te bereiken. *Structuren aanbrengen, coördineren* en het opbouwen en onderhouden van een geschikt *personeelsbestand* zijn de hoofdbestanddelen van het organiseren. Dit alles komt in hoofdstuk 3 aan de orde. Daar kijken we ook naar *cultuur* in organisaties en *organisatieverandering*.

Organiseren

Als de planning en de organisatie gereed zijn, moet je er nog steeds voor zorgen dat de medewerkers de dingen gaan doen die ze moeten doen. Je moet ze coachen, motiveren, met ze communiceren, ze aanvuren en ze soms corrigeren. Dat noemen we leiden of leidinggeven. Leidinggeven is de managementfunctie die gericht is op het begeleiden en motiveren van ondergeschikten, zodat deze de taken uitvoeren die nodig zijn om de organisatiedoelen te bereiken. In hoofdstuk 4 zullen we deze managementfunctie verder vormgeven.

Leidinggeven

De laatste managementfunctie betreft het beheersen. Dit slaat op het *verifiëren* of de gestelde doelen en planning ook daadwerkelijk gehaald worden door de organisatie. Dit om zonodig te kunnen bijsturen. Dat komt aan bod in hoofdstuk 5 waarin we kijken naar de *werking van* en *eisen aan beheersingssystemen*.

Beheersen

In figuur 1.10 zijn de vier basisfuncties van de manager schematisch weergegeven.

FIGUUR 1.10 De vier basisfuncties van de manager

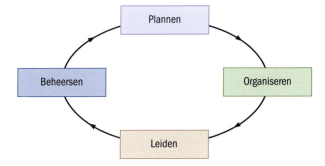

Samenvatting

- Organisatie: samenwerking door mensen aan een gemeenschappelijk doel met het streven naar continuïteit.

- Bedrijf: organisatie die een product of dienst maakt en verkoopt.

- Onderneming: bedrijf dat winst wil maken

- Rechtsvormen van organisaties
  Natuurlijke personen
  - Eenmanszaak
  - Maatschap
  - Vennootschap onder Firma (vof)
  - Commanditaire vennootschap (cv)

  Rechtspersonen
  - Naamloze vennootschap (nv)
  - Besloten vennootschap (bv)
  - Coöperatieve vereniging (cv)

- In een organisatie worden materialen, middelen en overige factoren getransformeerd tot gewenste output en ongewenste output (figuur 1.3).

- De omgeving van een organisatie is onder te verdelen in drie schillen:
  - interne belanghebbenden
  - externe belanghebbenden
  - indirecte omgeving: DESTEMP (demografische, economische, sociale, technologische, ecologische, markt en bedrijfstak- en politieke variabelen).

- Een organisatie moet zijn omgeving kennen om keuzes te kunnen maken en de omgeving te kunnen beïnvloeden.

- Maatschappelijk verantwoord ondernemen (MVO): vorm van ondernemen gericht op economische prestaties (profit) met respect voor de sociale kant (people) en ecologische randvoorwaarden (planet).

- Zorg voor de 3P's (profit, people, planet).
- Een element van MVO is Cradle to Cradle ontwerpen, dusdanig ontwerpen dat een product als het niet meer gebruikt wordt of kan worden, als grondstof kan dienen voor een ander product.
- MVO is gericht op de toekomst door duurzame ontwikkeling: ontwikkeling zonder het vermogen van toekomstige generaties om in eigen behoeften te voorzien in gevaar te brengen.
- Duurzame ontwikkeling kwam het eerst baanbrekend aan bod in het Brundtland-rapport.

- Arbeid kan horizontaal en verticaal worden gedeeld.

- Management richt zich op planning, organisatie, leiding en beheersing van een organisatie.

- Drie managementniveaus:
  - topmanagement
  - middenmanagement
  - operationeel management

- Vier managementvaardigheden:
  - conceptuele (zelf oplossingen verzinnen)
  - communicatieve (zorgdragen voor informatieoverdracht)
  - interpersoonlijke (leiden, conflicten oplossen, motiveren, samenwerken)
  - technische (methoden, procedures)

- Managementrollen:
  - interpersoonlijke rollen (boegbeeld, leider, verbinding)
  - informationele rollen (waarnemer, verspreider, woordvoerder)
  - besluitvormende rollen (ondernemer, oplosser van storingen, verdeler van middelen, onderhandelaar)

Kernbegrippen

3P- of PPP-benadering	Zie maatschappelijk verantwoord ondernemen.
Bedrijf	Een organisatie die goederen en/of diensten maakt om deze op een afzetmarkt te verkopen.
Bedrijven met winst-oogmerk	Die bedrijven die iets afzetten op een markt en daarbij winst willen maken.
Bedrijven zonder winst-oogmerk	Die bedrijven die iets afzetten op een markt en daarbij niet gericht zijn op het maken van zoveel mogelijk winst.
Beheersen	Managementfunctie die erop gericht is te verifiëren of de gestelde doelen en plannen ook daadwerkelijk gehaald worden door de organisatie.
Besloten vennootschap (bv)	Rechtspersoon met aandelen op naam.
Besluitvormende rollen	De manager zit in de besluitvormende rol als ondernemer, als oplosser van storingen, als de persoon die besluiten moet nemen over de verdeler van middelen en als onderhandelaar.
Brundtland-rapport	Belangrijk rapport over duurzame ontwikkeling (zie duurzame ontwikkeling).
Commanditaire vennootschap (cv)	Rechtsvorm voor natuurlijke personen; samenwerkingsverband onder één naam tussen twee of meer personen die kapitaal, arbeid of vergunningen inbrengen. Vergelijkbaar met de firma. Het verschil is dat bij de cv sprake is van actieve en stille (commanditaire) vennoten.
Communicatieve vaardigheden	Vaardigheden om op de juiste wijze informatie, gedachten en gevoelens te kunnen overbrengen en ontvangen.
Conceptuele vaardigheden	Vaardigheden om op creatieve wijze zelfstandig ideeën te kunnen ontwikkelen die oplossingen moeten bieden voor gerezen problemen of kansen.
Coöperatieve vereniging	Rechtspersoon; vereniging van leden die hetzelfde doel nastreven.
Cradle to Cradle (C2C)	Dusdanig ontwerpen dat een product als het niet meer gebruikt wordt of gebruikt kan worden, als grondstof kan dienen voor een ander product.

Duurzaam ondernemen	Vorm van ondernemen gericht op economische prestaties (profit), met respect voor de sociale kant (people) en ecologische randvoorwaarden (planet).
Duurzame ontwikkeling	Ontwikkeling zonder het vermogen van toekomstige generaties om in eigen behoeften te voorzien in gevaar te brengen.
Eenmanszaak	Rechtsvorm voor één natuurlijk persoon waarbij de eigenaar aansprakelijk is met zijn gehele vermogen.
Externe belanghebbenden	Partijen die geen onderdeel van de organisatie zijn, maar er wel een duidelijk belang bij hebben.
Externe hoofddoelstelling van de organisatie	Het voorzien in een maatschappelijke behoefte.
Functioneel organisatiebegrip	Het effectief op elkaar afstemmen van activiteiten.
Horizontale verdeling van arbeid	Arbeid wordt in delen van hetzelfde niveau gesplitst.
Indirecte omgeving	De algemene omgevingsvariabelen die van invloed zijn op de organisatie.
Informationele rollen	De manager neemt als waarnemer de ontwikkeling in de omgeving en de positie van zijn organisatie daarin waar, verspreidt informatie en is als woordvoerder de persoon die de informatie vanuit de organisatie naar buiten de omgeving in brengt.
Institutioneel organisatiebegrip	De organisatie als instituut.
Instrumenteel organisatiebegrip	De wijze waarop men de zaak georganiseerd heeft in de organisatie.
Interne belanghebbenden	De partijen die een direct belang bij de organisatie hebben.
Interne hoofddoelstelling van de organisatie	Het streven naar het voortbestaan van de organisatie.

Interpersoonlijke rollen	De manager is boegbeeld van de organisatie naar buiten toe; hij is intern de leider en verbindingspersoon van de organisatie met de omgeving.
Interpersoonlijke vaardigheden	Vaardigheden om te kunnen leiden, motiveren, conflicten op te lossen en samen te werken.
Leidinggeven	Managementfunctie die gericht is op het begeleiden en motiveren van ondergeschikten zodat deze de taken uitvoeren die nodig zijn om de organisatiedoelen te bereiken.
Maatschap	Rechtsvorm voor natuurlijke personen; deze wordt veelal gebruikt door beoefenaren van een vrij beroep die willen samenwerken (als zogeheten maten).
Maatschappelijk verantwoord ondernemen (MVO)	Vorm van ondernemen gericht op economische prestaties (profit), met respect voor de sociale kant (people) en ecologische randvoorwaarden (planet).
Management	Het zich richten op de planning, organisatie, leiding en beheersing van een organisatie, waarbij menselijke en materiële middelen worden toegewezen om de organisatiedoelen te bereiken.
Middenmanagement	Managementlaag in het midden van de organisatie.
Naamloze vennootschap (nv)	Rechtspersoon met aandelen 'aan toonder'.
Operationeel management	Onderste managementlaag van de organisatie.
Organisatie	Een menselijke samenwerking die doelgericht en blijvend is.
Organiseren	Managementfunctie die erop gericht is een structuur van relaties tussen het personeel te creëren waardoor dit in staat is de gestelde doelen te bereiken.
Plannen	Managementfunctie waarbij men doelen voor de toekomst vaststelt.
Psychologisch contract	Subtiel geheel van ongeschreven wederzijdse verwachtingen tussen werknemer en werkgever.

Synergie-effect	Effect waardoor het resultaat van het totale samenwerkingsverband groter is dan de optelling van de individuele prestaties.
Topmanagement	Bovenste managementlaag in een organisatie.
Vennootschap onder firma (vof)	Rechtsvorm voor natuurlijke personen; samenwerkingsverband onder één naam tussen twee of meer personen die kapitaal, arbeid of vergunningen inbrengen.
Verticale verdeling van arbeid	Arbeid wordt zo gesplitst dat er niveauverschillen en hiërarchie ontstaan.

Vragen en opdrachten

Vragen

1.1 Welke zijn de tien managementrollen van Mintzberg en hoe worden ze gegroepeerd?

1.2 Beschrijf in je eigen woorden de betekenis achter de vier basisfuncties van management.

1.3 Welke kenmerken heeft een organisatie?

1.4 Welke rechtsvormen kennen we voor natuurlijke personen? Geef een omschrijving.

1.5 Welke rechtsvormen kennen we voor rechtspersonen? Geef een omschrijving.

1.6 Omschrijf de vaardigheden die managers moeten bezitten.

Opdrachten

1.7 Breng het transformatieproces in kaart voor de volgende organisaties: Albert Heijn, de NS, een rechtbank en een kliniek voor plastische chirurgie.

1.8 Kies een tweetal organisaties, en probeer daarvoor zo compleet mogelijk de omgeving te beschrijven.

1.9 Benoem voor elk van de tien managementrollen een praktijkvoorbeeld. (Een mogelijk voorbeeld van de manager als verbindingspersoon zien we als... enzovoort.)

1.10 Probeer aan de hand van de website van drie organisaties verschillen en overeenkomsten te vinden.

1.11 Lees het volgende artikel over sociale media als communicatievorm.

● WWW.EZPRESS.EU (AANGEPAST)

Ruim de helft van de bedrijven maakt geen gebruik van social media voor communicatie of marketing

eCircle heeft de resultaten uit onderzoek naar sociale media en e-mailmarketing bekendgemaakt. eCircle toont aan hoe marketeers social media en e-mail integreren binnen online marketing. Ook komen de belangrijkste doelstellingen naar voren die marketeers proberen te behalen met socialmediaplatforms, zoals Facebook en Twitter.

De resultaten wijzen uit dat e-mailmarketing nog altijd de belangrijkste online marketingtool is voor de meerderheid van de Europese bedrijven (bijna 60 procent), gevolgd door display (48 procent) en social media (44 procent). Spanje en het Verenigd Koninkrijk lopen voorop in het gebruik van social media voor bedrijfscommunicatie. Nederlandse bedrijven staan op de derde plek met 47 procent van de marketeers die aangeeft dat ze nieuwe digitale kanalen hebben geïntegreerd in hun online marketingmix.

a In dit hoofdstuk kwam de relatie van het bedrijf met haar omgeving aan de orde. Geef andere dan digitale kanalen (zoals sociale media) aan waarlangs een bedrijf met haar omgeving kan communiceren.
b Niet alle bedrijven zorgen ervoor dat hun werknemers hun social media kunnen bijhouden. In welke mate zou het ontbreken van social media jou in je werk kunnen hinderen? En zou je er voor jezelf persoonlijk last van hebben?
c Noem voor- en nadelen van bedrijfscommunicatie met de buitenwereld via social media.

Antwoorden op vragen en opdrachten vind je op de bij dit boek behorende website **www.introductiemanagement.noordhoff.nl**.

2 Plannen

In dit hoofdstuk kijken we naar de eerste van de vier belangrijke managementactiviteiten: plannen. **Plannen** is de managementfunctie waarbij men doelen voor de toekomst vaststelt, zo zagen we in hoofdstuk 1. Alle medewerkers in een organisatie houden zich bezig met planning, maar ook de organisatie zelf plant activiteiten. In dit hoofdstuk zullen we van 'groot' naar 'klein', van planning op organisatieniveau naar planning op individueel niveau kijken. We behandelen eerst plannen in algemene zin. Daarna bespreken we het **strategische planningsproces**. Vervolgens komt **besluitvorming** door groepen en door het individu aan bod. Ten slotte schenken we aandacht aan enkele praktische **planningstechnieken** voor managers.

Ansoffs product-marktcombinaties 48
Besluitvorming 51, 57
Besluitvormingsmodellen 57
Budgetteren 60
Crisismanagement 53
Defensieve strategie 46

Geprogrammeerde beslissingen 52
Methoden voor strategie 49
Missie 40
Netwerkplanning 62
Offensieve strategie 46
Planbord 61
Plannen 39

Planningstechnieken 60
Planniveaus 40
Porters strategische uitgangspunten 47
Scenarioplannen 53
Single-use plan 52
Strategisch planningsproces 43
SWOT-analyse 44

Wat plannen we?
Marceline heeft een baan gevonden op de personeelsafdeling van een ziekenhuis. Haar baas Dave is niet altijd even duidelijk in zijn instructies en verwachtingen. In haar eerste week vroeg hij haar de 'planning' door te nemen, en aan het einde van de week haar eigen plannen daarnaast te leggen. 'Graag had ik wat feedback op de planning- en controlcyclus vanuit de frisse blik van een nieuwkomer in deze tent', zei hij en beende weg.

Ze snapte eigenlijk niet goed wat ze moest doen. Als ze directe collega's naar 'de plannen' vraagt komt men met telkens andere zaken. De een wijst op planborden bij de operatiekamer en de verpleegafdelingen als 'de plannen'. De volgende heeft het over het strategisch plan van vorig jaar waarin meer efficiëntie en bezuinigingen werden afgekondigd.
'Iedereen die zelf geen witte jas of wit schort aan heeft, zit maar te plannen voor ons', zegt een arts tegen haar in de kantine. 'Ons wordt niets gevraagd.' 'Gelukkig vergeten we die plannen dan ook altijd, en maken we weer nieuwe', vult iemand (zonder witte jas) grinnikend aan.

2.1 Plannen in organisaties

In deze paragraaf behandelen we achtereenvolgens: criteria voor effectieve plannen (subparagraaf 2.1.1), plannen op verschillende niveaus in de organisatie (subparagraaf 2.1.2), de missie van een organisatie (subparagraaf 2.1.3), planning en omgeving (subparagraaf 2.1.4) en het strategisch planningsproces in organisaties (subparagraaf 2.1.5).

Plannen is de managementfunctie waarbij men doelen voor de toekomst vaststelt, zo zagen we in hoofdstuk 1. Organisaties maken dus plannen, maar ook individuen maken een planning. Het maken van plannen heeft de volgende voordelen:
1 Planning *coördineert* de activiteiten. Medewerkers gaan veelal niet sturingsloos door het leven, maar volgen een plan voor hun activiteiten. Het plan zorgt ervoor dat de activiteiten van de ene medewerker op die van de collega zijn afgestemd. In de openingscasus zagen we het voorbeeld van een planbord bij een operatiekamer als coördinatiemiddel van activiteiten.
2 Planning levert een *stimulans* om vooruit te denken. Dagelijkse beslommeringen vereisen aandacht. Je werkt aan zaken die nu aangepakt moeten worden. Door te plannen, wordt je gedwongen om ook verder vooruit te kijken en je af te vragen of je nog op het juiste pad bent.
3 Je hebt een plan als *norm* nodig om later te bezien of je wel de juiste dingen op de juiste manier hebt gedaan.

2.1.1 Criteria voor effectieve plannen

Plannen moeten om effectief te zijn en voldoende draagvlak te verkrijgen, voldoen aan een aantal criteria:
- De plannen moeten *specifiek* en *meetbaar* zijn. Als ze dat niet zijn, kun je niet controleren (bijvoorbeeld in hoofdstuk 5) of je ze wel gerealiseerd hebt. Voorbeeld van een specifiek en meetbaar plan zijn de millenniumdoelen. In 2000 hebben regeringsleiders van 189 landen, waaronder ook Nederland, afgesproken om vóór 2015 de belangrijkste wereldproblemen aan te pakken. Deze afspraken heten de millenniumdoelen. Voorbeelden van die doelen zijn onder andere dat vóór 2015: iedereen schoon drinkwater moet kunnen krijgen, alle kinderen basisonderwijs moeten kunnen volgen, extreme armoede gehalveerd is, verspreiding van aids en malaria gestopt is en moedersterfte omlaag is gebracht. Dit plan (uiteraard verder uitgewerkt) is goed controleerbaar op zijn effectiviteit omdat het exact aangeeft wat bereikt moet worden. Je weet door de formulering in 2015 precies welk doel wel en welk doel niet gehaald is.
- De plannen moeten zich richten op een paar *kerngebieden*. Om niet ten onder te gaan aan een woud van plannen en doelen, moet men keuzes maken en zich concentreren op een paar aandachtsgebieden voor de te bereiken resultaten.
- De plannen moeten *uitdagend maar realistisch* zijn. Als plannen onrealistisch zijn, dan zal dit de medewerker demotiveren. Aan de andere kant moeten ze voldoende uitdaging bevatten om niet te vervelen.
- De plannen moeten zich richten op een *specifieke periode* in de tijd. Als het plan een langere tijdsperiode bestrijkt, moet het plan opgedeeld worden in deelplannen (met deelresultaten) met mijlpalen binnen de planperiode.
- Indien mogelijk zou er aan een plan een vorm van *prestatiebeloning* verbonden kunnen worden.

2.1.2 Planniveaus en -termijnen

Op verschillende niveaus in de organisatie wordt aan planning gedaan. Denk hierbij aan het topmanagement of middenkader. Deze planning wordt gemaakt voor verschillende termijnen, bijvoorbeeld voor de korte of lange termijn. Deze plannen dienen om de doelen van de organisatie te realiseren. De doelen en daarbij behorende plannen kennen drie niveaus: strategisch, tactisch en operationeel.

Strategische plannen

Grofweg kun je zeggen dat de plannen die men maakt voor de lange termijn, gelden voor de periode tussen vijf en tien jaar vanaf heden. Deze plannen, die we strategische plannen noemen, worden vastgesteld door het topmanagement (directie, raad van bestuur). Het besluit, en de uitwerking daarvan, van levensmiddelenfabrikant Unilever om het totale palet van producten (levensmiddelen, verzorgingsproducten, schoonmaakartikelen) en merken (Unox, Knorr, Bertolli, Becel, Blue Band, Ola, Dove, Robijn, Glorix, Cif, Sun) dat zij aanbood drastisch te verminderen, was een strategisch plan.

Tactische plannen

Tactische plannen zijn vertalingen van de strategische plannen in deelplannen die uitgevoerd gaan worden op middellange termijn. Dit betreft de periode van één jaar tot vijf jaar vanaf heden. Deze plannen worden veelal opgesteld door het middenkader (divisiedirecteuren, afdelingshoofden). Unilever wilde het aantal merken en producten verminderen. Onderdeel van de tactische planning is dan het bepalen van de criteria op basis waarvan producten en middelen mogen blijven of worden afgestoten (bijvoorbeeld winstgevendheid). Ook het verkopen van productlijnen en merken aan andere bedrijven hoort daarbij. In de praktijk worden de begrippen strategie/strategisch plan nog wel eens verward met de begrippen tactiek/tactisch plan. We zagen hiervoor echter dat de tactiek ondergeschikt is aan de strategie. Een strategisch plan valt uiteen in de uitwerking van een aantal tactische deelplannen.

Operationele plannen

Operationele plannen gelden voor de korte termijn en worden opgesteld door het lager kader, ook wel operationeel management genoemd. Hierbij kun je denken aan een periode van nul tot één jaar vanaf heden. De operationele plannen zijn op hun beurt weer de vertaling van de tactische planning in deelplannen voor de korte termijn. In 2001 heeft Unilever een reeks Europese soepen en sauzen (bijvoorbeeld Royco soep) aan haar Amerikaanse concurrent Campbell verkocht. Vervolgens moest op vrij korte termijn in de operationele planning worden bepaald hoe en wanneer dit juridisch geregeld ging worden.

2.1.3 Missie

Uiteindelijk moet ook nog vermeld worden dat de strategische plannen, tactische plannen en operationele plannen ondergeschikt zijn aan de missie van de organisatie. De missie, vaak gebruikt men het Engelse missionstatement, geeft het dikwijls ambitieuze hoofddoel van de organisatie weer. De missie doet uitspraken over het brede doel van de organisatie, haar waarden en plaats in de wereld. De missie van Unilever luidt: 'Het is Unilevers missie vitaliteit toe te voegen aan het leven. Wij voorzien in de dagelijkse behoefte aan voeding, hygiëne en persoonlijke verzorging met merken die mensen helpen zich goed te voelen, er goed uit te zien en meer uit het leven te halen.'

Missionstatement

Missies drukken uit wat de organisatie als het ware 'wil worden als zij later groot is', 'wat zij wil betekenen voor de maatschappij'. Missies zijn selectief, een oliemaatschappij zal melden dat ze voor transport wil zorgen, niet dat fossiele brandstoffen op raken en vervuilend zijn. Missies zijn zeker buiten het bedrijfsleven overambitieus: Nederland heeft veertien universiteiten, die tegelijkertijd conform hun missie minimaal tot de top van Nederland willen behoren. Bovendien willen ze allemaal grotendeels ook toonaangevend in Europa zijn. Dat geldt voor veel meer universiteiten in andere Europese landen.

Om de missie die men heeft te verwezenlijken, formuleert men de in subparagraaf 2.1.2 genoemde strategische plannen. Waar de missie vrij vaag is, worden de doelen en de daarbij behorende plannen steeds concreter naarmate de planningstermijn waarop ze betrekking hebben korter wordt. Figuur 2.1 brengt de verschillende soorten planning en hun relatie (hiërarchie) in beeld.

FIGUUR 2.1 De hiërarchie van doelen en plannen

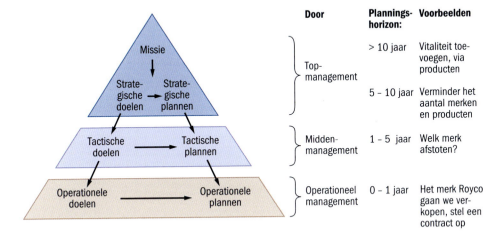

2.1.4 Planning en omgeving

Het is belangrijk je te realiseren dat de planvorming in de organisatie sterk beïnvloed wordt door de omgeving. De organisatie is geen gesloten bastion, maar moet openstaan voor haar omgeving. De organisatie betrekt immers haar werknemers uit die omgeving, leent geld van banken en instellingen in die omgeving en maakt producten of levert diensten waarvan men hoopt dat er buiten de organisatie iemand op zit te wachten. De strategische plannen proberen een antwoord te geven op de omgeving. Er kunnen zich kansen voordoen. Denk aan de mogelijkheden voor fabrikanten van machines om munten te slaan, die te horen kregen dat er een nieuwe gemeenschappelijke munt in Europa zou komen. Ook kan de omgeving bedreigingen voor de organisatie in zich hebben. Neem de effecten van vergrijzing en de toenemende vraag van de jeugd naar audiovisuele media (televisie, games, pc) voor een uitgever van jeugdboeken. De strategische planning moet hierop een antwoord vormen: bijvoorbeeld het samen met Europese partners ontwerpen van machines om euro's te maken, of het gaan omzetten van jeugdboeken in dvd's en aanverwante games. Het is bij het reageren op de omgeving belangrijk om rekening te houden met de sterke en zwakke kanten van de organisatie.

Een zwakke kant van een Nederlandse muntenfabrikant kan bijvoorbeeld zijn dat ze klein is en niet snel de leverancier wordt voor meer Europese landen. Het kan daarom voor het strategisch plan verstandig zijn samenwerking te zoeken met partners in andere landen. Een sterke kant van de uitgever van jeugdliteratuur kan bijvoorbeeld zijn dat zij hoewel de bestaande producten misschien niet meer zo goed aansluiten bij de vraag van de jeugd, wel heel goede connecties heeft met scholen en andere mogelijke distributiepunten, en bovendien van oudsher heel goed weet hoe ze educatieve aspecten aan producten moet toevoegen. Dit zal de verkoop van eventuele nieuwe producten bevorderen, omdat ouders dat waarderen.

● DNHS.NL (AANGEPAST)

Het bedrijfskundig basismodel achter elke organisatie

Zonder het model in detail te beschrijven, is het bedrijfskundige basismodel achter elke organisatie opgebouwd uit de volgende onderdelen.

MVP – de missie, visie en positionering

Het fundament onder alles wat de organisatie doet, wordt beschreven door de missie, de visie en de positionering van de organisatie. De missie beschrijft hierbij het bestaansrecht van de organisatie en bakent daarmee het werkterrein van de organisatie af. De visie geeft het beeld van de toekomst en de ambitie wat de organisatie in die toekomst bereikt wil hebben. De positionering geeft aan op welke manier de organisatie dit wil bereiken.

Het mag duidelijk zijn dat de MVP heel belangrijk is. Het bepaalt wat we wel en wat we niet tot onze business rekenen, waar we door gemotiveerd worden en op welke manier we denken en werken.

Maar tegelijk is het veel te vaag om een organisatie op te sturen.

D – Doelen

Om de organisatie te kunnen richten, hebben we een doel nodig. Een doel op de lange termijn, een zogenaamde 'stip op de horizon'.

Dit is ook het doel waar ik, als ik in organisaties aan het werk ben, aan kan toetsen of de organisatie en de activiteiten die de organisatie onderneemt, effectief zijn.

S – Strategie

Omdat dit doel op een te lange termijn ligt om er een organisatie op te sturen, hebben we een dichterbij gelegen doel nodig om de dagelijkse keuzes en activiteiten op te richten. We bepalen daarvoor een afgeleid doel op een termijn van 1,5 tot 2 jaar. Dit doel noemen we de strategie.

O en R – Organiseren en Realiseren

Op het moment dat we een strategie hebben, een doel waar we over 1,5 tot 2 jaar willen zijn, kunnen we activiteiten gaan organiseren en realiseren. We kunnen aan het werk!

Praktijkvoorbeeld 2.2 is een voorbeeld van strategische veranderingen bij een ziekenhuis ingegeven door de omgeving (in dit geval het ministerie van VWS).

PRAKTIJKVOORBEELD 2.2

Strategische veranderingen

Marceline uit de openingscasus werkt in het Zuijderlandziekenhuis te Sittart-Geleen, het 'ziekenhuis van de 21e eeuw'. Op de website schrijft het ziekenhuis daarover: 'Zorgbehoeften veranderen, medische technologieën staan niet stil, kortom het huidige ziekenhuis voldoet op korte termijn niet meer. Vandaar dat het ministerie van VWS het Maaslandziekenhuis bij haar aanvraag voor nieuwbouw heeft uitgedaagd om het "ziekenhuis van de 21e eeuw" te ontwikkelen.

De belangrijkste karakterwijzigingen binnen het nieuwe ziekenhuis zijn:
- een verdere verschuiving van klinische naar poliklinische zorg en dagverpleging;
- een kortere wachttijd en een kortere opnameduur;
- efficiënte en effectieve processtromen ontstaan door een goede planning, optimaal gebruik van faciliteiten, informatie- en communicatietechnologie en door goede afstemming met zorgpartners;
- een gebouwelijke omgeving die aansluit op het patiëntenproces;
- minder bedden.'

Het ziekenhuis neemt daarmee als uitgangspunt voor haar strategie een differentiatiepositie. Men wil de processen anders aanpakken dan de concurrent, minder verplegen, sneller medisch ingrijpen en meer aandacht voor de klant.

2.1.5 Het strategisch planningsproces in organisaties

De strategische planning valt op hoofdlijnen uiteen in drie vragen:
1 Hoe staat de organisatie ervoor? Dit in relatie tot de kansen en bedreigingen vanuit de omgeving en bovendien gerelateerd aan de sterke en zwakke kanten van de onderneming. Zie de voorbeelden in subparagraaf 2.1.4. Dit noemen we de **analyse van de strategische situatie**. Als we dit weten kunnen we aan de slag met het maken van een strategisch plan om de huidige situatie te verbeteren of in een gunstig geval te kunnen vasthouden. Denk aan de uitgeverij van kinderboeken die constateert dat de vraag afneemt, omdat kinderen zich op steeds verschillende wijzen vermaken. Maar die ook weet dat als zij een nieuw product zou kunnen maken, zij dan wel goede toegang heeft tot de markt. Deze uitgever kan aan de slag met de tweede vraag.
2 Welke strategische plannen moet ik ontwikkelen, die passen bij de geconstateerde strategische uitgangspositie van de organisatie? Dit noemen we **strategie-ontwikkeling**. De uitgever in ons voorbeeld kan besluiten om zijn boeken voortaan op kindvriendelijke wijze ook als speelfilm met bijbehorende game in de markt te zetten. Als de uitgeverij deze plannen heeft ontwikkeld, kan ze gaan nadenken over de derde vraag.
3 Hoe ga ik de strategische plannen uitvoeren? Het gekozen strategisch plan kan op verschillende manieren worden uitgevoerd. Dit noemen we **strategie-implementatie**. Implementeren betekent namelijk ten uitvoer brengen. De uitgever kan besluiten zelf films te gaan maken, maar heeft daar geen verstand van. Ze kan daarom een filmmaatschappij overnemen of dit werk uitbesteden. Ze kan kiezen voor de Nederlandse markt of toch de sprong wagen naar de internationale (Engelstalige) markt.

Schematisch ziet dit eruit als weergegeven in figuur 2.3.

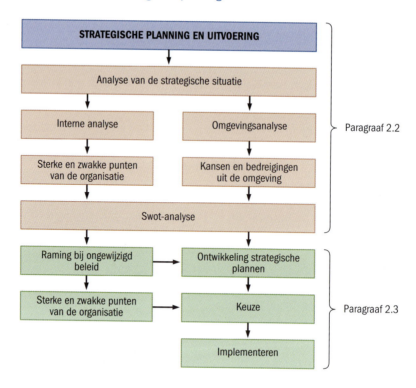

FIGUUR 2.3 Schema strategische planning

In figuur 2.3 zien we dat de drie zojuist genoemde vragen terugkomen (strategieanalyse, -ontwikkeling en -implementatie). We zien dat de analyse van de strategische situatie uiteenvalt in de interne analyse (welke sterke en zwakke punten kent de organisatie?) en de analyse van de kansen en bedreigingen in de omgevingsanalyse. Deze twee onderdelen leiden tot een zogeheten SWOT-analyse. Waarbij SWOT staat voor de Engelse vertaling van de eerdergenoemde 'sterkten, zwaktes, kansen en bedreigingen': 'Strengths, Weaknesses, Opportunities en Threats'. Deze elementen worden in onderling verband geanalyseerd. Gewapend met deze kennis worden verschillende strategische plannen ontwikkeld. Deze worden vergeleken met de situatie waarbij we helemaal niets veranderen aan de koers van de organisatie (de zogeheten raming bij ongewijzigd beleid, ROB). Het plan dat het beste gebruikmaakt van de sterke kanten van de organisatie en waarbij men het minste last heeft van de zwaktes, wordt gekozen, en vervolgens geïmplementeerd (uitgevoerd). Belangrijk is om te weten dat wat voor de één een bedreiging is, voor de ander een kans kan zijn (zie praktijkvoorbeeld 2.4).

SWOT-analyse

In de volgende paragrafen zullen we dieper ingaan op de genoemde onderdelen uit de strategische planning. In het bijzonder zullen we kijken naar strategieontwikkeling en de uitvoering daarvan.

PRAKTIJKVOORBEELD 2.4

Bejaardenzorg

Een bejaardentehuis krijgt in de gaten dat ouderen steeds veeleisender worden, maar ook meer te besteden hebben en meer willen besteden. Als men niet kan voldoen aan specifieke wensen van de klant, zoekt deze een tehuis dat dat wel kan. Stel nu dat een sterk punt van de organisatie is dat ze sneller dan anderen kan veranderen en op trends kan inspelen. In dat geval is de genoemde bedreiging juist een kans.

Bij strategische planning gaat het niet alleen over het te bereiken doel, maar vooral ook over de weg naar dat doel.

2.2 De strategisch plannende organisatie

We gaan er op deze plek in het boek van uit dat de organisatie de strategische situatie bepaald heeft en dat de SWOT-analyse is uitgevoerd. Daarmee maken we een hele sprong. Lezers die geïnteresseerd zijn hoe de strategische situatie precies bepaald kan worden, verwijzen we naar het boek *Toegepaste Organisatiekunde* (Thuis, 2017).

Als we na de analyse van de strategische situatie eenmaal weten hoe de organisatie ervoor staat, kunnen we gaan nadenken over eventueel *ingrijpen*. Niet zo heel lang geleden besloot computerfabrikant Apple zich te gaan richten op smartphones. Waar Apple maar een klein deel van de computermarkt in handen had, is ze heel belangrijk op de markt voor smartphones geworden. Men had ook voor een ander strategisch plan kunnen kiezen. Het is niet onwaarschijnlijk dat de scenario's en uitwerkingen daarvoor ook klaarlagen. Organisaties moeten dus op basis van de situatie waarin zij verkeren, verschillende nieuwe strategische plannen maken, en uiteindelijk de best passende kiezen. Bij het maken van strategische plannen moeten we de volgende vragen doorlopen:

1 Wat is de hoofdvorm voor de strategie?
2 Wat is het uitgangspunt voor de strategie?
3 Wat is de richting voor een mogelijke strategie?
4 Wat is de methode voor het uitvoeren van de strategie?
5 Hoe kies ik het beste alternatief uit de verschillende strategieën?

Ad 1 Hoofdvorm voor de strategie
Bij de hoofdvorm voor de strategie stellen de strategische planners zich de vraag of ze moeten kiezen voor een offensieve of een defensieve strategie. Bij de **defensieve strategie** probeert men zich door middel van het nieuwe plan aan te passen aan de omgeving. Een fietsenfabrikant wordt geconfronteerd met de afnemende behoefte aan beweging, mensen fietsen minder. Een defensieve strategie is je daaraan aanpassen en fietsen met hulpmotor gaan maken. Er zou sprake zijn van een **offensieve strategie** wanneer men zou proberen door reclame en sponsoring het leuke van fietsen en bewegen te promoten.

Ad 2 Uitgangspunt voor de strategie
Wat het uitgangspunt voor de strategie is, gaat over de wijze waarop je je als organisatie wilt onderscheiden van de concurrentie: door lagere prijzen of door meer service bijvoorbeeld (zie subparagraaf 2.2.1).

Ad 3 Richting voor de strategie
Bij de richting voor de strategie gaat het met name over de vraag of je veranderingen wil aanbrengen ten aanzien van de markt waarop je actief bent, en de producten of diensten waarmee je die markt bedient (zie subparagraaf 2.2.2).

Ad 4 Strategiemethode
Bij de strategiemethode gaat het om de manier waarop je de strategie tot stand wil brengen. Neem het voorbeeld van de eerder niet-bestaande tablets Ipad van Apple en Playbook van RIM. Andere elektronicaconcerns die hun markt willen vergroten moeten zich afvragen of zij die markt ook op willen en zo ja (en dan komen we bij de strategiemethode), of zij een dergelijke tablet zelf willen ontwikkelen of er tegen betaling een laten ontwikkelen door een bestaand bedrijf.

Ook bij de introductie van nieuwe producten, zoals destijds tablets, is de methode van de tenuitvoerlegging van die strategie een belangrijke overweging.

Ad 5 Strategiekeuze
Door het nadenken over de eerdergenoemde keuzemogelijkheden doemen er verschillende mogelijkheden op. Uiteindelijk moeten we het alternatief kiezen dat het beste past bij de organisatie en de gewenste strategie-uitkomst (zie subparagraaf 2.2.4).

De eerste vraag is hiervoor al toegelicht, voor de andere vragen hebben we wat meer ruimte nodig in de volgende subparagrafen.

2.2.1 Uitgangspunten voor een strategie

Bij de uitgangspunten voor een strategie gaat het over de wijze waarop een organisatie zich wil onderscheiden ten opzichte van de concurrentie. Het ziekenhuis waar Marceline uit de openingscasus werkt zou zich kunnen onderscheiden van andere ziekenhuizen door heel veel specialiteiten te bieden. Een ander uitgangspunt voor de strategie van het ziekenhuis zou kunnen zijn om voor zorgverzekeraars het goedkoopste ziekenhuis in de regio te zijn. Aanbieders dingen naar de gunsten van de klant door iets bieden dat ze elders niet krijgen. Denk aan de verschillen tussen kledingzaken: we kennen prijsstunters en we kennen heel exclusieve dure winkels, waar men maatkostuums aanmeet.

De generieke strategieën van Porter

De bekendste denker over strategische uitgangspunten is zonder twijfel Michael Porter. Deze geeft de volgende drie fundamentele uitgangspunten voor een strategie:

1 **Kostenleiderschapsstrategie**. Hierbij is het uitgangspunt dat men in vergelijking tot de concurrentie zo goedkoop mogelijk wil produceren. Meestal worden de voordelen van deze lage productieprijs grotendeels aan de klant doorgegeven. Het is daarom voor de kostenleider zaak om veel omzet te draaien. Dit maakt de kostprijs lager, en vele kleine winstjes op verkochte producten maken tezamen alsnog een mooie winst mogelijk. Bij de kledingbranche kan men denken aan leveranciers als Wibra, Gako en Zeeman die in lagelonenlanden (China) kleding laten produceren, om ze hier relatief goedkoop te verkopen.

2 **Differentiatiestrategie**. Bij deze strategie wil men zich onderscheiden van de concurrentie door een goede service te bieden, of extra imago, uitstraling of kwaliteit. Hierbij kan men denken aan de exclusieve herenkledingzaak Oger waar men bijvoorbeeld maatkostuums kan laten aanmeten. Een goed voorbeeld van differentiatiestrategie is dat van Unilever met Dove.

3 **Focusstrategie**. Bij deze strategie richt men zich na keuze uit een van voorgaande twee categorieën bovendien nog op een specifiek segment. Zo'n segment van de markt noemt men ook wel niche. Denk bijvoorbeeld aan een kledingzaak die zich speciaal richt op lange mannen of de iets zwaardere vrouw. Dit zou kunnen in een exclusieve variant, maar ook in de prijsgerichte variant. In tijden van weleer gingen dames met lange echtgenoot maar smalle portemonnee, naar C&A omdat dit concern destijds een groot aanbod in zogeheten lengtematen had.

> Strategische uitgangspunten Porter

> Niche

Porter geeft aan dat men een keuze moet maken tussen de voorgaande categorieën en dat een positie ertussenin ('stuck-in-the-middle' zoals hij het noemt) een slechte zou zijn. In de praktijk lijkt dat mee te vallen. Een kledingmerk als River Woods is niet exclusief of 'top of the line'. Het merk is echter ook niet het allergoedkoopste. River Woods wist echter in een periode van tien jaar uit het niets toch een redelijke marktpositie te verwerven in Nederland.

> Stuck-in-the-middle

Kledingmerk River Woods wist in korte tijd een redelijke marktpositie te verwerven.

2.2.2 Richtingen voor een strategie

Ansoffs product-marktcombinaties

Igor Ansoff geeft aan dat er vier verschillende richtingen zijn voor een strategie. Hij bedoelt daarmee dat er vier mogelijke product-marktcombinaties zijn voor een nieuwe strategie. Laten we uitgaan van een bakker die zijn organisatie graag wil laten groeien in omzet. Deze strategie kan hij langs vier richtingen verwezenlijken:

1 Via **marktpenetratie**. Dit betekent dat de bakker met dezelfde producten, op dezelfde markt actief blijft, maar een groter marktaandeel nastreeft. Bijvoorbeeld door te adverteren met prijsverlagingen, of het bieden van iets extra's als het thuisbezorgen van grote bestellingen. Zie je overigens dat de theorie van Porter uit de vorige subparagraaf hier naadloos in past?
2 Via **productontwikkeling**. De bakker uit ons voorbeeld zou er in dit geval voor kiezen om zijn omzet te verhogen door andere producten te gaan aanbieden, zoals extra luxe broodjes of vetvrij gebak.
3 Via **marktontwikkeling**. Hierbij kiest de bakker ervoor om een nieuwe markt aan te boren die hij eerder niet bediende. Bijvoorbeeld door voortaan naast aan huishoudens ook aan het ziekenhuis te gaan leveren, of aan de groothandel. Zie ook praktijkvoorbeeld 2.6.
4 Via **diversificatie**. Dit slaat op het tegelijkertijd ontwikkelen van nieuwe producten voor een nieuwe markt. Dit kan het eerdergenoemde nieuwe type broodje voor het ziekenhuis zijn, maar het kan ook de zogeheten ongerelateerde diversificatie betreffen. Bij dat laatste gaat de bakker bijvoorbeeld ook in tuinslangen doen.

Ansoff-matrix

In figuur 2.5 zien we wat we de Ansoff-matrix noemen. Hierin treffen we de vier genoemde mogelijkheden aan. Bovendien is het gemiddeld slagingspercentage van deze strategierichtingen ingevuld.

FIGUUR 2.5 De Ansoff-matrix geeft verschillende strategische richtingen aan

	Producten	
Markt	**Nieuwe**	**Huidige**
Nieuwe	5% Diversificatie	20% Marktontwikkeling
Huidige	33% Productontwikkeling	50% Marktpenetratie

Het percentage geeft het gemiddelde slagingspercentage aan

De organisatie kan er ook voor kiezen om zich juist terug te trekken uit een bepaalde product-marktcombinatie, bijvoorbeeld omdat deze niet rendeert. Een andere keuze is om pas op de plaats te maken bij de huidige situatie; dit noemen we consolideren.

Terugtrekken

Consolideren

PRAKTIJKVOORBEELD 2.6

Privékliniek

Marceline, die we onder meer in de openingscasus leerden kennen, werkt als medewerkster van de personeelsafdeling van een ziekenhuis. Ze heeft een exitgesprek met een aantal medewerkers die samen met wat plastisch chirurgen een privékliniek gaan opzetten. Deze kliniek – UNDO genaamd – is anders dan de vele andere cosmetische privéklinieken. Men richt zich niet op mensen die iets willen laten doen aan de gevolgen van ouder worden of mensen die het lichaam willen laten verfraaien/verbouwen. Deze kliniek richt zich voor Duitsland, Nederland en België op slachtoffers van fysieke bedrijfsongevallen. Bedrijven waar een ongeluk is gebeurd met machines of chemicaliën en die daarvoor deels aansprakelijkheid aanvaarden, laten hun medewerkers grotendeels op kosten van de zaak helpen in de kliniek. Dit is voor de chirurgen bekend terrein vanuit hun vak. Het is voor hen hetzelfde product. In de oude situatie deden ze evengoed hun best op het genezingsproces als nu in de private situatie. Het werven van dit type klanten en dergelijke is voor hen een totaal nieuwe markt. We spreken dan ook van marktontwikkeling als strategierichting.

2.2.3 Methoden voor een strategie

Als een organisatie weet welke ingreep in de strategie men wil plegen, moet ze nadenken welke methode ze daarvoor wil gebruiken. Marcelines ziekenhuis uit de openingscasus kan in haar planning ernaar streven om samen met een partnerziekenhuis te gaan fuseren om zo sterker te staan tegenover de concurrentie. We kennen de volgende methoden voor een strategie:
- **Zelfstandige ontwikkeling**. De organisatie gaat zelf aan de slag met de gekozen product-marktcombinatie, de generieke strategie van Porter. Men gaat zelf de nieuwe fabriek bouwen of het nieuwe marketingkanaal aanboren, zonder tussenkomst van anderen. De oud-collega's van

Marceline uit praktijkvoorbeeld 2.6 kiezen bij de nieuwe kliniek die ze opzetten, voor deze methode bij hun strategie.
- **Fusie**. De bank ABN fuseerde (smolt samen) met de bank AMRO tot het huidige ABN AMRO. De beide organisaties hebben elkaar dan natuurlijk speciaal geselecteerd om te passen binnen de nieuwe strategie (omzetgroei, delen van kosten).
- **Overname**. Hierbij neemt organisatie A, organisatie B in zich op. Waardoor een grotere organisatie A resteert. ABN AMRO moest in 2005 en 2006 veel moeite doen om de Italiaanse Banca Antonveneta over te nemen.

● WWW.MT.NL (AANGEPAST)

Grote overname in tabaksindustrie op komst

De Amerikaanse tabaksproducent RJ Reynolds overweegt een bod op zijn branchegenoot Lorillard dat meer dan 20 miljard dollar (14,5 miljard euro) kan bedragen.

Dat meldt zakenkrant *Financial Times* maandag op basis van bronnen rond de zaak.

RJ Reynolds, fabrikant van merken als Pall Mall en Camel, zou zakenbank Lazard ingehuurd hebben om een deal te onderzoeken. Mogelijk kan daarbij ook een bod op een deel van Lorillard worden uitgebracht.

Lorillard is onder meer producent van de mentholsigaret Newport. Dat merk is volgens het bedrijf de best verkopende mentholsigaret in de Verenigde Staten.

Het zou gaan om de grootste overname in de tabaksindustrie in lange tijd. British American Tobacco (BAT) heeft een belang van 42 procent van RJ Reynolds. BAT nam dat belang bijna tien jaar geleden en in juli vervalt een overeenkomst om een vijandelijke overname van RJ Reynolds door het Britse bedrijf te voorkomen.

Strategische allianties

- **Samenwerken**. Organisaties kunnen op verschillende manieren samenwerken. Strategische allianties worden opgericht om samen sterker te staan tegenover de concurrentie. Hierbij is er, anders dan bij een fusie, behoud van zelfstandigheid van de verschillende partijen. We zagen Nike en Philips samenwerken bij de ontwikkeling van een mp3-speler voor joggers, Ikea gaat Philips-producten in de toonzalen opnemen en elders in deze paragraaf zien we als krantenartikel het alliantievoorbeeld van dit decennium: Senseo.
- **Direct investment**. Met de samenwerkingsvorm direct investment wordt het internationaal investeren bedoeld, dat erop gericht is om via aandelenpakketten zeggenschap te krijgen over productie en marketing in het buitenland.

"Hoe mooi de strategie ook is, heel af en toe moet je naar de resultaten ervan kijken."

— Sir Winston Churchill,
 Brits staatsman

- **Outsourcing**. Bij outsourcing wordt productie uitbesteed aan ondernemingen of landen waar grondstoffen, lonen of diensten goedkoper zijn.
- **Licentie**. Bij een licentie geeft een onderneming een andere onderneming het recht om tegen een bepaalde vergoeding haar producten te maken. Coca Cola wordt in landen waar het bedrijf Coca Cola zelf niet wil produceren in licentie gemaakt door licentiehouders.
- **Franchise**. Van franchise is sprake als de franchisegever zorgt voor merk, logo's, reclame, materialen, producten, middelen en werkmethoden, die de franchisenemer tegen een vergoeding kan gebruiken binnen de franchiseformule. McDonald's, Burger King, Pizza Hut, maar ook HEMA en Holiday Inn zijn franchiseorganisaties.
- **Joint venture**. Een joint venture ten slotte is een samenwerkingsverband van verschillende bedrijven, met vaak verschillende achtergronden die expertise in een nieuw bedrijf willen combineren. De Rabobank en ambtenarenpensioenverzekeraar ABP richten de joint venture Obvion op. Deze joint venture richt zich op de hypotheekverschaffing via uitsluitend onafhankelijke tussenpersonen zoals de Hypotheker bijvoorbeeld.

2.2.4 Keuze van het beste alternatief uit de verschillende strategieën

Op het moment dat een organisatie verschillende strategieën uitgedokterd heeft, is het zaak de beste te kiezen. Dit kan men doen door naar drie elementen te kijken:

1 Is de strategie geschikt? Figuur 2.3 liet al zien dat de gekozen strategie zo goed mogelijk moet aansluiten bij de sterke en zwakke punten van de organisatie. Deze kwamen aan het licht bij de bepaling van de strategische uitgangspositie. *Geschiktheid*

2 Is de strategie haalbaar? Hierbij vraagt men zich af of de strategische optie die men onderzoekt wel binnen het bereik van de organisatie ligt. Hierbij denkt men na over beschikbare productiemiddelen, kapitaal, mensen, marktverwachtingen. Het is niet erg aannemelijk dat plaatselijk drankenfabriekje d'n Bierpomp uit Budel de wereldwijde concurrentie met Coca Cola aankan als kostenleider. *Haalbaarheid*

3 Is de strategie aanvaardbaar? Soms behelst een strategieverandering het ontslag van personeel. Is de organisatie en haar omgeving bereid deze prijs te betalen? Past de nieuwe strategie binnen de risicomarges die men doorgaans voor lief neemt? *Aanvaardbaarheid*

Uiteindelijk moet de definitief gekozen strategie worden uitgevoerd. Hierbij kan het voorkomen dat de structuur van de organisatie moet worden aangepast. Denk bijvoorbeeld aan het instellen van vertegenwoordigers als gevolg van een uitbreidingsstrategie. In hoofdstuk 3 zullen we hier verder op ingaan. Ook is strategieverandering per definitie een verandering voor medewerkers in een organisatie. Hierbij zal vaak weerstand optreden. In hoofdstuk 4 over leiderschap gaan we in op de vraag hoe een leidinggevende kan omgaan met weerstand.

2.3 Besluitvorming in organisaties

Besluitvorming is aan de orde bij alle vier de basisfuncties (plannen, organiseren, leidinggeven en beheersen). Bij planning neemt het echter een uitzonderlijke plaats in. Dit omdat het in de planvorming extra belangrijk is de juiste beslissing te nemen. Als bij het maken van het plan al de verkeerde besluiten genomen worden, kunnen de fasen daarna eigenlijk al niet meer goed komen.

In deze paragraaf willen we eerst kijken naar verschillende typen beslissingen in subparagraaf 2.3.1. Vervolgens gaan we in op scenarioplanning, waarbij het crisismanagement aan de orde komt (subparagraaf 2.3.2). Dan zullen we kijken hoe het besluitvormingsproces in de praktijk verloopt in subparagraaf 2.3.3. Om vervolgens twee belangrijke theoretische modellen van besluitvorming te bespreken in subparagraaf 2.3.4. In subparagraaf 2.3.5 willen we je ervan bewust maken welke factoren jouw eigen besluitvorming beïnvloeden. Deze paragraaf sluiten we af met enkele regels die je kunt hanteren om tot een besluit te komen (subparagraaf 2.3.6).

2.3.1 Typen beslissingen en de daarbij behorende plannen

Er zijn twee typen beslissingen: geprogrammeerde en niet-geprogrammeerde beslissingen. Zogeheten geprogrammeerde beslissingen zijn standaardbeslissingen die men al veel vaker genomen heeft en die telkens routinematig terugkeren. Denk bijvoorbeeld aan de beslissing van een baas over een verlofaanvraag van een medewerker. De beslisser zal dan bezien of er al veel anderen op hetzelfde moment verlof willen hebben. Ook zal hij of zij erbij betrekken of de aanvrager van verlof nog wel voldoende verlofdagen beschikbaar heeft. Geprogrammeerde beslissingen zijn omdat ze vaker voorkomen vaak in regeltjes, procedures of checklists te vatten. Zo kan het bijvoorbeeld regel zijn dat een leidinggevende zelf mag beslissen over het te verlenen verlof, behalve wanneer iemand verlof wil gaan opsparen om over vijf jaar een wereldreis van zes maanden te gaan maken. In een dergelijk geval kan de regel zijn dat er toestemming nodig is van hogerhand of van de personeelsafdeling wanneer het verlof langer gaat duren dan twee maanden.

Geprogrammeerde beslissingen

Niet-geprogrammeerde beslissingen

De niet-geprogrammeerde beslissingen zijn uniek of komen heel weinig voor. Denk bijvoorbeeld aan de beslissing van MTV om TMF over te nemen. Dit betreft namelijk vaak unieke projecten. Het erbij behorende besluitvormingstraject was daarmee bijzonder. Vanwege het vaak eenmalige karakter van deze beslissing of het sporadisch voorkomen ervan zijn er geen procedures beschikbaar. Er is meer onzekerheid en er zijn veel zaken onvoorzien.

Niet-geprogrammeerde beslissingen zijn niet standaard en zijn daardoor veel risicovoller. Bij de infrastructurele beslissingen is het parlement afhankelijk van de (bewust of onbewust) niet altijd 100% betrouwbare beslisinformatie van anderen. Dit is een van de redenen waardoor dit soort projecten altijd veel duurder worden. Bij een niet-geprogrammeerde beslissing hoort wat de Amerikanen een single-use plan noemen: een plan voor eenmalig gebruik. Bij de geprogrammeerde beslissing hoort een standing plan, een standaard ('doorlopend') plan. Tabel 2.7 geeft verschillende hieraan verwante begrippen weer.

Single-use plan

TABEL 2.7 Geprogrammeerde en ongeprogrammeerde planning

Ongeprogrammeerde planning	Geprogrammeerde planning
Programma	*Beleid*
• Gericht op het bereiken van een uniek organisatiedoel	• Breed bereik – een algemeen voornemen
• Grote operatie die wel jaren kan duren	• Gebaseerd op missie en strategische doelen
• Groot bereik, kan meerdere projecten omvatten Bv: nieuwbouw hoofdkwartier	• Geeft de randvoorwaarden aan waarbinnen de beslissingen moeten blijven Bv: beleid om vrouwen meer kans te geven op een managementfunctie

Ongeprogrammeerde planning	Geprogrammeerde planning
Project • Eveneens gericht op een uniek organisatiedoel • Kleiner qua bereik en complexiteit dan een programma, kortere tijdshorizon • Vaak onderdeel van een groter programma Bv: kantoren renoveren, intranet inrichten	*Regel* • Beperkt in bereik • Geeft aan hoe een specifieke actie uitgevoerd moet worden • Kan op een specifieke situatie gericht zijn Bv: kledingvoorschriften voor het werken aan machines, terwijl deze niet gelden voor kantoorpersoneel
	Procedure • Soms standaard of norm genoemd • Beschrijft een precies doorlopen stappenplan om een bepaald doel te bereiken Bv: een procedure voor het aannemen en aanstellen van personeel

Bron: Daft

2.3.2 Scenarioplannen en crisismanagement

Een speciaal type plannen betreft de scenarioplannen. Dit zijn plannen die een organisatie maakt voor verschillende situaties die zich zouden kunnen voordoen. Een dergelijk scenario kan bijvoorbeeld gericht zijn op de vraag: 'Hoe gaan we reageren als de belangrijkste concurrent de prijzen met 10% gaat verlagen?' Het is zeer goed denkbaar dat in 2006, toen er een zogeheten prijzenoorlog woedde tussen de supermarktconcerns, men op de hoofdkantoren verschillende scenario's had klaarliggen. Wat te doen als Albert Heijn maar blijft doorgaan met de prijsverlagingen? Wanneer doen we niet meer mee? Wat vertellen we de klant dan? (Bijvoorbeeld appelleren aan het sociaal gevoel van de klant: advertenties met teksten als 'de prijs die ons personeel moet betalen voor nog een prijsverlaging willen wij hen niet laten betalen' of 'hoe goedkoop moet een brood zijn?')

Scenarioplannen

Een speciale vorm van scenarioplanning betreft het crisismanagement. Bij crisismanagement gaat het enerzijds over het beschikbaar hebben van verschillende ingevulde noodscenario's, anderzijds over de toe te passen algemene procedures als niet-voorspelde noodscenario's en kleine of grote rampen zich voordoen. In tabel 2.8 worden de drie stadia die we onderkennen bij crisismanagement benoemd. Daarna gaan we nader op die stadia in.

Crisismanagement

TABEL 2.8 Drie stadia van crisismanagement

1 Preventie	2 Voorbereiding (voor het geval dat)	3 Beperking (in geval van crisis)
• Bouw aan goede relaties. • Detecteer signalen uit de omgeving.	• Benoem een crisismanagementteam en een woordvoerder. • Maak gedetailleerde crisismanagementplannen. • Zet een effectief communicatiesysteem op (dat ook in noodscenario's werkt).	• Snelle reactie. Activeer het crisismanagementplan. • Zorg dat de verschrikkelijke waarheid bekend wordt gemaakt. • Neem veiligheidsmaatregelen en zorg voor emotionele behoeften. • Pak de draad weer op.

Bron: vrij naar Daft

Ad 1 Preventie
Veel crises kunnen voorkomen worden door alert te reageren op signalen uit de omgeving. Ook het opbouwen van goede relaties met bij de organisatie betrokkenen is belangrijk. Het bedrijf Shell dat scenarioplanning bijna uitgevonden heeft, werd compleet verrast door de kritiek uit de omgeving op zijn plannen om een heel olieplatform (Brent Spar) in zee te dumpen. Zie praktijkvoorbeeld 2.9.

PRAKTIJKVOORBEELD 2.9

De Brent Sparcrisis

De Brent Spar was een versleten laadstation in zee voor olietankers. Mede-eigenaar Shell claimde, na eigen onderzoek, dat afzinken in de diepzee de beste optie was.
Door Greenpeace werd gesteld dat de Brent Spar nog veel zware metalen, gif en 5 000 ton olie bevatte die vissen zouden aantasten. Greenpeace riep Shell op af te zien van het afzinken. Aanvankelijk weigerde Shell. Greenpeace riep wereldwijd op tot een boycot van Shell-tankstations. Deze boycot leidde uiteindelijk tot het besluit om de Brent Spar niet af te zinken maar om deze af te breken en deels te hergebruiken.
Shell leed tijdens de campagne van Greenpeace ernstige imagoschade, maar ook het imago van Greenpeace zelf kreeg een knauw toen achteraf bleek dat de Brent Spar weliswaar een aanzienlijke hoeveelheid gevaarlijke stoffen bevatte, maar dat het resterende tonnage aardolie flink was overschat.

Ad 2 Voorbereiding
Als voorbereiding op een calamiteit worden crisisteams benoemd en communicatiemethoden afgesproken. Men moet vooraf goede afwegingen maken over reservemogelijkheden, reserveapparaten en reservepersonen. Heel belangrijk tijdens een crisis is het goed informeren van betrokkenen, de overheid en het publiek over de crisis. Er moet met één mond, één boodschap gesproken worden. Vooraf moet nagedacht worden over de juiste contactpersoon.

Ad 3 Beperken van de crisis
Sommige crises zijn niet te vermijden. Houd er rekening mee dat weinig geheim blijft. Hoe langer men zaken verborgen houdt, hoe schadelijker het is. In de jaren zeventig van de vorige eeuw was het niet ongebruikelijk om het niet te melden aan het publiek als er een productiefout gemaakt was. In de jaren tachtig en negentig was men wijs geworden en riep men producten publiekelijk terug en verving ze. Kopers blijken als ze goed geïnformeerd worden, dit juist te waarderen en daardoor relatief snel weer vertrouwen op te bouwen. Bagatelliseren (het probleem wegwuiven) heeft weinig zin en zet kwaad bloed.

Een voorbeeld van crisismanagement is praktijkvoorbeeld 2.10.

PRAKTIJKVOORBEELD 2.10

Crisismanagement door een Nederlandse burgemeester

Soms moet de crisis je ook een beetje liggen en moet je wat geluk hebben. In Lekkerkerk bleek eind jaren zeventig van de vorige eeuw gif in de grond te zitten onder woonhuizen. De toenmalig burgemeester van Lekkerkerk werd geprezen voor de manier waarop hij deze crisis bezwoer. Hij wist (financiële) hulp uit Den Haag te organiseren, die in latere situaties met veel vuilere grond niet meer gegeven werd. Hij had oog voor het menselijk leed en informeerde zijn burgers goed. Later toen hij in de jaren negentig opgeklommen was tot burgemeester van Groningen, maakte hij een nieuwe crisis mee. Tijdens nieuwjaarsrellen in het Oosterpark werden gedurende korte tijd in een buurt bij burgers thuis grote vernielingen aangericht mede omdat de politie onvoldoende ingreep. De burgemeester werd tijdens deze escalatie niet gewekt en kon geen leiding geven aan deze crisis. In de dagen daarna wist de burgemeester de storm van kritiek niet te weerleggen. Hij vroeg steun van het gemeentebestuur en kreeg die alleen van de coalitiepartijen, waarna hij aftrad.

2.3.3 Het besluitvormingsproces
Een goed besluitvormingsproces heeft verschillende fasen. We kunnen die fasen weergeven met een stappenplan:

Stappenplan besluitvormingsproces

1 Identificeer en verifieer het probleem.
2 Genereer alternatieven.
3 Evalueer de alternatieven.
4 Selecteer het beste alternatief.
5 Implementeer het gekozen alternatief.
6 Evalueer de beslissing.

Dit is grafisch weergegeven in figuur 2.11. We zullen dit stappenplan aan de hand van een praktijkvoorbeeld doornemen (praktijkvoorbeeld 2.12).

FIGUUR 2.11 Het besluitvormingsproces

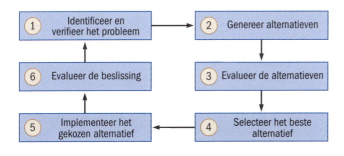

PRAKTIJKVOORBEELD 2.12

Een uitgewerkt besluitvormingsproces rond ziekteverzuim

Het ziekteverzuim op de EHBO-afdeling van het ziekenhuis waar Marceline uit de openingscasus werkt is erg hoog. Marceline is gevraagd hiernaar te kijken. Marceline analyseert de situatie en denkt na over een advies voor een besluit van de afdelingsleiding via het stappenplan:

1 *Identificeer en verifieer het probleem.* Eerst moet Marceline nadenken over wat het werkelijke probleem is. Het ziekteverzuim kan verschillende oorzaken hebben. Men kan problemen hebben met de leidinggevende. Het zou zo kunnen zijn dat het gebouw waarin men zit, tocht en ziekmakend is. Men kan zich vaak bedreigd voelen aan de balie door dronken patiënten of patiënten die pijn hebben. Deze bedreigingen kunnen tot ziekteverzuim leiden.
Het kan ook zo zijn dat men privé allerlei problemen heeft die tot overspanning leiden. Het is cruciaal het juiste probleem vast te stellen. Stel iedereen is bang voor de baas, dan helpt een besluit tot ziekenbezoek thuis door de baas niet echt. Na een aantal diepgravende gesprekken komt Marceline erachter dat de werkdruk te hoog ligt. Mensen haken daardoor af. Waarna al het werk verdeeld wordt over de gezonde werknemers. Dit verhoogt bij hen de werkdruk nog eens extra. Marceline realiseert zich dat het ziekteverzuim niet het werkelijke probleem is, dat blijkt namelijk de werkdruk te zijn. Het ziekteverzuim is slechts een probleemsymptoom, een indicatie dat er wat aan de hand is.
2 *Genereer alternatieven.* Marceline genereert verschillende mogelijke oplossingsrichtingen:
- het sturen van een controleur langs de zieken en het extra belonen van de mensen die wel aan de slag blijven en het extra werk doen;
- het met de afdelingsbazen afspreken van minder werk per persoon door extra mankracht te vragen;
- het vereenvoudigen van de procedures en het tegengaan van bureaucratie waardoor de werkhoeveelheid afneemt en het plezier van de medewerker toeneemt.
3 *Evalueer de alternatieven.* Marceline bekijkt per alternatief of deze haalbaar zijn. Zo hoort zij vrij snel dat er geen geld is voor extra personeel. Bovendien geeft Marcelines baas (de personeelschef) aan dat het in het ziekenhuis ongebruikelijk is om mensen die hun werk gewoon goed doen extra te belonen of zieken extra te controleren. Dit leidt onherroepelijk tot problemen met de vakbonden die zullen betogen dat de zieken er toch niets aan kunnen doen dat ze ziek zijn. Het aanpassen van de aanpak van het werk is werkbaar maar kost in het begin extra werk. Marceline heeft het idee dat zij hiervoor wel van zijn directie gedaan krijgt dat zij tijdelijk extra hulp mag inhuren om het probleem langdurig op te lossen.
4 *Selecteer het beste alternatief.* Marceline komt na bespreking met de EHBO-afdeling tot de conclusie dat vereenvoudigen van de procedures het beste alternatief is. Zij adviseert het besluit te nemen langs die weg de werkdruk te verminderen. Zij hoopt dat daardoor het ziekteverzuim zal dalen.
5 *Implementeer (voer uit) het gekozen alternatief.* Marceline adviseert tot de tijdelijke inhuur van een specialist op het gebied van verbetering van de werkprocessen. Medewerkers halen opgelucht adem. De zieke medewerkers komen bijna allemaal nieuwsgierig een kijkje nemen. Het wordt vooral gewaardeerd dat Marceline het probleem heeft aangepakt. De medewerkers zien dit ook als een investering in hen.
6 *Evalueer de beslissing.* Het is zaak om na invoering van het besluit de beslissing te evalueren. Op die manier bekijk je of het probleem echt is opgelost. Of je dus de juiste beslissing hebt genomen. Je evalueert ook om ervan te leren. Wat zou je de volgende keer anders doen, waren er achteraf gezien goedkopere of betere oplossingen?

2.3.4 Besluitvormingsmodellen

Er zijn verschillende modellen voor besluitvorming ontwikkeld. Een model is een vereenvoudigde weergave van de werkelijkheid. In dit geval verschaffen ze inzicht in de werking van de besluitvorming. In dit boek behandelen we hierna de twee belangrijkste: het rationele en het beperkt-rationele besluitvormingsmodel.

Het rationele besluitvormingsmodel

De klassieke manier waarop men naar besluitvorming kijkt wordt verwoord in het rationele besluitvormingsmodel. Dit model gaat ervan uit dat managers uitsluitend logisch denkende, economisch handelende wezens zijn die beslissingen nemen die in het beste belang van de organisatie zijn. De praktijk blijkt complexer. Managers blijken soms te sjoemelen, de eigen prestaties op te krikken en soms ook geheel onbedoeld minder goede beslissingen te nemen.
Het rationele besluitvormingsmodel gaat uit van twee belangrijke aannames:
- De beslisser is *volledig geïnformeerd* en weet precies wat de uitkomsten van de beslissingen zullen zijn.
- Door het gebruik van slim nadenken, rekenkundige onderbouwing en logica zal de beslisser verschillende alternatieven evalueren en *de optimale oplossing kiezen*, zoals we ook eerder zagen in het model van het besluitvormingsproces in de vorige subparagraaf.

Het beperkt-rationele besluitvormingsmodel

Herbert Simon zag in dat het rationele besluitvormingsmodel in de praktijk niet altijd gevolgd wordt. Hij ontwierp het beperkt-rationele model voor besluitvorming, waarvoor hij een Nobelprijs ontving. Zijn model kent twee belangrijke uitgangspunten:
- Mensen hebben vaak incomplete informatie ter beschikking bij de beslissingen die ze moeten nemen. Er is met een moeilijk woord sprake van '**begrensde rationaliteit**'.
- Mensen gaan niet eindeloos door met het zoeken naar de allerbeste oplossing. Ze nemen genoegen met een oplossing die het probleem oplost, zonder daarbij naar het optimale te streven. Dit noemt Simon **satisfying** (tevredenstelling).

Het beperkt-rationele besluitvormingsmodel van Simon wordt algemeen als het betere ervaren, omdat het de praktijk veel beter benadert.

2.3.5 Factoren die besluitvorming beïnvloeden

In je beroepspraktijk moet je alert zijn op een aantal factoren die jouw besluiten en die van anderen beïnvloeden, soms op positieve wijze, soms op negatieve wijze.

Al dan niet werkgerelateerde emoties en stress van jezelf of anderen kunnen de besluitvorming beïnvloeden. Denk aan een scheidsrechter die een rode kaart overweegt terwijl verschillende spelers tegen hem staan te schreeuwen en te duwen. Ook het nadenken over de mogelijke grote gevolgen of risico's van een besluit kunnen leiden tot stress. Er een nachtje over slapen klinkt gezond. Terwijl een te nemen beslissing die leidt tot slapeloosheid weer veel

Emoties en stress

Als een groep die beslissingen moet nemen zich afsluit van de omgeving, geen afwijkende meningen toestaat en alternatieve besluiten bewust niet overweegt, ontstaat het gevaar van 'groepsdenken' (groupthinking). Hierbij is meestal aan de orde dat niet alle alternatieven overwogen worden en dus de kwaliteit van de beslissing afneemt.

Rationeel-Emotieve Therapie (RET)

stressvoller klinkt. De zogeheten Rationeel-Emotieve Therapie (RET) biedt bij zo'n slapeloze nacht het volgende. Probeer het 'malen', telkens weer doorlopen van de beslissing en haar consequenties, te stoppen. Doe dit door je af te vragen: Wat kan ik nu aan de beslissing doen? Kan ik nu – hier in bed – iets veranderen of toevoegen aan het beslisproces? Bedenk wat je morgen kunt ondernemen om het besluit verder te onderbouwen of verder richting oplossing van het probleem te komen. Laat dat dan liggen tot morgen.

Een andere manier waarop mensen onbedoeld de besluitvorming beïnvloeden is framing. Hiermee wordt de tendens bedoeld om positieve informatie zwaarder te wegen dan negatieve. Pessimisten worden overigens op omgekeerde wijze beïnvloed.

Framing

Escalatie van verbondenheid

Een ander begrip is escalatie van verbondenheid. Dit betreft het, ondanks dat er vele signalen zijn dat men de koers moet wijzigen, vasthouden aan een eerder besluit. Een voorbeeld betreft de vele particuliere beleggers die eind vorige eeuw, begin deze eeuw vast bleven houden aan allerlei internetaandelen. Dit terwijl er steeds meer waarschuwingen kwamen dat de internetluchtbel op knappen stond, wat uiteindelijk ook gebeurde.

Intuïtie

Een andere factor die besluitvorming beïnvloedt is intuïtie. Dit betreft een onberedeneerbaar gevoel over mogelijke uitkomsten of de te nemen beslissing.

• WWW.TRENDS.KNACK.BE (AANGEPAST)

Topchefs nemen strategische besluiten: Complexiteit is een concurrentieel nadeel

Voldoende eenvoud is een onderdeel van bijna elke winnende strategie, ook in 3- sterrenrestaurants. Dat zegt Marc Buelens, professor-emeritus aan de Vlerick Business School.

Toprestaurants zijn vaak alleen maar rendabel door de kookboeken, de televisieshows, de meeneemschotels in de supermarkt, de foto van de chef op – meestal duur – keukengerei. Maar het blijft natuurlijk een pijnlijke zaak dat zovele topchefs er mee kappen, om een term uit het restaurantwezen te gebruiken. Ze openen iets simpeler, iets met meer limieten, iets minder grenzeloos. En dat moge een waarschuwing voor ons allen zijn. Complexiteit (topkeuken) samen met eendimensionale metingen (aantal sterren) vormen een recept voor ongelukken.

Fear of losing out
We betalen grote sommen geld om dingen te ervaren die normaliter buiten ons bereik vallen. U (tenzij u toevallig Sergio Herman heet) en ik gaan naar zo'n toprestaurant omdat men daar eten bereidt dat we op eigen kracht nooit rond krijgen. Net zoals Benedict Cumberbatch toneelspeelt op een iets ander niveau dan wij, net zoals Lionel Messi op een structureel andere manier met een voetbal omgaat dan wij.

Als we naar een recital gaan van Adèle (of van K3, zo u nog jonger van hart bent), kunnen we ook niet beslissen welke liedjes zij al dan niet zingt. We vertrouwen de artiest daarin. In een restaurant willen we wel kiezen, hoewel er een vakman achter het fornuis staat.

'Complexiteit is een concurrentieel nadeel'
Complexiteit is een concurrentieel nadeel. Voldoende eenvoud is een onderdeel van bijna elke winnende strategie. Waarom? Succes ligt niet in de strategie, maar in de uitvoering ervan. En als de uitvoering te complex is, duikt er altijd wel een zwakke

schakel op. Driesterrenrestaurants bezwijken onder de opgelegde complexiteit en beginnen steeds meer te protesteren. Chefs haken af (soms letterlijk door zelfmoord te plegen, of door alleen nog vaste menu's aan te bieden). De klant op zijn beurt lijdt aan FOLO, *fear of losing out*. Twitter, Instagram of Facebook laat u weten dat u die echt lekkere schotel hebt gemist. We zijn in een opbodsysteem terechtgekomen waar restaurantgidsen, topchefs, televisieprogramma's en eters elkaar gek maken. Het lijkt soms wel de beurs, waar beleggingsblaadjes, financiële pers, makelaars, bankiers en irrealistische beleggers elkaar zo sterk opjutten dat enkele jaren geduld om een investering te zien renderen, blijkbaar tot de volmaakt voltooid verleden tijd behoort.

2.3.6 Besluitvormingsregels

Als Marceline uit de openingscasus een vergadering heeft waarbij ook medisch specialisten aanwezig zijn, dan valt het haar op dat de besluitvorming niet erg democratisch geschiedt. Er gebeurt wat de specialisten zeggen, de mening van de anderen wordt nauwelijks gepeild. Gestemd wordt er zelden. Als een groep medewerkers als groep een besluit gaat nemen is het belangrijk dat van tevoren goed is afgesproken welke besluitvormingsregel daarbij gehanteerd zal worden.

We kennen de volgende regels die men kan kiezen bij besluitvorming in groepen:
1 **Vetorecht**. Bij deze methode heeft ieder groepslid het recht om een bepaalde beslissing in zijn eentje tegen te houden.
2 **Unanimiteit**. Deze regel geeft aan dat een besluit alleen geldig is wanneer alle groepsleden erachter staan. Door niet in te stemmen is er feitelijk sprake van een veto. Het verschil is echter dat men bij de unanimiteitsregel doorgaat tot er unanimiteit is. Dit door bijvoorbeeld water bij de wijn te doen ten aanzien van het voorstel. Bij het vetorecht betekent het dat het hele voorstel van tafel is.
3 **Consensus**. Bij de consensusregel geldt een beslissing pas als er een meerderheid voor te vinden is. Tevens moet de minderheid zich kunnen neerleggen bij het besluit.
4 **Meerderheid**. Bij deze regel is een meerderheid, ongeacht de gevoelens van de resterende minderheid, voldoende voor goedkeuring van het besluit.
5 **Eenman**. Bij deze regel is er sprake van dat een persoon (meestal de leider of de baas) de beslissing in zijn of haar eentje neemt. Deze weegt wel de mening van de groep mee.

2.4 Praktische planningstechnieken voor de manager

In deze paragraaf behandelen we een aantal praktische planningstechnieken die je zeker tegen zult komen in jouw beroepspraktijk. We zullen kijken naar het gebruik van budgetten (subparagraaf 2.4.1), het planbord en de Ganttkaart (subparagraaf 2.4.2), netwerkplanning (subparagraaf 2.4.3) en bedrijfsmodellen (subparagraaf 2.4.4).

2.4.1 Budgetteren als planningstechniek

Bijna alle managers hebben te maken met financiële budgetten. Budgetten zijn een financiële manier om te plannen. Het budget plant namelijk wat iemand maximaal mag uitgeven aan een bepaalde activiteit. Het budget plant tevens wat er voor dat geld moet worden gedaan. Budgetteren is het 'vertalen van planningsactiviteiten in geld met een daaraan verbonden taakstelling'. Het budget bepaalt dus afhankelijk van een gegeven taak de financiële ruimte die daarvoor beschikbaar is. Een manager krijgt regelmatig budgetoverzichten waarin hij/zij kan zien wat de resterende bestedingsruimte is. Een budget heeft meerdere functies:

Budgetteren

- Een budget is een *schatting van kosten* verbonden aan een bepaalde doelstelling; bijvoorbeeld de beschikbaarheid van 100.000 euro voor een marketingcampagne.
- Het budget is dus *taakgericht* en mag niet voor iets anders worden gebruikt.
- Het budget is een *machtiging* aan de budgethouder om het budget te besteden bij het uitvoeren van de eraan verbonden taak.
- Het budget is bij de nacalculatie achteraf een *norm* waaraan de besteding gerelateerd zal worden. Was er sprake van budgetoverschrijding?

2.4.2 Het planbord en de Ganttkaart als planningstechniek

Eenvoudige maar veelgebruikte en inzichtelijke planningstechnieken zijn het planbord en de Ganttkaart.

Planbord

Met behulp van een planbord wordt in veel organisaties de capaciteit met betrekking tot bijvoorbeeld machines of mensen ingepland. Op een planbord worden de in te plannen elementen uitgezet in de tijd. Een voorbeeld hiervan is een planbord in het ziekenhuis in de openingscasus waarop het verplegend personeel maar ook het opererend personeel wordt ingepland. Een voorbeeld hiervan zien we in figuur 2.13.

FIGUUR 2.13 Een planbord voor het rooster voor de werkbezetting van een klein hotel

Week 32	Ma	Di	Wo	Do	Vr	Za	Zo
Ochtend	Sybil Basil Polly	Sybil Basil Polly	Sybil Basil Polly	Sybil Basil Polly	Polly Chef Prunella	Polly Chef Prunella	Polly Chef Prunella
Middag	Sybil Basil	Sybil Basil	Sybil Basil Polly	Sybil Basil Polly	Polly Chef Prunella	Polly Chef Prunella	Polly Chef Prunella
Avond	Prunella Manuel	Prunella Manuel	Prunella Manuel	Sybil Manuel	Chef Prunella	Chef Prunella	Chef Prunella
Nacht	Polly	Polly	Manuel	Manuel	John	John	John
Vrij	Chef John	Chef John	Chef John	Chef Prunella John	Sybil Basil Manuel	Sybil Basil Manuel	Sybil Basil Manuel

Het planbord is handig om een aantal redenen. Het is overzichtelijk en er kunnen gemakkelijk veranderingen in worden aangebracht. In ziekenhuisseries op televisie als 'ER' en 'Grey's anatomy' zien we het ziekenhuispersoneel continu op een handbeschreven bord de planning bijhouden. Ook Cees Helder werkte iedere avond met een planbord voor de gangen per tafel in zijn toprestaurant (drie Michelinsterren) Parkheuvel in Rotterdam.

Ganttkaart

Een speciale vorm van het planbord is de Ganttkaart of in goed Nederlands: strokenplanbord. Bij dit plan wordt de lengte van de desbetreffende planningskaart op het planbord bepaald door de duur van de inzet van een bepaalde machine of medewerker. In een garagewerkplaats komen we een strokenplanbord tegen.

2.4.3 Netwerkplanning als planningstechniek

Bij grote projecten waarin meerdere activiteiten tegelijk lopen is een planbord niet meer voldoende. Deze borden kunnen geen inzicht bieden in de totale doorlooptijd of ruimte voor uitloop van onderdelen. De meest gebruikte planningstechniek is PERT (Program Evaluation and Review Technique). Deze techniek zullen we nader toelichten.

Er zitten in een project meerdere activiteiten. Sommige hebben een volgorderelatie. Daarmee wordt bedoeld dat sommige onderdelen van het project pas kunnen starten als de andere klaar zijn. In tabel 2.14 zie je een activiteitenoverzicht voor een gesimplificeerd project, dat je hebt vastgesteld na onderzoek van de diverse onderdelen.

PERT

Activiteitenoverzicht

TABEL 2.14 Activiteitenoverzicht van een simpel project

Activiteit	Duur	Activiteit kan pas starten na activiteit:
A	3	-
B	2	-
C	1	-
D	6	A
E	5	B
F	7	C
G	3	D, E en F
H	4	D, E en F
I	3	G
J	3	H
K	5	I en J

Schematisch komt dat neer op de figuur als gegeven in figuur 2.15. In de figuur zijn de activiteiten in de juiste volgorde gezet en is de duur van iedere activiteit aangegeven. Realiseer je dat *pijlen* de activiteiten zijn, niet de cirkels. Weet ook dat de cirkels die we ook wel knooppunten of mijlpalen noemen, een willekeurige naam of nummer hebben. De Romeinse cijfers op de knooppunten betekenen dus niet dat het knooppunt IV later klaar moet zijn dan knooppunt II.

FIGUUR 2.15 Een eenvoudig netwerkplan

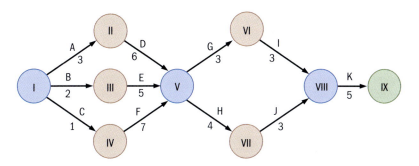

Met behulp van netwerkplanning kun je vervolgens bepalen welke onderdelen van de planning 'kritiek' zijn. Dit wil zeggen: welke onderdelen zullen, als ze vertraging oplopen, het hele project vertragen. Door aan het project te rekenen zien we dat de route A-D-H-J-K kritiek is. Dit pad, voor wat betreft de duur het langst mogelijke door het netwerk, zorgt ervoor dat het project $3 + 6 + 4 + 3 + 5 = 21$ tijdseenheden duurt. Dit zorgt ervoor dat als activiteit B twee tijdseenheden zou uitlopen het project nog steeds maar 21 tijdseenheden duurt (ga maar na). Activiteit B heeft dus een speling van twee tijdseenheden. Dat is voor de projectverantwoordelijke belangrijke informatie. Uiteraard is er software beschikbaar om aan netwerkplanning te doen. Ook bestaan er pakketten voor andere vormen van tijdmanagement in projecten.

Kritieke pad

2.4.4 Bedrijfsmodellen en het Canvas Business model als hulpmiddel bij strategische planning

Daar waar de planningshulpmiddelen in het voorgaande nog zeer praktisch van aard waren, willen we hier stil staan bij hulpmiddelen in de meer abstracte strategische planning. In deze paragraaf bespreken we bedrijfsmodellen als praktisch hulpmiddel in de strategische planning. We bespreken één specifiek bedrijfsmodel uitgebreider, te weten het Canvas Business model.

bedrijfsmodellen

Bedrijfsmodellen

Met een bedrijfsmodel of businessmodel worden diverse bedrijfsaspecten in kaart gebracht en daarna beheerd. Hierbij kan het gaan om operationele, organisatorische en financiële aspecten, maar ook om imago.

businessmodel

Een bedrijfsmodel laat in het algemeen zien welke keuzes een bedrijf gemaakt heeft ten aanzien van:
1 de waardepropositie: wat is het aanbod aan de klant; welk voordeel biedt het bedrijf aan de klant?
2 het marktsegment: tot welke doelgroep richt het bedrijf zich?
3 de waardeketen: hoe is de waardeketen ingevuld?
4 de kostenstructuur: welke kosten maakt het bedrijf gerelateerd aan de omzet, zijn de werkprocessen efficiënt ingericht?
5 het waardenetwerk: hoe positioneert het bedrijf zich ten opzichte van leveranciers, afnemers, concurrenten?

6 de concurrentie: hoe gaat het bedrijf concurreren?

Canvas Business model

Eerder in dit hoofdstuk hebben we mogelijke invullingen laten zien voor een deel van de opgesomde keuzes. Een integrale methode om het business model van een bedrijf te beschrijven, is het Canvas Business model.

Het Canvas Business model van Osterwalder en Pigneur brengt alle bedrijfsaspecten op een overzichtelijke en visuele manier in kaart. Met behulp van negen bouwstenen beschrijft een bedrijf onder meer de organisatie, de klanten en het gekozen verdienmodel. We lichten deze negen bouwstenen zo dadelijk toe.

De aspecten aan de onderkant van het model geven de keuzes betreffende de kosten en de opbrengsten weer. In het midden (centraal) staat de waarde propositie; dit betreft de onderscheidende waarde die de onderneming aan de klant biedt. Links hiervan wordt aangegeven aan hoe de onderneming deze waarde tot stand brengt: met welke partners zij samenwerkt, welke middelen (resources) zij daarvoor inzet en welke kernactiviteiten zij uitvoert. Rechts staan de keuzes die het bedrijf gemaakt heeft ten aanzien van de klanten aan wie het zijn producten of diensten verkoopt, hoe het bedrijf de producten bij de klanten krijgt (hoe het levert) en op welke manier het aan relatiemanagement met die klant doet.

FIGUUR 2.16 Het Canvas Business model

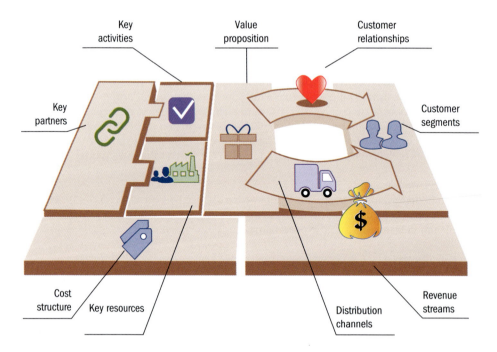

Het Canvas Business model is in feite een moderne manier om een ondernemingsplan te schrijven. De Rabobank geeft in dat verband op haar website de volgende uitleg van de negen bouwstenen van het Canvas Business model voor (startende) ondernemers.

1 Customer Segments
Het bepalen van de juiste doelgroep is essentieel. Breng in kaart welke specifieke klanten je wilt bedienen en onderzoek wat de behoefte is van deze doelgroep. Dit staat ook wel bekend als het segmenteren van de markt, omdat je de doelgroep afbakent. Ligt de focus op mannen of op vrouwen, op rijke pensionado's of op middenklassers, het hele land of een bepaalde provincie?
Denk verder aan opleiding, woonplaats, geloof en sociaaleconomische achtergrond. Specificeer de wensen van de doelgroep. Als er geen vraag naar jouw producten is, verkoop je niets. Zodra je weet waar de potentiële klanten behoefte aan hebben, kun je hier jouw product of diensten op aanpassen.

2 Value Proposition
De waarde propositie, oftewel: wat is de onderscheidende of toegevoegde waarde die jij biedt aan de klant? Definieer waarin je daadwerkelijk verschilt van de concurrentie. Bepaal dus in welke markt jouw onderneming zich begeeft en specificeer daarin weer wat je aanbiedt. De producten of diensten moeten ten eerste functioneel zijn, maar tegelijkertijd beter of uitgebreider dan de diensten of producten van de concurrentie.
Het product moet aantrekkelijk zijn in gebruik, financieel voordeel bieden en de klant dient er waarde aan te hechten, zodat het nogmaals wordt besteld. Een belangrijk onderdeel hierbij is de service die je biedt, dat is een cruciale factor die bijdraagt aan klanttevredenheid.

3 Customer Relationships
Bekijk op welke manier je in contact staat met klanten. Als je een brede klantenkring hebt, maak dan een onderscheid tussen de wensen van deze klanten (afnemers die groot inkopen of een particulier die één product bestelt) en kijk naar het rendement dat je kunt behalen op elk van deze klantengroepen. Investeer in de relatie met deze klanten.
Een stapje extra zetten levert een goede en stabiele klantrelatie op, waardoor de klant hopelijk vaker terugkomt. Als je een klant wilt weghalen bij de concurrentie (en dat wil je), dient jouw product niet alleen net zo goed of beter te zijn, maar is het ook belangrijk om te investeren in deze relatie.

4 Channels
Dit zijn de (verkoop)kanalen waarmee je in contact komt met klanten. In dit vak in het model beschrijf je onder meer de marketing- en distributiestrategie. Hoe houd je de doelgroep op de hoogte van het aanbod? Op welke manier kunnen zij jouw aanbod verkrijgen, in een winkel of online?
Combineer de offline en online kanalen om zoveel mogelijk klanten te bereiken. Een manier om de klanten te bereiken is content marketing, een waardevolle techniek voor het creëren en verspreiden van relevante en waardevolle content om jouw doelgroep aan te spreken.

5 Revenue Streams
Met het verdienmodel maak je duidelijk waar jouw inkomsten vandaan komen. Niet alleen nu, maar ook in de toekomst. Het is een van de valkuilen van startende ondernemers. Het gaat erom dat je meerwaarde creëert, meestal geld, maar dit kan ook plezier of voldoening zijn. In een verdienmodel schrijf je op hoe je dat gaat bereiken. Hoeveel klanten je nodig hebt, hoeveel omzet je nodig hebt om winst te maken, hoe je verdient aan de klanten en of je bijvoorbeeld de prijzen goed bepaald hebt.

6 Key Resources

Onder hulpbronnen worden de belangrijkste bedrijfsmiddelen verstaan, die nodig zijn om de waarde propositie te bewerkstelligen. Hierbij kun je denken aan fysieke middelen (bedrijfsapparatuur zoals een computer of een camera), intellectuele middelen (een patent of een merk) en menselijke middelen (personeel). Het vereist een investering, waarbij er op verschillende manieren gefinancierd kan worden.

7 Key Activities

Wat zijn de belangrijkste kernactiviteiten van jouw bedrijf om de waarde propositie te creëren? Maak duidelijk hoe je waarde toevoegt aan de kwaliteit van je product, aan het onderhouden van klantrelaties en aan het werven van nieuwe klanten. Op productgebied draait dit om het ontwikkelen van een kwalitatief sterk product dat beter is dan dat van de concurrenten. Wees servicegericht en investeer daarmee in de klantrelatie. Niet alleen het werven van nieuwe klanten, acquisitie, is belangrijk voor startende ondernemers, maar het behouden van klanten is, zeker in tijden van recessie, minstens zo belangrijk.

8 Partners

Het geheel is meer dan de som der delen, luidt een oude wijsheid. Als startende ondernemer kan het soms van belang zijn om met partners samen te werken om de concurrentie met anderen aan te gaan.
Beschrijf in dit deel van het model, indien van toepassing, welke partnerships belangrijk zijn om succesvol te zijn en om te kunnen groeien en concurrerend te zijn. Door te beschrijven welke strategische partners je kunt gebruiken, weet je precies welke kennis en expertise nodig is om je aan te vullen. Een tekstbureau en een videobureau kunnen bijvoorbeeld uitstekend samenwerken om interactieve websites te creëren.

9 Cost Structure

Onderzoek hoe de kostenstructuur in jouw bedrijf in elkaar zit. Nadat je de acht bovenstaande bouwstenen hebt beschreven, is het vrij eenvoudig om de belangrijkste kosten hiervan te bepalen. Welke kosten zijn vast (bedrijfspand, machines) en welke zijn variabel (inkoop producten)? Bekijk welke bedrijfsmiddelen kostbaar zijn en waar er nog (schaal)voordeel te behalen valt of waar er besparingen mogelijk zijn.

Als je al een ondernemingsplan hebt geschreven, is dit Canvas Business model een ideaal hulpmiddel om het businessplan nog eens na te lopen. Het biedt een snel overzicht of jouw strategie nog klopt. Nodig collega's of vrienden uit en houd aan de hand van de bouwstenen een discussie. Waar worden de kosten gemaakt, waar liggen de kansen, wie zijn je klanten, wat is jouw toegevoegde waarde en hoe kun je innoveren?

Samenvatting

- Goede plannen:
  - zijn specifiek en meetbaar
  - zijn uitdagend maar realistisch
  - richten zich op een specifieke periode

  Zo mogelijk is er een beloning aan verbonden.

- Soorten plannen:
  - strategische plannen (5-10 jaar)
  - tactische plannen (1-5 jaar)
  - operationele plannen (tot 1 jaar)

- Een missie doet uitspraken over het brede doel van de organisatie, haar waarden en haar plaats in de wereld.

- De strategische planning valt op hoofdlijnen uiteen in:
  - analyse van de strategische situatie
  - ontwikkeling strategische plannen
  - implementatie strategische plannen

- Wat betreft strategische plannen:
  - Wat is de hoofdvorm voor de strategie (defensief, offensief)?
  - Wat is het uitgangspunt voor de strategie (generieke strategieën van Porter)?
  - Wat is de richting voor een mogelijke strategie (welke product-marktcombinatie kiezen we)?
  - Wat is de methode voor het uitvoeren van de strategie (zelf doen, overnemen, samenwerken)?

- We kennen twee typen beslissingen:
  - geprogrammeerde beslissingen
  - niet-geprogrammeerde beslissingen

  Een speciaal type plannen betreft de scenarioplannen.

- Een goed besluitvormingsproces heeft verschillende fasen, weergegeven in een stappenplan.

- De twee belangrijkste modellen voor besluitvorming:
  - het rationele besluitvormingsmodel
  - het beperkt-rationele besluitvormingsmodel

- Factoren die besluiten beïnvloeden:
  - emoties en stress
  - framing
  - escalatie van verbondenheid
  - intuïtie

- De volgende regels kan men toepassen bij besluitvorming:
  - vetorecht
  - unanimiteit
  - consensus
  - meerderheid
  - eenmansregel

- Enkele praktische planningstechnieken:
  - budgetten
  - het planbord en de Ganttkaart
  - netwerkplanning

- Een strategie kan inzichtelijk gemaakt worden met het Canvas Business model. Dit model kent de volgende negen bouwstenen voor een strategie:
  - Customer Segments
  - Value Proposition
  - Customer Relationships
  - Channels
  - Revenue Streams
  - Key Resources
  - Key Activities
  - Partners
  - Cost Structure

Kernbegrippen

Analyse van de strategische situatie	Het bepalen van het langetermijnperspectief van een organisatie.
Beperkt-rationele besluitvormingsmodel	Dit is een besluitvormingsmodel waarbij sprake is van vaak incomplete informatie, en waarbij men bovendien genoegen neemt met een tevredenstellende oplossing.
Budgetteren	Het vertalen van planningsactiviteiten in geld met een daaraan verbonden taakstelling.
Defensieve strategie	Bij de defensieve strategie probeert men zich door middel van het nieuwe strategisch plan aan te passen aan de omgeving.
Differentiatiestrategie	Generieke strategie van Porter. Uitgangspunt waarbij men zich onderscheidt van de concurrentie door een goede service te bieden, of extra imago, uitstraling of kwaliteit.
Direct investment	Internationaal investeren om via aandelenpakketten zeggenschap te krijgen over productie en marketing in het buitenland.
Diversificatie	Strategie waarbij men met een nieuw product een nieuwe markt wil betreden.
Escalatie van verbondenheid	Het vasthouden aan een eerder besluit, ondanks dat er veel signalen zijn dat men de koers moet wijzigen.
Focusstrategie	Generieke strategie van Porter waarbij men zich na de keuze voor een kostenleiderschapsstrategie of differentiatiestrategie richt op een specifiek segment of niche.
Framing	De tendens om positieve informatie zwaarder te wegen dan negatieve.
Franchise	Uitgebreide licentie, waarbij de franchisegever zorgt voor merk, logo's, reclame, materialen, producten, middelen en werkmethoden, die de franchisenemer tegen een vergoeding kan gebruiken binnen de franchiseformule.
Fusie	Langdurig samensmelten van twee of meer organisaties.
Ganttkaart	Strokenplanbord.

Geprogrammeerde beslissingen	Standaardbeslissingen die men al veel vaker genomen heeft en die telkens routinematig terugkeren.
Joint venture	Samenwerkingsverband van verschillende bedrijven, met vaak verschillende achtergronden, die expertise in een nieuw bedrijf willen combineren.
Kostenleiderschapsstrategie	Generieke strategie van Porter. Uitgangspunt waarbij men in vergelijking tot de concurrentie zo goedkoop mogelijk wil produceren.
Licentie	Het recht om tegen een bepaalde vergoeding producten waarvan het geestelijk eigendom bij een ander berust, te maken.
Marktontwikkeling	Strategie waarbij men met een bestaand product een nieuwe markt wil betreden.
Marktpenetratie	Strategie waarbij men met een bestaand product op een bestaande markt het marktaandeel wil vergroten.
Missie	Geeft het dikwijls ambitieuze hoofddoel van de organisatie weer. De missie doet uitspraken over het brede doel van de organisatie, haar waarden en haar plaats in de wereld.
Niet-geprogrammeerde beslissingen	Beslissingen die uniek zijn of heel weinig voorkomen.
Offensieve strategie	Bij de offensieve strategie probeert men door middel van het nieuwe strategisch plan de omgeving aan te passen aan de organisatie.
Operationele plannen	Plannen voor de korte termijn, opgesteld door het operationeel management.
Outsourcing	Productie of diensten uitbesteed aan ondernemingen of landen waar grondstoffen, lonen of diensten goedkoper zijn.
Plannen	Managementfunctie waarbij men doelen voor de toekomst vaststelt.
Productontwikkeling	Strategie waarbij men met een nieuw product een bestaande markt wil betreden.

Rationeel besluit-vormingsmodel	Besluitvormingsmodel dat ervan uitgaat dat managers uitsluitend logisch denkende, economisch handelende wezens zijn, die beslissingen nemen die in het beste belang van de organisatie zijn.
Scenarioplannen	Plannen die een organisatie maakt voor verschillende situaties die zich voor zouden kunnen doen.
Strategie-implementatie	Tenuitvoerlegging van nieuwe strategische plannen.
Strategieontwikkeling	Opstellen van nieuwe langetermijnplannen.
Strategische alliantie	Strategische samenwerking.
Strategische plannen	Plannen die worden vastgesteld door het topmanagement met een tijdshorizon van vijf tot tien jaar.
SWOT-analyse	Strategische positiebepaling door te kijken naar 'sterkten, zwaktes, kansen en bedreigingen'; de afkorting is ingegeven door het Engelstalige 'Strengths, Weaknesses, Opportunities en Threats'.
Tactische plannen	Vertalingen van de strategische plannen door het middenmanagement in deelplannen die uitgevoerd gaan worden op middellange termijn. Dit betreft de periode van één jaar tot vijf jaar.

Vragen en opdrachten

Vragen

2.1 In de openingscasus ervaart Marceline dat er verschillende soorten planning bestaan. Verzin een voorbeeld van (a) een strategisch plan, (b) een tactisch plan, en (c) een operationeel plan. Beschrijf elk voorbeeld in een paar zinnen. Geef de tijdspanne aan waarop de plannen betrekking hebben.

2.2 Geef aan in welke omgevingslaag van Freeman en Stoner de volgende elementen zitten: de Rabobank, de klimaatverandering, de FNV, de ondernemingsraad, Greenpeace, de werknemers van afdeling Debiteuren-crediteuren.

2.3 Geef in je eigen woorden de verschillen tussen het rationele besluitvormingsmodel en het beperkt-rationele besluitvormingsmodel.

2.4 Wanneer kun je beter een planbord gebruiken en wanneer is netwerkplanning beter?

Opdrachten

2.5 Gegeven:

Er zijn tien activiteiten in een netwerkplan, waarvan de volgorde is:
- B komt na A;
- C, D en E komen na B;
- F komt na C;
- G komt na D;
- H komt na E;
- I komt na G en H;
- J komt na I en F.

De duur van de activiteiten is als volgt:
A duurt 4 uur
B duurt 6 uur
C duurt 8 uur
D duurt 4 uur
E duurt 2 uur
F duurt 12 uur
G duurt 6 uur
H duurt 10 uur
I duurt 6 uur
J duurt 8 uur

Maak een netwerkplanning. Hoe langt duurt het project zonder vertraging? Welke activiteiten mogen geen vertraging oplopen, om dat laatste te kunnen halen zonder uitloop?

2.6 Zoek op het web de missie van vijf organisaties; noteer je bron.

2.7 Lees het volgende artikel over de SWOT-analyse.

● WWW.MT.NL (AANGEPAST)

Managementmodellen langs de meetlat: SWOT-analyse

De SWOT-analyse wordt ook wel de sterkte-zwakteanalyse genoemd. Al die aspecten worden meestal in een vierkant ondergebracht en vervolgens verwerkt in een matrix, et voilà daar rolt al een analyse van de organisatie uit.
Los van het feit dat zo'n afkorting natuurlijk heerlijk bekt, geeft het de manager ook houvast voor de strategie. In één oogopslag is duidelijk aan welke aspecten gewerkt moet worden. Althans, zo lijkt het. Want het is natuurlijk allemaal gebaseerd op de inschatting van degene die al die gegevens benoemt en verwerkt. Diegene hoeft maar één verkeerde aanname te hebben gedaan, en het hele model stort in elkaar als een plumpuddinkje waarin geen gelatine zat. Kortom: schijnveiligheid.

a Bedenk nadelen van de SWOT-analyse.
b Bedenk voordelen van de SWOT-analyse.
c Tijdens menig sollicitatiegesprek wordt de sollicitant gevraagd een SWOT van zichzelf te maken. Dan is het voor jezelf eigenlijk al te laat. Voordat je solliciteert zou je je moeten afvragen of het bedrijf en de baan waarop je overweegt te solliciteren goed bij je passen. Bedenk drie functies bij drie bestaande organisaties en bepaal aan de hand van een SWOT van jezelf welke het beste zou passen.

Antwoorden op vragen en opdrachten vind je op de bij dit boek behorende website **www.introductiemanagement.noordhoff.nl**.

3 Organiseren

In dit hoofdstuk zullen we voornamelijk stilstaan bij de vraag hoe we de organisatie vorm kunnen geven en welke **structuur** kan worden aangebracht bij het plaatsen van mensen binnen de organisatie. Het zal duidelijk zijn dat je daarbij vele keuzes kunt maken.
Als er dan een structuur gevonden is, moeten we nog een manier vinden om de mensen te laten samenwerken, en hun werk op elkaar af te stemmen. Daarna geven we aan hoe **Mintzberg** kijkt naar de combinatie van organisatiestructuren en **coördinatie**. Ten slotte kijken we achtereenvolgens naar **personeel** en **humanresourcesmanagement**, en naar de **cultuur** binnen een organisatie. We ronden dit hoofdstuk af met het thema **organisatieveranderingen**.

Arbeidsdeling 77
Collectieve mentale programmering 108
Coördinatiemechanismen 88
Cultuur 108
Employability 107
Humanresourcesmanagement 100
Greiner, groeifasen 111

Hofstedes cultuurtypering 108
Informele organisatie 87
Lewin 114
Organisatiecultuur, lagen 110
Organisatieverandering 111
Organogrammen 80

Mintzberg, configuraties 84
Personeel aantrekken 101
Personeel ontwikkelen 104
Personeel behouden 105
Structuur 77
Structuur volgt de strategie 85

Onderling organiseren en coördineren
Imke werkt in een verpleegtehuis. Ze vertelt aan haar vrienden hoe men de zaken daar regelt.

'Kijk, natuurlijk hebben we werkoverleg en af en toe vergaderingen enzo. Maar een van de belangrijkste zaken die helpt om de boel te regelen is onze gezamenlijke drive om zo goed mogelijke zorg te leveren. Als ergens iets niet goed gaat of iemand iets vergeten is, of een patiënt een speciale zorgbehoefte heeft, kun je daar lang over gaan vergaderen. Door onze persoonlijke instelling pakt het bijna altijd zo uit dat iemand dat ziet en meteen oppakt en regelt. Daar gaan we niet lang over lopen aantutten. Ook hebben we een indeling in afdelingen (vier met 'gewone' bejaarden en één met bejaarden met extra medische aandacht). Zo'n organisatiestructuur is handig, maar toch zie je dat we in de praktijk best vaak over de grenzen van de afdeling heen bezig zijn als we zien dat dat nodig is. Zo'n persoonlijke instelling daar selecteren we ook op bij het aannemen van personeel. Glipt er bij de selectie toch iemand door het net die niet zo in elkaar steekt, dan is onze cultuur wel zo dominant, dat zo iemand vanzelf na een tijdje weer weg wil.

3.1 Structureren van organisaties

Organiseren is de functie van het management die erop gericht is een structuur van relaties tussen het personeel te creëren waardoor dit in staat is de gestelde doelen te bereiken. In deze paragraaf gaan we een organisatie opbouwen, structureren. We beginnen bij de kleinste delen en groeien uiteindelijk naar de indeling van de totale organisatie.

In hoofdstuk 1 spraken we over arbeidsdeling. Dit kwam erop neer dat we in organisaties het werk moeten verdelen over de mensen. Dit kunnen we als volgt systematisch doen:

Arbeidsdeling

- Allereerst delen we al het werk dat in de organisatie in totaliteit verzet moet worden op in de kleinst mogelijke delen. Dit zijn de individuele **taken**. Hierbij moet je denken aan zaken als: het toedelen van parkeerplaatsen, het bijhouden van de agenda van de directeur, ervoor zorgen dat zes keer per jaar de ramen gewassen worden en het administreren van de arbeidscontracten.
- De taken worden vervolgens op logische wijze gegroepeerd tot **functies**. Alle taken die te maken hebben met het beveiligen van het gebouw, de receptie en de ontvangst van personeel en gasten stoppen we bij elkaar in de functie van portier.
- De verschillende functies worden vervolgens gegroepeerd tot **afdelingen**. Daarbij kan men, zoals we later zullen zien, verschillende keuzes maken. Bijvoorbeeld: alle functionarissen die zich bezig houden met de Nederlandse klanten (administratie, aftersales, garantie, reclame) zetten we bij elkaar in de afdeling Klantencontacten Nederland.
- Vervolgens kunnen we de afdelingen op verschillende manieren in de organisatie positioneren tot een **structuur**. We zullen verschillende structuren behandelen. In figuur 3.1 is deze indeling schematisch weergegeven.

FIGUUR 3.1 Organisatiestructurering, van taken naar organisatiestructuur

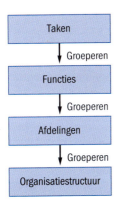

Achtereenvolgens behandelen we de taken, functies, afdelingen en organisatiestelsels die uiteindelijk de organisatiestructuur bepalen. Ook gaan we in op de mate waarin de structuur past en op de informele organisatie.

3.1.1 Taken

Taak — Een taak is de bevoegdheid, maar ook de plicht, van iemand om een bepaalde activiteit uit te voeren. De taak bestaat uit meerdere handelingen en procedures. **Bevoegdheid** — Onder bevoegdheid verstaan we het recht om beslissingen te nemen die voor het uitvoeren van de taak nodig zijn. Bij de toewijzing van de taak behoort ook de verantwoordelijkheid om de taak uit te voeren.

Taken moeten zorgvuldig worden samengesteld. Dat wil zeggen dat we op het volgende moeten letten:

- De taak moet op het *niveau* van de uitvoerder liggen: niet te moeilijk maar ook niet te makkelijk.
- De taak moet een *logisch, overzichtelijk en afgerond geheel* vormen. Een portier die toezicht moet houden op de ingang kun je niet tegelijkertijd de taak geven om koffie rond te brengen door het gebouw.
- De taak moet *uitdaging* bieden aan de uitvoerder.
- De taken van een werknemer mogen *geen tegenstrijdigheden* bevatten. Bijvoorbeeld doordat de medewerker verschillende belangen tegelijkertijd zou moeten dienen. Een veiligheidscoördinator die voor veiligheid moet zorgen en tegelijkertijd ook alles simpeler, goedkoper, praktischer en sneller moet maken, komt in de verleiding allerlei veiligheidsmaatregelen weg te laten.

Fredrick Herzberg bedacht drie manieren om werknemers gemotiveerd te houden door hun taken aan te passen:

- **Taakverruiming**. Dit betekent het uitbreiden van het aantal taken dat iemand heeft. Dit betreffen dan taken van hetzelfde niveau. De verandering van het aantal taken moet de monotonie van het werk bestrijden. In de praktijk blijkt deze methode niet zo effectief, omdat er weinig extra uitdaging bij komt kijken. Taakverruiming komen we in de praktijk ook wel tegen onder de Engelse term: 'job enlargement'. **Job enlargement**
- **Taakroulatie**. Dit betreft het wisselen van taken met iemand anders. Vaak wordt dit periodiek gedaan. Taakroulatie kom je ook tegen bij (jonge) managementtrainees die door middel van taakroulatie op verschillende afdelingen in korte tijd een brede blik in de organisatie gegund wordt. Taakroulatie komen we in de praktijk vaak tegen onder de Engelse term: 'job rotation'. **Job rotation**
- **Taakverrijking**. Hierbij wordt het takenpakket uitgebreid met moeilijkere taken van een hoger niveau. Taakverrijking werkt in de praktijk goed. Nadeel is dat mensen wier taak verrijkt is, na een tijdje voor loonsverhoging komen. Taakverrijking komen we in de praktijk ook wel tegen onder de Engelse term: 'job enrichment'. **Job enrichment**

3.1.2 Functies

Een functie is het geheel van taken dat iemand moet uitvoeren. Om functies op de juiste wijze te kunnen bepalen, passen we een functieanalyse toe. Dit doen we aan de hand van de vier A's: **Vier A's**

- We bepalen de **arbeidsinhoud**. Dit betreft de vraag naar wat iemand precies moet doen.
- Men beschrijft de **arbeidsomstandigheden**. Dit gaat over de omstandigheden waaronder men de functie moet uitvoeren. Denk bijvoorbeeld aan het werkklimaat, de stress die ermee gepaard gaat.
- Het derde punt dat we benoemen zijn de **arbeidsverhoudingen**. Hoeveel macht heeft de functionaris, aan wie moet hij rapporteren en wat is de positie binnen het bedrijf?
- Ten slotte benoemen we de **arbeidsvoorwaarden**. Hierbij gaat het om het salaris en de secundaire arbeidsvoorwaarden, zoals pensioen, winstdeling of auto van de zaak.

Eerder zagen we in hoofdstuk 1 dat we functies verticaal van elkaar kunnen onderscheiden. Daarmee bedoelen we het op de juiste hoogte plaatsen in de organisatie waarbij we hiërarchie (wie is de baas van wie) aanbrengen. Ook kunnen we de arbeid die gemoeid is met een functie horizontaal (op gelijk niveau) verdelen over meerdere mensen. Door deze verticale en horizontale verdeling krijgen we een plaatje van de organisatie in de vorm van een organisatiestelsel, ook wel organogram genoemd. In subparagraaf 3.1.4 zullen we verschillende van die stelsels onder de loep nemen.

● WWW.BIZZ.BE (AANGEPAST)

Samenwerken?? Riskant!!

De meeste mensen doen erg positief over samenwerken. Problemen worden sneller opgelost, de creativiteit wordt gestimuleerd, kosten bespaard en de productiviteit verhoogd. Waarom is goede samenwerking dan zo zeldzaam? Omdat er risico's aan verbonden zijn.

1 Onduidelijke rollen
In teamverband is het niet altijd duidelijk wie welke verantwoordelijkheden op zich neemt. De rollen veranderen vaak afhankelijk van de fase van een project.

2 Te veel praten, te weinig doen
Het voordeel van samen beslissen is dat iedereen aanwezig is en niemand achteraf de beslissing kan aanvechten. Het nadeel is dat de besluitvorming wordt vertraagd en het accent soms te veel op praten en te weinig op doen komt te liggen.

3 Te veel informatie
Samenwerking lukt alleen maar als de informatie goed wordt verspreid en gecombineerd. Sommigen zullen zich bedolven onder de informatie voelen, anderen zullen informatie achterhouden om hun machtspositie niet in gevaar te brengen.

4 Iedereen is elkaars vriend
In een team moeten de leden tegenstrijdige prioriteiten kunnen oplossen. Wordt het conflict vermeden, dan is er geen vooruitgang.

5 Meer werk
De meeste teamleden hebben al genoeg werk met hun gewone dagtaken, en een nieuw project kan als een stressfactor worden ervaren. Hier is nood aan een nieuwe werkmethode.

6 Meer input dan beslissingen
Het gevaar bestaat dat iedereen zijn zegje wil doen en de oplossing helemaal verwatert. Goede leiders zorgen voor focus en goede volgers begrijpen dat niet al hun input wordt aanvaard.

7 Wie oogst lof?
De individuele inspanning is niet zo zichtbaar. Zo is het minder duidelijk wie lof verdient als het goed gaat of een uitbrander als het mislukt.

3.1.3 Functies groeperen tot afdelingen

Als we eenmaal functies gemaakt hebben kunnen we deze gaan groeperen tot afdelingen. Dat kan op verschillende manieren. Als je honderd functies hebt kun je die bijeenvegen in drie afdelingen. Je kunt er ook twintig afdelingen van maken. Dat betreft alleen nog maar het aantal. Inhoudelijk gezien kun je ook nog op verschillende manieren de functies bij elkaar zetten. In een ziekenhuis kiest men er vrijwel altijd voor om afdelingen te maken naargelang het medisch specialisme dat men daar toepast (kinderziekten, kankerbestrijding, keel-, neus- en oorziekten enzovoort). In een groot warenhuis als de Bijenkorf worden de afdelingen gegroepeerd naar de producten die men verkoopt. In het verpleegtehuis uit de openingscasus waar Imke werkt zal men wellicht de organisatie gegroepeerd hebben naar het type patiënt. In de theorie komen we de volgende indeling tegen: een F-, P-, M- en G-indeling. De vier indelingen worden geïllustreerd in figuur 3.2.

Als gezegd kunnen we functies en de functionarissen die daarbij horen op verschillende manieren onderbrengen in afdelingen. De vraag wat het beste en handigste voor de organisatie is moet daarbij een grote rol spelen.

Functionele indeling (F-indeling) Allereerst kennen we de functionele indeling (F-indeling). Hierbij worden de functies gegroepeerd naar de functie die men uitoefent voor de organisatie. Denk bijvoorbeeld aan inkopen, produceren en verkopen. In zo'n organisatie zet men de inkopers van grondstoffen dus bij elkaar, het productiepersoneel wordt in een of meer productieafdelingen gezet en de verkopers plaatst men bij elkaar. Uiteraard wordt een en ander gecompleteerd met een hoger gelegen aansturende directielaag.

Productindeling (P-indeling) Een tweede vorm is de indeling via de productindeling (P-indeling). Hierbij zetten we mensen bij elkaar naargelang het product waarvoor ze werken. Philips bijvoorbeeld kent een divisiestructuur waarbij de divisies zijn ingericht op basis van de producten die men er maakt (consumentenelektronica, licht enzovoort)

Marktindeling (M-indeling) Een derde vorm is de marktindeling (M-indeling). Bij de marktindeling worden de afdelingen gevormd op basis van de markten die men bedient. Bij markt moet men hier denken aan het type gebruiker of afnemer.

Geografische indeling (G-indeling) Een vierde vorm is de geografische indeling (G-indeling). Bij deze indeling worden functies bij elkaar gezet die voor verschillende geografische gebieden werken.

3.1.4 Organisatiestelsels

Inmiddels zijn we met figuur 3.2 van de F-, P-, M-, G-indeling op het grootste niveau van de organisatiestructurering terechtgekomen. De organisatie**Organogram** plaatjes die daarmee ontstaan, noemen we organogrammen of organisatiestelsels.

FIGUUR 3.2 De F-, P-, M- en G-indeling van afdelingen in een structuur

Functionele indeling

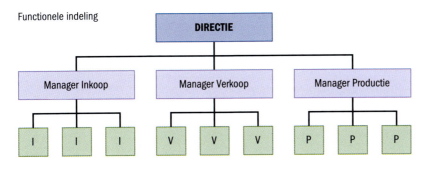

Productindeling

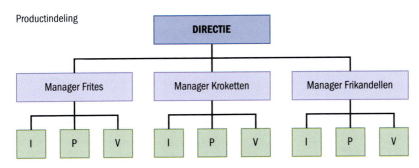

Marktindeling

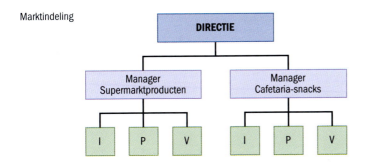

Geografische indeling

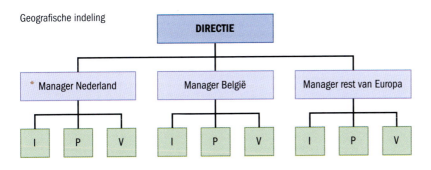

I = Inkoop, P = Productie, V = Verkoop

We beelden immers de totale organisatie af. In het voorgaande concentreerden we ons op de afdelingen onder de directie. Nu gaan we kijken naar de rest van de organisatie. We bespreken de lijnorganisatie, de lijn-staforganisatie en de matrixorganisatie.

Lijnorganisatie

Als in een organisatie verschillende niveaus bestaan met hun eigen taken en verantwoordelijkheden spreken we van een lijnorganisatie. De lijnorganisatie is weergegeven in figuur 3.3. De afdelingen die de horizontale as vormen, noemen we de lijn. Er is in de lijnstructuur eenheid van gezag: iedereen heeft namelijk maar één baas boven zich. Daarnaast is er sprake van eenheid van bevel, hetgeen wil zeggen dat elke positie in de organisatie via een keten van bevelvoerders van beneden naar boven verbonden is met de top van de organisatie. Om het ingewikkeld te maken, noemt men die verticale keten ook wel eens 'de lijn'. 'Via de lijn van boven naar beneden communiceren' hoor je dan.

Eenheid van gezag
Eenheid van bevel

De lijn

FIGUUR 3.3 De lijnorganisatie

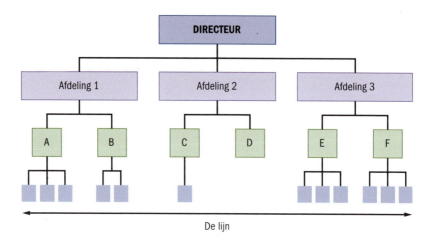

De lijnorganisatie heeft de volgende *voordelen*:
- De structuur is simpel, iedereen weet waar hij aan toe is vanwege de eenheid van gezag en bevel.
- Er is snelle besluitvorming mogelijk.
- Taken, bevoegdheden en verantwoordelijkheden zijn eenvoudig te verdelen en af te bakenen.
- Er zijn weinig (dure) leidinggevenden nodig.

Er zijn ook *nadelen* aan de lijnorganisatie:
- Indien het aantal lagen in de organisatie stijgt, vertraagt dit de besluitvorming in de organisatie. Omdat het eerst door alle lagen heen moet. Het duurt dan even voordat veranderingen in de omgeving worden opgepikt.
- Het is lastig om de verantwoordelijkheid voor problemen aan te wijzen, omdat problemen zich niet aandienen volgens het format van de lijnorganisatie. (Een probleem is zelden alléén een probleem van de afdeling Productie of exclusief voor de afdeling Verkoop.)
- De medewerkers hebben weinig zicht op en betrokkenheid bij het einddoel van de organisatie (men denkt binnen het eigen hokje).

Belangrijke begrippen gelieerd aan de lijnorganisatie zijn de volgende:
- **Spanwijdte** of **span of control**. Dit betreft het aantal mensen aan wie men direct leidinggeeft. Dit betreft dan alleen de laag direct onder de leidinggevende. In de figuur van de lijnorganisatie (figuur 3.3) zien we dat er onder de directeur drie afdelingshoofden zitten dus de span of control/ spanwijdte is 3.
- **Spandiepte** of **depth of control**. Dit gaat over alle medewerkers aan wie men direct en in de lagen daaronder (indirect) leidinggeeft. Kort gezegd: alle medewerkers onder je in het organisatieplaatje.
- **Omspanningsvermogen** of **scope of control**. Dit gegeven kun je niet uit het organisatieplaatje halen. Het omspanningsvermogen varieert van persoon tot persoon en betreft het aantal mensen dat jij zoals je in elkaar zit aankunt als leidinggevende. Het omspanningsvermogen wordt niet alleen bepaald door persoonlijkheidskenmerken, maar ook door de omgeving en de aard van het werk. Voorbeeld: in een fabriek waar men jaar in jaar uit op standaardwijze aan de lopende band hetzelfde maakt, is veel minder aan te sturen. Hier kun je meer mensen tegelijkertijd aansturen dan in een omgeving waar veel overleg noodzakelijk is en problemen vaak op de loer liggen. De volgende omstandigheden vergroten het omspanningsvermogen doorgaans: <small>*Omspanningsvermogenvergrotende omstandigheden*</small>
    - Het werk dat door de ondergeschikten gedaan wordt verloopt stabiel en routinematig (zie het voorbeeld van het lopendebandwerk).
    - Ondergeschikten doen min of meer hetzelfde werk.
    - Ondergeschikten werken allemaal op één locatie.
    - Ondergeschikten zijn goed getraind en ingewerkt, en hebben weinig sturing nodig.
    - Er zijn regels en procedures beschikbaar die de taken die gedaan moeten worden beschrijven.
    - Ondersteunende systemen en ondersteunend personeel zijn beschikbaar voor de manager.
    - Er is weinig tijd nodig voor niet-leidinggevende taken, zoals afstemming met andere afdelingen.
    - De persoonlijke stijl en voorkeuren van de manager passen bij een groot omspanningsvermogen. De manager kan er bijvoorbeeld goed tegen als hij niet dagelijks het complete wel en wee van de medewerker met de medewerker kan bespreken.

Het omgekeerde geldt ook. Als het omgekeerde voor de genoemde omstandigheden geldt is het omspanningsvermogen doorgaans kleiner.

Lijn-stafrorganisatie
De pure lijnorganisatie komen we niet vaak tegen. Vaak is er namelijk iets aan de lijnorganisatie toegevoegd. De top wordt vaak geadviseerd door mensen die zelf niet deelnemen aan het primaire proces (= de hoofdtaak van de organisatie). Hierbij kun je denken aan juristen of personeelsmensen. Die mensen die zelf niets toevoegen aan het product of de dienst maar wel nodig zijn om de organisatie draaiende te houden, noemen we staf. Als er stafafdelingen aan de lijnorganisatie zijn toegevoegd, spreken we van de lijn-staforganisatie. Deze organisatie komen we in de praktijk wel vaak tegen. Hoewel de staf in het plaatje boven de lijnafdelingen staat, hebben deze afdelingen geen directe zeggenschap over de lijnafdelingen. Het is echter wel zo dat de directie goed naar de adviseurs zal luisteren. Hun mening als expert zal vaak invloed hebben op de directiebesluiten over hun discipline. Op die manier heeft de staf indirect wel invloed over de lijnafdelingen. In figuur 3.4 is de lijn-staforganisatie weergegeven. <small>*Staf*</small>

FIGUUR 3.4 De lijn-staforganisatie

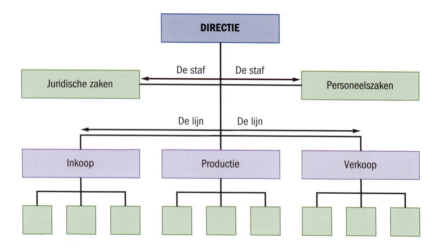

De *voordelen* van de lijn-staforganisatie zijn:
- Door toevoeging van de staffunctionarissen die niet in de lijn opgenomen zijn, kan de ondernemingsleiding goed en onafhankelijk geadviseerd worden, ook op punten die de medewerkers in de lijn minder welgevallig zijn.
- Er kan gespecialiseerd worden in de staf (bijvoorbeeld op het gebied van personeelszaken), in de lijn hoeft men zich daarom minder op die specialismen te richten en heeft men de handen vrij voor de kernactiviteiten.

De *nadelen* van de lijn-staforganisatie zijn:
- Staven dreigen soms autonoom te groeien.
- Staven houden zichzelf in stand, ze verzinnen naast de gevraagde adviezen soms ook zaken waar de interne klant helemaal niet om gevraagd heeft.
- In vergelijking met de lijnorganisatie is deze organisatie wat complexer en ook meer vatbaar voor tegenstellingen, ruzies en meningsverschillen tussen lijn en staf.

Matrixorganisatie

Het laatste organisatiestelsel dat we behandelen is de matrixorganisatie. Normaliter is het het beste als iedereen maar één leidinggevende heeft. We gaan nu een organisatiestelsel bekijken waarbij daar toch van wordt afgeweken. In een matrixorganisatie kennen we in feite twee 'lijnen' waaronder iemand kan resorteren. In een projectorganisatie kan het bijvoorbeeld zo zijn dat mensen uit verschillende disciplines (technici, juristen, marketeers) gekoppeld worden aan een project. Ze vallen dan enerzijds nog onder hun vakbaas die alles van hun vak weet, maar ze worden ook onder de leider van het project geplaatst. In figuur 3.5 zien we de matrixorganisatie afgebeeld.

Voor de matrixorganisatie moet alleen worden gekozen als het echt niet anders kan. De matrixorganisatie is immers complex en soms verwarrend. Neem het voorbeeld van een projectleider die tegen juriste Leanne Leistra zegt: 'In mijn project gaan we het niet zo nauw nemen met de regeltjes en wetten.' Terwijl de vakbaas van de juridische afdeling waar Leanne ook onder valt zegt: 'Te allen tijde moeten wij ervoor zorgen dat de organisatie zich aan de wet houdt.' In tabel 3.6 worden meer voor- en nadelen van de matrixstructuur gegeven.

Twee 'lijnen'

FIGUUR 3.5 De matrixorganisatie

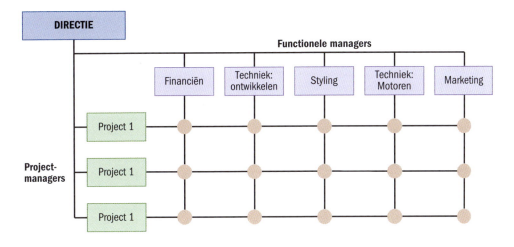

TABEL 3.6 Voor- en nadelen van een matrixstructuur

Voordelen	Nadelen
• Meer efficiënt gebruik van middelen dan in een enkelvoudige structuur • Flexibel, kan zich makkelijk aanpassen aan omgevingsverandering • Het management ontwikkelt zich algemeen en specialistisch • Interdisciplinaire samenwerking, expertise beschikbaar voor alle eenheden • Er is sprake van taakverruiming	• Er kan frustratie en verwarring ontstaan door de twee aansturingslijnen • Er is kans op conflicten tussen de twee kanten van de matrix • Er is meer dan gemiddeld overleg en vergaderen noodzakelijk • Er moet getraind worden op het samenwerken van de medewerkers • Vaak is de macht niet gelijk verdeeld over de twee zijden van de matrix

Bron: vrij naar Daft

Misschien is er in jouw schoolinstituut ook wel sprake van een matrixstructuur. De docenten vallen wellicht enerzijds onder de vakgroepen van het vak dat ze geven en werken anderzijds voor een opleiding. In een matrixorganisatie hoeft het niet zo te zijn dat beide lijnen even sterk zijn. Vaak is een matrixorganisatie aan het kantelen. In het hbo zie je gemiddeld genomen de opleidingen sterker worden en de vakgroepen minder sterk.

3.1.5 Mate waarin de structuur 'past'

De hedendaagse organisatiekunde schrijft niet lukraak een beste manier van organiseren voor, maar gaat uit van de situatie waarin een organisatie verkeert. Dit geldt ook voor organisatiestructurering. Factoren die de keuze voor een bepaalde organisatiestructuur beïnvloeden zijn: de grootte van de organisatie, de levensfase, de strategie, de organisatieomgeving en de in de organisatie gebruikte technologie. Op enkele van die factoren gaan we wat dieper in:

- *De structuur volgt de strategie.* De structuur moet aangepast worden aan de strategie. Dit werken we uit in een voorbeeld. In hoofdstuk 2 zagen we dat de organisatie verschillende strategieën kan kiezen. Neem bijvoorbeeld de lagekostenstrategie van Michael Porter versus zijn differentiatiestrategie. Was het bij de eerste vooral zaak tegen lage kosten iets aan te bieden (en dan komen de klanten vanzelf), bij de differentiatiestrategie moet je vooral weten wat je de klant voor extra's wil bieden. Als je een strategie hebt gekozen moet de structuur hierin volgen. Hiermee bedoelen we dat de strategie bepaalt wat voor structuur je nodig hebt. De kostenleiderschapsstrategie dicteert een structuur die efficiënt is, er wordt in grote volumes met weinig variatie geproduceerd, er is weinig overleg nodig, er is relatief weinig marketing en er zijn verkoopafdelingen. De differentiatiestrategie vraagt een heel andere structuur. Hier is het heel belangrijk de zaak zo in te richten dat men goede voeling houdt met de klant. Alle klanteninformatie over wat de klant nodig heeft moet snel via de structuur naar boven in de organisatie geleid kunnen worden.
- *De structuur is aangepast aan de omgeving.* In hoofdstuk 2 bespraken we de omgeving van de organisatie. Als de omgeving van de organisatie veel onduidelijkheid en onzekerheid veroorzaakt, hebben de beslissers in de organisatie grote behoefte aan informatie uit de omgeving. Een onzekere omgeving heeft de volgende effecten op de organisatiestructuur:
    - Er zijn meer verschillen tussen afdelingen. De afdelingen gaan zich namelijk zetten naar de voor hun belangrijke onderdelen uit de omgeving.
    - Er is als gevolg van die verschillen tussen de afdelingen bovengemiddeld veel coördinatie nodig om de organisatie te laten functioneren.
    - De organisatie moet zich ook voor wat betreft de structuur telkens aanpassen aan veranderingen in de omgeving.

● WWW.MT.NL (AANGEPAST)

'It is structure that counts, stupid!'

Er is geen beste strategie, aldus André de Waal op grond van vijfjarig onderzoek naar prestatiemanagement. De Waal onderzocht de kenmerken van de best presterende bedrijven, 'high performance organizations'. Strategie blijkt geen onderscheidende factor te zijn.
De Waal onderzocht welke factoren kenmerkend zijn voor high performance organizations (hpo's).

Een hpo is een bedrijf dat zeker vijf á tien jaar lang beter presteert dan zijn peer group. De vijf kenmerken van succesbedrijven zijn een hoge kwaliteit van het management, een open en actiegerichte cultuur, langetermijnoriëntatie, verbeter- en vernieuwingsdrang en een hoge kwaliteit van de medewerkers.

Opvallend is vooral wat níet onderscheidend is. De Waal: 'Er is geen beste strategie, zolang de strategie maar uniek is in jouw sector. Hij moet afwijken van je concurrenten. Meestal heb je het dan over unieke producten of diensten. Of een andere logistiek, andere processen.' Ook de organisatiestructuur blijkt geen onderscheidende factor voor langetermijnsucces te zijn. 'Dus functioneel, proces, matrix, hoe ze allemaal mogen heten, het maakt niks uit. Er is maar een ding overgebleven in de statistiek: de structuur moet simpel zijn. Een simpele structuur bevordert de interactie van het management en de medewerkers.'

3.1.6 Informele organisatie

Plaatjes van organisatiestelsels geven de formele hiërarchische relaties binnen een organisatie aan. Er is ook nog een ongeschreven structuur aan te treffen in organisaties. Dit noemen we de informele organisatie. Hiermee bedoelen we de zelfgezochte verbanden in een organisatie. Deze kunnen uiteraard afwijken van de formele gezagsverhoudingen. De directeur kan bijvoorbeeld een uitstekende band met de portier hebben en meer met hem over de organisatie spreken dan met zijn of haar adjunct-directeur. Via het informele circuit kunnen zaken anders en sneller gecommuniceerd worden dan via de formele kanalen. Chester Barnard was een van de eerste auteurs die het fenomeen informele organisatie beschreef. Volgens hem zorgt de informele organisatie ervoor dat je voorzien wordt in je sociale behoefte. Je komt niet alleen naar je werk om geld te verdienen, maar wil ook optrekken met de collega's die je leuk vindt. De informele organisatie is een aanvulling op het bestaande formele organogram; het vervangt de formele organisatie niet. Soms zijn informele contacten het smeermiddel van de organisatie. Langs de officiële weg kan het oplossen van een probleem soms lang duren. Terwijl men bij een probleem ook kan terugvallen op 'bevriende' collega's met wie men het samen wel even oplost. De informele organisatie is vaak ongrijpbaar met fenomenen als wandelgangen, vriendjespolitiek, insiders en outsiders. Het is ongetwijfeld zo dat de vier vrienden uit onze openingscasus, bij het begin van hun baan hebben moeten wennen aan de informele organisatie. Het duurt even voor je door hebt, wie wie nooit zal laten vallen, en wie juist gezworen vijanden zijn.

Sociale behoefte

Smeermiddel

Chester Bernard onderkende als een van de eersten de kracht van de informele organisatie.

3.2 Coördinatie in organisaties

In de vorige paragraaf bespraken we organisatiestelsels, en uiteindelijk de informele organisatie. We zagen dat de informele organisatie een instrument is om dingen 'geregeld' te krijgen. In deze paragraaf concentreren we ons nog wat meer op de afstemming (coördinatie) die plaatsvindt in organisaties.

Het kale skelet in de vorm van een organogram hebben we in de voorgaande paragraaf getekend. Nu komt het eropaan te bepalen hoe je mensen vervolgens in zo'n organisatiestructuur het werk goed op elkaar laat afstemmen. Als een verkoopafdeling uit een goed organisatieplaatje meer gaat verkopen dan de productieafdeling kan maken, gaat het mis. We moeten ervoor zorgen dat deze afdelingen van elkaar weten waar ze mee bezig zijn. Dat noemen we **Afstemming of coördinatie** afstemming of coördinatie. In de organisatiekunde spreekt men altijd over coördinatie, maar bedenk bij de rest van deze paragraaf dus dat het gaat over afstemming. We behandelen in deze paragraaf verschillende wijzen van coördineren. We starten met de coördinatiemechanismen van Mintzberg. Daarna komen heel kort andere vormen aan de orde.

3.2.1 Mintzbergs coördinatiemechanismen

Mintzberg is waarschijnlijk het bekendst geworden met zijn ideeën over organisatiestructurering, en dan vooral coördinatie binnen organisaties. Mintzberg bedacht een aantal coördinatiemechanismen. Met een coördinatiemechanisme bedoelt Mintzberg de manier waarop men in een organisatie de taakuitvoering van de medewerkers op elkaar afstemt. Verdeling van de totale arbeid waar een organisatie voor staat in verschillende taken, functies en afdelingen leidt namelijk tot coördinatieproblemen. De organisatieleiding zal ervoor moeten zorgen dat de uitvoering van de deeltaken op de een of andere manier gecoördineerd wordt, zodat het totale takenpakket van de organisatie efficiënt en effectief wordt uitgevoerd. Het is de taak van het management ervoor te zorgen dat voor iedereen in de organisatie duidelijk wordt wie, waar en wanneer wat zal moeten doen. Mintzberg benoemde onder andere de volgende mechanismen die kunnen zorgen voor coördinatie:

"Organiseren op zichzelf bereikt niets. Plannen bereiken ook niets. Pogingen slagen of mislukken dankzij de mensen die er bij betrokken zijn. Alleen door het aantrekken van de beste mensen zul je de grootste daden verrichten."

— Colin Powell,
 ex-hoogste militair van de VS, ex-minister van buitenlandse zaken VS

- **Direct toezicht**. Dit is aan de orde als een leidinggevende continu contact heeft met zijn ondergeschikten; er als het ware bovenop zit. De leidinggevende geeft aanwijzingen en stuurt bij op basis van wat hij ziet. Denk aan een modezaak waarbij de eigenaar zelf ook in de winkel staat, meewerkt en daarbij ook het andere personeel observeert en corrigeert.
- **Onderlinge afstemming**. Hiervan is sprake wanneer collega's samenwerken en al werkendeweg samen bepalen hoe ze zaken zullen aanpakken.
- **Standaardisatie van werkprocessen**. Op het moment dat we de manier waarop de mensen in de organisatie werken standaardiseren, hoeft men veel minder te overleggen. Men weet hoe het 'volgens het boekje' zou moeten, en hoeft daarover niet te overleggen. Een gemeenteambtenaar aan de uitgiftebalie voor paspoorten hoeft doorgaans niet aan de collega's te vragen hoe men de pas moet aanvragen. Daar is een standaardprocedure voor die men al duizenden malen heeft gevolgd.
- **Standaardisatie van resultaten**. Hierbij coördineert de leidinggevende bijvoorbeeld door heel specifiek aan te geven wat hij als eindresultaat ver-

wacht. De werknemer kan vervolgens zelf bepalen langs welke weg deze dat gaat realiseren. Een secretaresse weet genoeg wanneer de leidinggevende vraagt een standaardreis die al meerdere malen gemaakt is, te boeken. Dat hoeft de baas niet helemaal uit te leggen.
- **Standaardisatie van kennis en vaardigheden**. Een boekhouder weet door opleiding en training hoe hij een boekhouding moet opzetten. Als je een boekhouder aanneemt, hoef je het voeren van een boekhouding niet helemaal af te stemmen. Een chirurg weet in de operatiekamer wat hij mag verwachten van de anesthesioloog (de specialist die weet hoe hij iemand verdoofd moet houden).
- **Standaardisatie van normen**. Als mensen op dezelfde manier in het bedrijf staan omdat ze dezelfde normen hebben, is dat iets wat hen bindt. Ze denken er hetzelfde over, dan heb je aan een half woord genoeg. Een goed voorbeeld hiervan is een klooster. Daar is weinig discussie en afstemming nodig over de vraag waarom men vroeg op moet om met elkaar te gaan bidden. Er zijn zelfs orden waar men helemaal niet mag spreken. De gezamenlijk gedragen norm (het geloof) zorgt voor de afstemming. Een ander voorbeeld van standaardisatie van normen zagen we in de openingscasus van dit hoofdstuk: Imke werkt in een verpleegtehuis. Ze vertelt aan haar vrienden hoe men de zaken daar regelt. 'Kijk, natuurlijk hebben we werkoverleg en af en toe vergaderingen enzo. Maar een van de belangrijkste zaken die helpt om de boel te regelen is onze gezamenlijke drive om zo goed mogelijke zorg te leveren. Als ergens iets niet goed gaat of iemand iets vergeten is, of een patiënt een speciale zorgbehoefte heeft, kun je daar lang over gaan vergaderen. Door onze persoonlijke instelling pakt het bijna altijd zo uit dat iemand dat ziet en meteen oppakt en regelt. Daar gaan we niet lang over lopen aantutten.'

In de volgende paragraaf zullen we zien hoe Mintzberg deze coördinatiemechanismen toepaste in een aantal modellen van organisaties.

3.2.2 Andere vormen van coördinatie
Naast de coördinatiemechanismen van Mintzberg kennen we nog de volgende andere manieren om te coördineren:
- **Regels en procedures**. Een werkinstructie of een functiebeschrijving geeft aan wat iemand moet doen.
- **Hiërarchie**. De positie die men inneemt in de organisatie zorgt voor afstemming. Als leidinggevende weet je dat je moet zorgen voor je ondergeschikten (die je dan vooral 'collega' moet noemen). Je weet voor een deel vanwege je rang en titel wat je moet doen om de zaak draaiende te houden.
- **Werkgroepen en vergaderingen**. In werkgroepen en vergaderingen wordt afgesproken hoe men zaken gaat aanpakken en vormgeven.

3.3 De zeven organisatiestructuren van Mintzberg

De Canadese auteur Henry Mintzberg heeft grote bekendheid verworven door de organisatiemodellen die hij bedacht. Organisatiemodellen zijn vereenvoudigde weergaven van de werkelijke organisaties, zoals bedoeld in de openingscasus. In deze organisatiemodellen spelen telkens vijf onderscheiden organisatiedelen een belangrijke rol. Daarnaast definieert Mintzberg vijf verschillende coördinatiemechanismen.

Organisatiemodellen

Configuraties

In de volgende subparagrafen zullen we zien dat de verschillende organisatietypen van Mintzberg ieder hun eigen primaire (lees belangrijkste) coördinatiemechanismen kennen. Mintzberg beweert dat in elk van de organisatiemodellen een van de organisatiedelen het belangrijkst (dominant) is en een van de coördinatiemechanismen het meest gebruikt wordt (primair is). De organisatieaspecten 'structuur' en 'coördinatiemechanisme' moeten op de juiste wijze zijn samengesteld en op elkaar zijn afgestemd. Als dit het geval is, spreekt men van een juiste configuratie. De organisatiemodellen van Mintzberg noemt men daarom vaak configuraties. Behalve een goede afstemming van structuur- en coördinatiemechanismen is ook een goede aanpassing aan de situatie waarin een organisatie verkeert, belangrijk. In de volgende subparagrafen geven we een toelichting op de zeven configuraties van Mintzberg. Daarna gaan we kort in op de betekenis ervan. In tabel 3.7 zijn de verschillende organisatietypen met hun dominante organisatiedeel en primaire coördinatiemechanisme weergegeven.

TABEL 3.7 Overzicht van de configuraties van Mintzberg

Configuratie	Dominant organisatiedeel	Primair coördinatiemechanisme	Voorbeeld
Ondernemers organisatie	Strategische top	Direct toezicht	Nieuwe kledingzaak
Machineorganisatie	Technische staf	Standaardisatie van arbeidsprocessen	Hamburgerketen, posterijen
Professionele organisatie	Operationele kern	Standaardisatie van bekwaamheden	Specialistenmaatschap, universiteit
Gediversifieerde organisatie	Middenkader	Standaardisatie van resultaten	Grote industriële bedrijven met heterogene producten
Innovatieve organisatie	Ondersteunende staf	Onderlinge afstemming	Reclame- of ingenieursbureau
Missionaire organisatie	Ideologie	Standaardisatie van normen	Klooster of vrijwilligersorganisatie op ideële grondslag
Politieke organisatie	Geen	Geen	Nederlandse Spoorwegen aan het begin van de 21e eeuw (veel arbeidsonrust en conflicten met vakbonden)

Henry Mintzberg heeft bij de zeven organisatiestructuren/configuraties die we zullen presenteren, ook plaatjes getekend. Deze gaan alle uit van de basisfiguur zoals afgebeeld in figuur 3.8.

FIGUUR 3.8 Typologieën van Mintzberg

3.3.1 De ondernemersorganisatie van Mintzberg

De meeste ondernemingen starten overeenkomstig de eerste configuratie van Mintzberg. De ondernemersorganisatie is de eenvoudigste vorm van de zeven verschillende configuraties die Mintzberg heeft gedefinieerd. Deze vorm hoort bij jonge en vaak kleine ondernemingen (zie praktijkvoorbeeld 3.9). Hierin is de strategische top, zeg maar de directeur of eigenaar van de prille onderneming, het dominante organisatiedeel. Het primaire coördinatiemechanisme is direct toezicht, zoals gedefinieerd in subparagraaf 3.2.1.

Strategische top
Direct toezicht

PRAKTIJKVOORBEELD 3.9

Een pas geopende kledingzaak als ondernemersorganisatie

Een voorbeeld van een ondernemersorganisatie is een kledingzaak die pas is opgericht. Het belangrijkste onderdeel van de organisatie is de strategische top. De eigenaar neemt de voor de onderneming belangrijke beslissingen over assortiment, winkelinterieur, aanname van personeel en dergelijke. Hij of zij zal doorgaans zelf in de zaak staan, samen met enkele verkopers. Hij werkt samen met zijn medewerkers en heeft veel contact met de andere verkopers. Hij kan hen direct, zonder tussenpersonen, aansturen. Deze vorm van coördinatie noemen we direct toezicht. Door dit primaire coördinatiemechanisme zijn er weinig regels en procedures nodig.

Samengevat kan de ondernemersorganisatie worden omschreven als een organisatiestructuur met weinig afdelingen die gegroepeerd zijn naar functie (inkoop, productie, verkoop, financiën) en geleid worden door een ondernemer/eigenaar zonder al te veel werkvoorbereiding en regels. Voorbeelden van ondernemersorganisaties zijn de genoemde kledingzaak, kruideniers, slagers en kleine startende ondernemingen.

In figuur 3.10 is de afbeelding te zien die Mintzberg bij de ondernemersorganisatie maakte.

FIGUUR 3.10 De ondernemersorganisatie

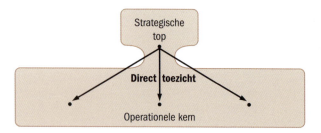

3.3.2 De machineorganisatie van Mintzberg

Binnen een machineorganisatie is alles geregeld en routinematig. Aanvankelijk noemde Mintzberg dit dan ook de machinebureaucratie. Het woord 'machine' slaat overigens niet op het feit dat er veel machines in de organisatie aanwezig zijn, maar geeft aan dat de organisatie door standaardisatie van arbeidsprocessen functioneert als een goed geoliede machine (zie praktijkvoorbeeld 3.11). De manier om het werk van iedereen op elkaar af te stemmen, het coördinatiemechanisme, komt hier dus neer op het opstellen van duidelijke, gestandaardiseerde normen voor de manier waarop het werk moet worden uitgevoerd. Het dominante organisatiedeel is wat Mintzberg de technostructuur noemt. Hiermee worden de mensen bedoeld die in de organisatie het primaire proces voorbereiden, structureren en beheren.

Standaardisatie van arbeidsprocessen

Technostructuur

PRAKTIJKVOORBEELD 3.11

McDonald's als machineorganisatie

Alleen al McDonalds USA besteedt jaarlijks meer dan 1 miljard dollar aan training, onder andere op de hamburgeruniversiteit.

Een voorbeeld van een machineorganisatie is McDonald's. In het McDonald's werkhandboek staat de bedrijfsuitoefening tot in de kleinste details beschreven. Elke activiteit is tot in detail voorgeschreven. Het primaire coördinatiemechanisme is de standaardisatie van werkprocessen. Door iedereen exact voor te schrijven hoe hij moet werken, worden de taken goed uitgevoerd en de organisatiedoelen bereikt. Voorwaarde is natuurlijk wel dat vooraf heel goed is nagedacht over wat de beste manier van werken is. Het dominante deel van de organisatie is de technostructuur; hierbij kunnen we denken aan arbeidsanalisten, productieplanners, opleidingsfunctionarissen enzovoort. Van McDonald's is bijvoorbeeld bekend dat het een 'hamburgeruniversiteit' heeft waar het zijn hoger personeel traint en inwijdt in de te volgen arbeidsprocessen.

Samengevat kan de machineorganisatie worden omschreven als een erg formeel gestructureerde organisatie, waarbinnen de nadruk ligt op regels en procedures, met een functionele afdelingsstructuur (inkoop, productie, verkoop, financiën). De organisatie wordt centraal geleid en moet opereren in complexe omgevingen. Voorbeelden van machineorganisaties zijn het eerdergenoemde McDonald's en vergelijkbare fastfoodketens, traditionele productiebedrijven, grote warenhuizen en andere 'winkelketenachtige' organisaties met relatief laag opgeleid personeel en een vaste formule en opzet.

In figuur 3.12 is de afbeelding te zien die Mintzberg bij de machineorganisatie maakte.

FIGUUR 3.12 De machineorganisatie

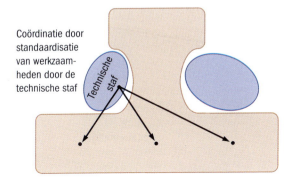

Coördinatie door standaardisatie van werkzaamheden door de technische staf

3.3.3 De professionele organisatie van Mintzberg

De mensen die de primaire activiteit van de organisatie uitvoeren, vormen de operationele kern van een organisatie. In een professionele organisatie is altijd sprake van een hoog opleidingsniveau van de nogal zelfstandige operationele kern in de organisatie. Deze operationele kern is het belangrijkste organisatiedeel in de professionele organisatie. Voor de professionals die geselecteerd worden om voor de organisatie te komen werken, geldt als belangrijkste voorwaarde dat zij hun vak goed verstaan. Het primaire coördinatiemechanisme is dan ook standaardisatie van bekwaamheden. Door de gestandaardiseerde opleidingen waarvan het voor iedereen duidelijk is wat men ervan mag verwachten, is men er zeker van dat de taakuitvoering goed op elkaar aansluit. Een hartchirurg weet precies wat hij van een anesthesist en van een operatieassistente mag verwachten.

Operationele kern

Standaardisatie van bekwaamheden

De ouderdom en grootte van een professionele organisatie zijn niet zo belangrijk. Het werk dat in het primaire proces wordt uitgevoerd, is complex en niet routinematig. De omgeving is stabiel maar ingewikkeld. Zie praktijkvoorbeeld 3.13.

PRAKTIJKVOORBEELD 3.13

Een specialistenmaatschap als professionele organisatie

Een goed voorbeeld van een professionele organisatie is een specialistenmaatschap in een ziekenhuis. De specialisten die de operationele kern vormen, zijn het belangrijkste deel van de organisatie. Zij dulden nauwelijks inmenging van bovenaf. Een ziekenhuisdirecteur staat hiërarchisch gezien niet boven de specialisten en zijn salaris is vaak lager dan dat van de specialist. De directeur heeft relatief weinig macht in zijn organisatie. Een van de weinige middelen die hij heeft om ervoor te zorgen dat er toch goed werk wordt afgeleverd, is de juiste selectie van zijn personeel.

Samengevat kan de professionele organisatie worden omschreven als een organisatie met een functionele structuur, van gemiddelde grootte, die het beste werkt in stabiele omgevingen, waarbinnen de hoogopgeleide professionals in een decentrale structuur werken. Voorbeelden zijn: ziekenhuizen, zorginstellingen, hogescholen, universiteiten en notaris- en advocatenkantoren.

In figuur 3.14 is de afbeelding te zien die Mintzberg bij de professionele organisatie maakte.

FIGUUR 3.14 De professionele organisatie

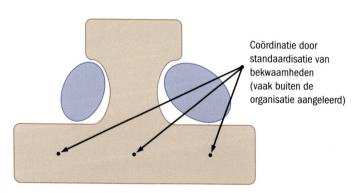

Coördinatie door standaardisatie van bekwaamheden (vaak buiten de organisatie aangeleerd)

3.3.4 De gediversifieerde organisatie van Mintzberg

De gediversifieerde organisatie is eigenlijk een systeem van meer organisaties binnen één overkoepelende organisatie. Voorbeelden van gediversifieerde organisaties zijn grote industriële ondernemingen met veel verschillende producten, diensten, markten, technologieën en landen waar men actief is (zie praktijkvoorbeeld 3.15). Deze organisaties deelt men voor de overzichtelijkheid en bestuurbaarheid op in een aantal relatief zelfstandige divisies. Deze divisies noemt men ook wel strategische bedrijfseenheden waarvoor men meestal de Engelse term strategic business units (SBU's) gebruikt.

PRAKTIJKVOORBEELD 3.15

Philips als gediversifieerde organisatie

Philips is een voorbeeld van een gediversifieerde organisatie. Philips heeft veel verschillende productdivisies, zoals een groep verlichting (Philips Lighting), een groep consumentenproducten (Philips Consumer Lifestyle / Consumer Electronics), een groep medische producten (Philips Healthcare) en een restgroep met ondersteuning en research (Philips Innovation, Group & Services). Deze verdeling heeft men gemaakt om het geheel bestuurbaar te houden.

De divisies of SBU's binnen een gediversifieerde organisatie zijn in feite zelfstandige ondernemingen met eigen budgetten, investeringsplannen en directies. De strategische top van de gehele onderneming is belast met de coördinatie van het totale bedrijfsbelang. Het primaire coördinatiemechanisme is standaardisatie van output. Dit werkt als volgt. De directeuren van de divisies (SBU's), die formeel gezien middenmanagers zijn, dienen hun investeringsplannen in bij de strategische top van de onderneming. De top moet deze plannen goedkeuren en beslist onder andere op basis van financiële kengetallen, zoals cashflow, 'return on investment' en 'pay-back period'. In feite geeft de top de SBU-leiding de vrije hand, zolang ze maar de afgesproken resultaten weet te boeken. Er wordt dus duidelijk gecoördineerd op de uitkomst van het proces. Als de divisies hun geplande output leveren, is er niets aan de hand. Is dat niet het geval, dan wordt de divisiedirecteur op het matje van de centrale raad van bestuur geroepen. Door de grote beslissingsvrijheid van de SBU-directie vormt dit middenkader het dominante organisatiedeel.

Standaardisatie van output

Middenkader

Samengevat kan de gediversifieerde organisatie worden omschreven als een organisatie met een multidivisionele structuur, normaliter een grote, oude onderneming die haar onderneming heeft opgedeeld in divisies. Voorbeelden zijn Philips, Akzo Nobel, KBB en Wolters-Kluwer.

In figuur 3.16 is de afbeelding te zien die Mintzberg bij de gediversifieerde organisatie maakte.

FIGUUR 3.16 De gediversifieerde organisatie

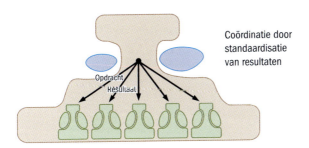

Coördinatie door standaardisatie van resultaten

3.3.5 De innovatieve organisatie van Mintzberg

De vijfde configuratie van Mintzberg is de innovatieve organisatie. Hierbij moeten we denken aan creatieve, op innovatie gerichte organisaties, zoals reclamebureaus, productontwikkelaars, modehuizen en ingenieursbureaus (zie ook praktijkvoorbeeld 3.17). Hier wordt het werk meestal op projectmatige basis en in telkens wisselende samenstellingen uitgevoerd. Door het belangrijke creatieve aspect is deze organisatie moeilijk van bovenaf aan te sturen. Omdat het product nog ontwikkeld moet worden door de hoogopgeleide professionals, de ideeën nog gevormd moeten worden en er nog veel onzekerheid heerst over het eindproduct, is er van bovenaf weinig coördinatie mogelijk. Deze wordt juist uitgevoerd door de operationele kern zelf.

PRAKTIJKVOORBEELD 3.17

Automobielontwikkeling in een innovatieve organisatie

Als een team van automobielontwikkelaars een interieur aan het ontwikkelen is, zullen de teamleden continu met elkaar in gesprek moeten blijven. Als een teamlid zich bezighoudt met het instrumentenpaneel, zal hij ervoor moeten zorgen dat de maten die hij in gedachten heeft, overeenkomen met de ruimte die de ontwikkelaar van het dashboard ervoor openlaat. De ontwerpers moeten hun ideeën en werkzaamheden voortdurend op elkaar afstemmen om een harmonieus ontwerp van het interieur tot stand te brengen.

Onderlinge afstemming

Ondersteunende staf

Het primaire coördinatiemechanisme dat we zien in het voorbeeld is wat we onderlinge afstemming noemen. Evenals bij de professionele organisatie is hier sprake van hoogopgeleide professionals in de operationele kern. De onderlinge afstemming voorkomt echter de hokjesgeest die kan voorkomen in de professionele organisatie. Het dominante organisatiedeel van de innovatieve organisatie is volgens Mintzberg de ondersteunende staf.
De innovatieve organisatie kan worden samengevat als een selectief gedecentraliseerde, informele maar complexe organisatie die flexibel probeert te blijven als reactie op haar omgeving. Voorbeelden van innovatieve organisaties zijn ontwerpgerichte bedrijven als architecten- en reclamebureaus, modehuizen en softwarehouses (als ze klein zijn).

FIGUUR 3.18 De innovatieve organisatie

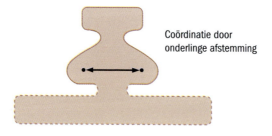

Coördinatie door onderlinge afstemming

Mintzberg noemde de innovatieve organisaties in zijn eerdere werken altijd adhocratieën (organisaties die goed ad hoc kunnen reageren).

In figuur 3.18 is de afbeelding te zien die Mintzberg bij de innovatieve organisatie maakte.

3.3.6 De missionaire organisatie van Mintzberg

De missionaire organisatie is later door Mintzberg toegevoegd aan zijn configuraties. Hiertoe introduceerde hij de ideologie als nieuw mogelijk dominant organisatiedeel. Hiermee doelt hij dus, anders dan bij de eerste vijf configuraties, niet op een bepaalde groep mensen in de organisatie, maar op de gedeelde opvattingen die de organisatie bijeenhouden. Bij een klooster zien we bijvoorbeeld dat deze organisatie vooral zo goed functioneert, omdat de kloosterlingen allemaal dezelfde religie en levensfilosofie hebben. Bij een milieubelangengroepering is het strijden voor een beter milieu de bindende ideologie. Binnen de ondernemerswereld komt de missionaire organisatie nauwelijks voor. Het primaire coördinatiemechanisme is standaardisatie van normen. Wie er namelijk andere normen op na houdt, heeft in een missionaire organisatie niets te zoeken.

Ideologie

Standaardisatie van normen

In innovatieve organisaties, zoals reclame-, architecten- of ontwerpbureaus, is onderlinge afstemming het primaire coördinatiemechanisme.

De missionaire organisatie kan worden samengevat als een organisatie die gedreven wordt door de missie van de organisatie en de gemeenschappelijke normen en waarden van de participanten. De ideologie is dominanter dan welk organisatiedeel ook. Voorbeelden zijn kerken van diverse religies en vrijwilligersorganisaties voor goede doelen.

In figuur 3.19 is de afbeelding te zien die Mintzberg bij de missionaire organisatie maakte.

FIGUUR 3.19 De missionaire organisatie

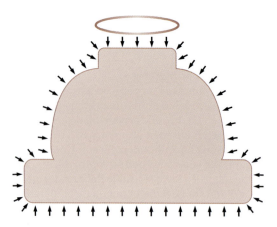

3.3.7 De politieke organisatie van Mintzberg

De zevende configuratie, die Mintzberg voorlopig als laatste heeft toegevoegd, heeft geen primair coördinatiemechanisme of dominant organisatiedeel. Deze configuratie is, evenals de missionaire organisatie, toegevoegd om te laten zien dat er nog andere krachten in een organisatie spelen dan bij de oorspronkelijke vijf configuraties het geval is. De politieke organisatie is een voorbeeld van een organisatie die aangeeft hoe het niet moet. Deze organisatievorm wordt uiteengedreven door politieke machtspelletjes en achterbakse handelingen. Daarom geeft Mintzberg aan dat er *géén primair coördinatiemechanisme en géén dominant organisatiedeel* is bij de politieke organisatie. Voorbeelden zijn door de tijdelijkheid van politieke organisaties moeilijk te geven. De missionaire organisatie van vandaag kan morgen een politieke organisatie zijn, en de politieke organisatie van vandaag kan morgen (of overmorgen) alweer genezen.

In figuur 3.20 is de afbeelding te zien die Mintzberg bij de politieke organisatie maakte.

FIGUUR 3.20 De politieke organisatie

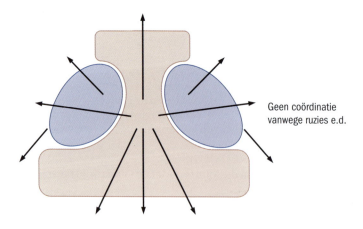

In het volgende bericht zien we voorbeelden van professionele organisaties als politieke organisatie.

● WWW.MT.NL (AANGEPAST)

Help! Er is ruzie op de werkvloer

Twee van uw medewerkers praten al weken niet meer met elkaar. Blijft u toekijken of grijpt u in?

Conflicthantering in 11 stappen

1. Ruzies ontstaan nooit zomaar en worden zichtbaar in hoe medewerkers met elkaar omgaan. Let daarom goed op opvallend gedrag van medewerkers tijdens vergaderingen, op de werkvloer en in de kantine.
2. Informeer ook bij andere collega's hoe het zover heeft kunnen komen en hoe zij naar het conflict en de oplossing kijken. Deze informatie helpt u het conflict te duiden en de hulpbronnen te identificeren.
3. Bedenk goed: bij ingrijpen in conflicten heeft u maar één kans!
4. Neem de leiding en toon leiderschap.
5. Zoek naar kansen en de boodschap in het conflict.
6. Neem een standpunt in en spreek een van de partijen aan als deze grenzen overschrijdt of zich niet houdt aan afspraken.
7. Stel vast wat er nog nodig is voor de medestanders van de partijen om het conflict achter zich te kunnen laten.
8. Als het een persoonlijk conflict is en bemiddelen de oplossing lijkt, ga dan het gesprek aan en confronteer beide partijen met de situatie. Laat de beide kemphanen hun verhaal doen, maar steek een stokje voor een welles-nietes-steekspel. Blijf niet te veel hangen in het verleden, maar leid het gesprek naar de gewenste toekomst en zoek daarbij een werkbare aanpak.
9. Blijf zoveel mogelijk neutraal als het gaat om persoonlijke conflicten. Als manager is het zaak dat u dan boven de partijen gaat staan.
10. Leg de afspraken vast en bevestig deze per mail. Geef hierin aan dat u verwacht dat de collega's in kwestie zich hieraan zullen houden. Breng in kaart wat de partijen nodig hebben om hun gedrag te veranderen en ondersteun ze daarin. Meld dat ze bij vragen en problemen bij u terecht kunnen.
11. En mocht u er zelf niet uitkomen, maak dan gebruik van conflictexperts.

Betekenis van de configuraties van Mintzberg
In de periode voor Mintzberg zijn door verschillende denkers interessante maar uiteenlopende organisatiemodellen ontwikkeld. Het is de verdienste van Mintzberg dat hij orde in de chaos heeft geschapen en de 'wirwar' aan theorieën samen heeft gevoegd tot een zeventalorganisatietypologieën.
In de praktijk zullen we bijna nooit een zuivere vorm van de configuraties van Mintzberg tegenkomen. In het beste geval kunnen we een mengvorm aantreffen die doet denken aan een combinatie van eerdere configuraties.

3.4 Humanresourcesmanagement (hrm)

Deze paragraaf gaat over de vraag hoe de organisatiestructuur te vullen met personeel, en hoe deze gevuld te houden. Als we een structuur gecreëerd hebben en ook weten hoe we willen coördineren, wordt het tijd personeel in de organisatie te plaatsen. Uiteraard willen we niet bezig blijven met het werven van personeel. Daarom moet je goed zorgen voor het personeel dat je geworven hebt. Het totaal van personeelszorg noemen we humanresourcesmanagement (hrm). Hrm slaat op alle activiteiten die erop gericht zijn om personeel aan te trekken, te ontwikkelen, te behouden en te beheren.
Bij een dergelijke opsomming van 'mechanische' activiteiten hoort een waarschuwing. Natuurlijk is het personeel op een bepaalde manier voor de organisatie ook een instrument, een machine waar geen stroom maar geld in moet om hem aan het lopen te krijgen. Maar zo wil het personeel zich niet voelen. Mintzberg zei ooit in een interview: 'I am not a human resource, I am a human being.'

Net zoals de managementcyclus die we presenteren in de hoofdstukken 2, 3, 4 en 5, volgt ook hrm een cyclus.
De hrm-cyclus bestaat uit drie onderdelen:
1 *Het aantrekken van het juiste personeel.* Hierbij spelen zaken als personeelsplanning, taakanalyse, werven van personeel en selecteren van personeel.
2 *Het ontwikkelen van effectief personeel.* Daarbij komt aan de orde het trainen, ontwikkelen en beoordelen van personeel.
3 *Het behouden van effectief personeel.* Hier kijken we naar het salaris, de secundaire arbeidsvoorwaarden, de relatie tussen werkgever en werknemer en de beëindiging van arbeidsrelaties.

In figuur 3.21 zien we deze cyclus met de daarbij behorende elementen schematisch weergegeven.

FIGUUR 3.21 De hrm-cyclus

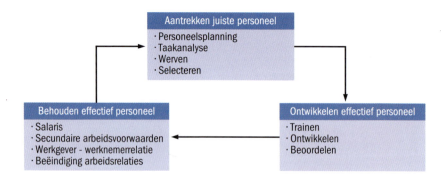

We zullen deze cyclus en de daarbij genoemde begrippen in de rest van deze paragraaf verder uitwerken.

3.4.1 Hoe kun je het juiste personeel aantrekken?
Bij het gaan aantrekken van het voor de organisatie meest geschikte personeel spelen de volgende zaken een rol: personeelsplanning, taakanalyse, werven van personeel en selecteren van personeel.

Personeelsplanning
Je kunt pas tot de conclusie komen dat je iemand moet aannemen nadat je nagedacht hebt over de vraag hoeveel mensen je nodig hebt. Daartoe maken we een personeelsplanning. Bij de personeelsplanning houden we rekening met toekomstplannen (het strategisch plan dat we gemaakt hebben in hoofdstuk 2). Op basis daarvan bepalen we hoeveel mensen in alle afdelingen en functies nodig zijn. Sommige organisaties hebben een flexibele personeelsplanning. Veranderingen in de vraag naar producten of diensten van de organisatie, leiden tot bijstelling van de personeelsplanning. Vaak zie je dan dat deze organisaties voor een deel gebruikmaken van flexibele arbeidscontracten. Denk dan aan oproepkrachten, uitzendkrachten of parttimers waarvan je de aanstelling tijdelijk kunt ophogen. Als je weet hoeveel mensen je op welke plek nodig hebt, kun je de volgende stap nemen in het aannameproces.

Taakanalyse
Taken en functies veranderen in de loop der tijd. Juist bij het aannemen van nieuw personeel kun je nieuwe accenten aanbrengen of zaken corrigeren. Een internationaliserende Nederlandse organisatie heeft meestal van oudsher Nederlandse mensen in de lagere functies, die soms nog jaren willen blijven zitten. Als bij de lagere functies een vacature ontstaat, heb je de unieke kans om te kiezen voor een zogeheten native speaker. Daarmee wordt iemand bedoeld die een groot deel van zijn leven (letterlijk: er geboren is) heeft doorgebracht in het land waarop de organisatie zich richt. Dit is een groot voordeel bij de communicatie met dat land.
Om exact te bepalen wat er nodig is ten behoeve van de vacature, gaan we de vrijgevallen functie analyseren en misschien wel bijstellen. Hiervoor kunnen we de eerder in dit hoofdstuk (subparagraaf 3.1.2) genoemde vier A's van functieanalyse gebruiken. Uiteindelijk maken we hiermee een functiebeschrijving die we gebruiken in het wervingsproces.

Werven van personeel
Vervolgens starten we het wervingsproces. Hiermee bedoelen we de activiteiten gericht op het zorgen voor een voldoende aantal potentiële kandidaten die de functie zouden kunnen invullen. Daarvoor zijn de volgende mogelijkheden:
- Vaak overweegt men eerst het **promoveren** (in een hogere functie zetten) van het zittende personeel. Dit heeft als voordeel dat je weet wat voor vlees je in de kuip hebt. Maar ook een nadeel: een buitenstaander ververst de organisatie, en komt met nieuwe ideeën en inzichten die je soms mist bij de bestaande mensen.
- **Adverteren** via vacaturesites of gedrukte media.
- **Werven** via het arbeidsbureau of uitzendbureaus.
- Zo geheten '**headhunters**' kunnen met name voor de hogere posities mensen leveren. Headhunters (letterlijk koppensnellers) bouwen een uitgebreid netwerk op van mensen. Op het moment dat er een vacature is, kunnen zij binnen dat netwerk kijken of ze een geschikte kandidaat kunnen aanbieden.

- **Banenmarkten** of **bedrijvendagen** op onderwijsinstellingen.
- **Tips** van het zittende personeel over geschikte krachten buiten de organisatie.
- Het bekijken van eerder ontvangen **open sollicitaties**.

Meestal wordt voor de selectie van personeel een sollicitatiegesprek gebruikt. In toenemende mate laat men de sollicitant iets presenteren of een testopdracht uitvoeren.

Selecteren van het juiste personeel

Het is moeilijk om het juiste personeel te selecteren. Dat heeft verschillende redenen. De belangrijkste is dat we, omdat we niet iedereen uitgebreid kunnen testen, terugvallen op het sollicitatiegesprek als selectiemiddel. Het resultaat van een sollicitatiegesprek zegt iets over de kwaliteit van de kandidaat als het gaat over het voeren van sollicitatiegesprekken, niet over zijn kwaliteit als toekomstig werknemer. Sollicitatiegesprekken verlopen doorgaans op een bepaalde manier waar je je op kunt voorbereiden. ('Wat trekt je aan in deze functie?'; 'Wat hebben we aan jou als collega?'; 'Noem twee slechte en twee goede eigenschappen van jezelf'.) Het is niet verstandig om heel erg te gaan liegen, maar jezelf zo positief mogelijk presenteren is niet moeilijk. Toch worden sollicitatiegesprekken het meest gebruikt voor selectie. In praktijkvoorbeeld 3.22 staan wat tips voor de afnemer van het sollicitatiegesprek.

PRAKTIJKVOORBEELD 3.22

Tips voor het voeren van een goed sollicitatie-interview

1. Weet wat je wil hebben. Je moet weten wat je zoekt om in het gesprek de juiste vragen te kunnen stellen.
2. Bereid een gespreksschema voor. Hierin neem je vragen op die de passendheid en juistheid van de kandidaat duidelijk maken.
3. Gebruik open vragen waarbij het gewenste antwoord niet verscholen ligt. Vraag niet of iemand hard werkt, maar vraag om illustraties van werkgerelateerde gedrag. Heeft iemand voorbeelden van handelen in specifieke situaties die je voorlegt? 'Hoe zou u dit en dat aanpakken?'
4. Stel geen vragen die niet relevant voor het werk zijn. Soms beginnen kandidaten te klagen over huidige werkgevers of leiding-

gevenden die jij ook kent: vraag daar zelf niet over door. Een andere is deze: in Nederland is het verboden of op zijn minst zeer omstreden om iemand te vragen of deze zwanger is.
5 Luister vooral naar de kandidaat en praat niet te veel. Later komt nog voldoende tijd om tegen iemand aan te praten.
6 Zorg voor voldoende tijd, zodat je je niet hoeft te haasten. Vaak heeft een sollicitant ook nog allerlei vragen. Of je start met een beschrijving van de organisatie en de functie; dat kost al gauw een kwartier dat geen selectie-informatie oplevert.
7 Vertrouw niet op je geheugen. Maak aantekeningen als je later meerdere kandidaten wilt vergelijken of je mening wil toetsen bij de andere interviewers.

Bron: vrij naar Daft

Andere selectiemethoden betreffen: assessments (verschillende testen gerelateerd aan de functie), proefperioden en het gebruik van referenties. De laatste methode betreft het bevragen van door de kandidaat opgegeven mensen die iets kunnen zeggen over de kwaliteit van de kandidaat. Uiteraard zitten ook daar haken en ogen aan. De kandidaat filtert immers zelf de geschikte referenten die 1001 redenen kunnen hebben om iemand onterecht in een nieuwe baan te krijgen. Assessments en proefperioden hebben een hogere voorspellende waarde als het gaat om de kwaliteit van de kandidaat voor de functie. Onthoud voor de toekomst: ook op assessments en psychologische testen kun je je heel goed voorbereiden via websites en boekjes. In praktijkvoorbeeld 3.23 staan nog wat zaken aangegeven die je vooral niet moet doen tijdens een sollicitatiegesprek.

Assessments
Proefperioden
Referenties

PRAKTIJKVOORBEELD 3.23

Verrassingen tijdens een sollicitatiegesprek

Toen hrm-directeuren van honderd grote Amerikaanse bedrijven gevraagd werd naar verrassingen bij sollicitatiegesprekken kwamen ze onder andere met het volgende:
- 'Ze had een mp3-speler en zei dat ze tegelijkertijd naar mij en haar muziek kon luisteren.'
- 'De kandidaat gaf aan nog niet geluncht te hebben en ging ongevraagd een hamburger en frieten in mijn kantoor eten.'
- 'Hij droeg een trainingspak naar een sollicitatiegesprek voor adjunct-directeur.'
- 'De sollicitant zei zo goed te zijn, dat als men hem afwees, dit zou bewijzen dat het management van mijn bedrijf niet deugde.'
- 'Een kale sollicitant sprong midden in het gesprek op, om enkele minuten later terug te keren met een toupet op.'
- 'Het was niet alleen zo dat hij de niet-rokenbordjes negeerde, de sollicitant stak in mijn kantoor ook telkens zijn filtersigaret aan de verkeerde kant aan.'
- 'De sollicitante daagde me uit met haar armpje-te-drukken.'
- 'Hij onderbrak het interview om met zijn psycholoog te gaan telefoneren voor advies betreffende de antwoorden op sommige vragen uit het sollicitatiegesprek.'
- 'De kandidate beloofde bij voorbaat om het leed te verzachten door bij ieder verkeerd antwoord een knoopje van haar blouse los te doen'.
- 'De kandidaat viel tijdens het gesprek snurkend in slaap.'

3.4.2 Hoe ontwikkel je effectief personeel?

Training en development

Effectief personeel wordt ontwikkeld door training en development. Dit betreft de geplande poging om functiegerelateerd gedrag en kennis bij te brengen aan de medewerkers. Dit kan men doen door cursussen, on-the-job-training ('training door het werk te doen'), vergaderingen en bijeenkomsten, en promotie en coaching. Coaching blijkt volgens een onderzoek volgens personeelsmanagers een van de belangrijkste middelen om personeel te ontwikkelen. Coaching wordt behandeld in paragraaf 4.5 van het volgende hoofdstuk dat over leidinggeven gaat.

Prestatiebeoordeling

360-gradenfeedback

Een andere belangrijk instrument is prestatiebeoordeling. Dit betreft het vastleggen en bespreken van de prestaties van de werknemers. Dit gebeurt veelal in een functioneringsgesprek of beoordelingsgesprek. Het functioneringsgesprek is in principe bedoeld als een gesprek over het functioneren van de medewerker en de leidinggevende daarbij. Het beoordelingsgesprek is eenrichtingverkeer. Dit betreft het bespreken van de resultaten van een medewerker door de leidinggevende. Vaak worden aan het beoordelingsgesprek positieve (verhoging salaris) of negatieve consequenties (waarschuwing) verbonden. Zogeheten 360-gradenfeedback is daarbij in opkomst. Hierbij geeft medewerker X zichzelf een waardering maar doen de mensen in de 'kring' (onder-, neven- en bovengeschikten) rond de medewerker dat ook voor medewerker X.

● WWW.MT.NL (AANGEPAST)

Rare vragen tijdens sollicitatiegesprekken, waarom doen bedrijven dat?

Nog steeds stellen werkgevers de raarste vragen aan hun sollicitanten. Wat willen ze daarmee te weten komen?

Aan een potentieel nieuwe medewerker vragen waarom hij of zij ongeschikt is voor de functie of waarom de huidige baan niet bevalt, die vraag kunnen de meeste mensen wel zien aankomen. Maar er zijn tal van minder gebruikelijke of voor de hand liggende vragen. Welke zijn dat? En waarom doen bedrijven dat eigenlijk? Enkele voorbeelden.

1. Met hoeveel pingpongballen vul je een Boeing 747-300?
Niemand weet uit zijn hoofd het antwoord op deze vraag, maar door zo'n vraag te stellen wordt duidelijk of een geïnterviewde door gaat vragen bij een rare situatie. Want wanneer er een situatie wordt voorgeschoteld als deze, zijn er – stiekem – nog veel onduidelijkheden.

2. Stel dat iemand je laat krimpen tot potloodformaat en je opsluit in een blender. Hoe zou je ontsnappen?
Deze vraag wordt gesteld voor functies waarbij het belangrijk is om problemen op een analytische wijze op te lossen. Onder meer zakenbank Goldman Sachs staat erom bekend dit met enige regelmaat als probleem voor te leggen.

3. Zou je liever vechten met een eend die even groot is als een paard of 100 paarden zo groot als een eend?

Een manager van Bright Network gebruikt deze vraag om te zien hoe goed mensen de verschillende opties afwegen voordat zij een keuze maken. Om een goed antwoord te formuleren, moet er dan ook een combinatie worden gemaakt tussen de eigen tactieken op de overwinning en de psychologie van de dieren. Daarbij vindt de interviewer het van belang dat mensen in staat zijn om een keuze te maken, die te beargumenteren en ook als ze onder druk worden gezet achter hun keuzes blijven staan.

4. Hé, waarom hangt dat portret van Hitler daar eigenlijk?
Het zijn niet alleen rare vragen waarmee werkgevers meer te weten willen komen van sollicitanten. Soms wil de werkgever ook juist dat een sollicitant de vraag stelt. Advocaat Philip Rosmarin hing naar eigen zeggen een portret van Hitler achter zijn bureau tijdens een reeks sollicitatiegesprekken. Het portret hing zo centraal in beeld dat het niet te missen was. Slechts één sollicitant vroeg waarom het portret daar hing en deze kandidaat kreeg meteen de baan. Waarom de advocaat de sollicitanten zo testte, heeft hij niet bekend gemaakt.

3.4.3 Hoe houden we goed personeel in de organisatie?

Als we door beoordeling weten welk personeel goed is moeten we proberen het voor de organisatie te behouden. Begin en halverwege vorige eeuw was het zeer gebruikelijk dat iemand zijn hele leven bij dezelfde werkgever bleef (lifelong-employment). Tegenwoordig vinden we het normaal dat iemand een aantal malen in zijn loopbaan van werkgever verandert. Soms is dit een gemakkelijkere manier van promotie maken, dan wachten op een baantje bij de huidige werkgever. Aan de ene kant moet een werkgever er dus niet te zenuwachtig over doen als iemand opstapt. Het is niet verkeerd als het bloed wat ververst wordt. Aan de andere kant wil je ook niet hebben dat het verloop (het aantal mensen dat vertrekt) te groot is. Veel werven kost immers geld en energie. Bovendien zit in het zittend personeel natuurlijk ook veel ervaring en historie, die je niet zomaar kwijt wil. Sommige posten zijn bezet door mensen die het werk in hun eentje doen. Hun taak kan lastig overgenomen worden. Daarom is het belangrijk goed voor het personeel te zorgen. Dat noemen we ook wel goed werkgeverschap. Dat kunnen we op verschillende manieren doen. We denken hierbij aan het salaris, secundaire arbeidsvoorwaarden, de relatie van werkgever en werknemer en beëindiging van de arbeidsrelatie.

Lifelong-employment

Verloop

Salaris

Marktconform

Het salaris moet *marktconform* zijn. Dat wil zeggen vergelijkbaar met de rest van de bedrijfstak. Een ander belangrijk punt is dat mensen in de organisatie hun salaris altijd zitten te vergelijken. De hoogte van je salaris is in Nederland nog een beetje een taboe. (In de VS roept iemand regelmatig wat hij jaarlijks naar binnen haalt.) Desondanks weten de mensen in de organisatie redelijk nauwkeurig wat de anderen verdienen. Het is belangrijk dat de salarisstructuur goed overeenkomt met de functiestructuur. Die salarisstructuur noemen we ook wel het 'loongebouw'. Op het moment dat je voor een bepaalde functionaris meer gaat betalen, wil iedereen in die functie meer. Maar ook de mensen erboven en eronder. Structurele salarisverhogingen moeten daarom goed overwogen worden. Lonen zijn relatief hoog in Nederland. Veel van de omzet gaat naar het salaris. Veranderingen aan het salaris hebben financieel gezien een grote invloed op de kosten. Daarnaast zorgt een goede salarisopbouw voor arbeidsrust. Ten slotte merken we op dat je qua koopkracht heel snel aan een hoger salaris went maar ook als het gaat om de niet-materiële waardering ervan. Twee maandelijkse salarisstrookjes verder sta je niet meer stil bij de loonsverbetering. Als het gaat om de tevredenheid van de medewerker werkt het zo dat hij enthousiaster blijft van ieder jaar op een niet-standaardmoment een onverwachte bonus van 1.000 euro, dan een blijvende verhoging van het jaarsalaris met 5.000 euro.

Loongebouw

Er wordt in ons land relatief weinig gebruikgemaakt van variabele beloning. Directeuren van grote bedrijven werken wel met allerlei bonussen, maar deze lijken voor de buitenwacht niet altijd even duidelijk met de geleverde prestatie verbonden.

Secundaire arbeidsvoorwaarden

De secundaire (tweede) arbeidsvoorwaarden betreffen middelen die een werknemer kan krijgen *buiten het salaris*. Hierbij moeten we denken aan een auto van de zaak, onkostenvergoedingen, mogelijkheid voor ouderschapsverlof, laptops, mobiele telefoons, kinderopvang, een pc thuis, fitnessabonnementen en kerstpakketten. Allemaal zaken die het werken vergemakkelijken en die gewaardeerd worden door het personeel.

Werkgever–werknemerrelatie

Een als belangrijk ervaren aspect van het werk is de relatie tussen werkgever en werknemer. Dat geldt voor het kleine niveau van de relatie met de direct leidinggevende tot aan hoe de organisatie als geheel als werkgever acteert. Mensen kunnen echt last hebben van een leidinggevende die het verkeerd aanpakt. Hierbij kan men denken aan de wijze waarop de baas jou behandelt. Maar ook het feit dat men vaak erg tevreden is over de eigen prestatie, maar dat de baas te weinig doet om de 'slecht' werkende collega's waar men last van heeft aan te pakken. Een werkgever kan loyaliteit kweken door aan personeelsfeestjes te doen en een personeelsblad te hebben, maar heel belangrijk vindt men uiteindelijk een beetje persoonlijke aandacht. Als je altijd hard werkt, vind je het heel prettig als je baas bij een uitzonderlijke situatie van overmacht je wat extra verlof gunt of je steunt. Overigens is het belangrijk te weten dat als je een leidinggevende functie ambieert, je ertegen moet kunnen dat je het in de ogen van velen nooit goed kunt doen. Onbegrip of onkunde over zaken die jij wel weet en meeneemt in je beslissingen liggen op de loer. In tabel 3.24 zijn redenen genoemd waarom managers conflicten rond werknemers niet snel oplossen. Daarnaast staan tips hoe men de problemen wel tijdig kan oplossen en voorkomen.

Persoonlijke aandacht

TABEL 3.24 Redenen voor niet-tijdige en tips voor tijdige oplossing van conflicten

Waarom managers niet tijdig ingrijpen bij conflicten	Tips om conflicten tijdig op te lossen
• Ze zien de eerste signalen van het conflict niet.	• Wees nieuwsgierig naar waarom zaken escaleren of gaan zoals ze gaan.
• Ze weten niet hoe ze het moeten aanpakken.	• Zorg voor duidelijke richtlijnen, bijvoorbeeld op het gebied van internetgebruik.
• Ze hebben een hekel aan gezeur.	• Beoordeel als directie managers op hun kwaliteit van leidinggeven.
• Ze hebben het al geprobeerd maar niets werkt.	• Voer de onderlinge samenwerking standaard op in het reguliere overleg.
• De directie dwingt tot (te) snel ingrijpen.	• Creëer een aanspreekcultuur; maak er een gewoonte van irritaties gelijk uit te spreken.
• Ze zijn partijdig.	• Als een medewerker niet op het gewenste niveau functioneert, begin dan tijdig met strakke afspraken over hoe het functioneren verbeterd kan worden.
• Ze willen hun eigen leidinggevende niet in het openbaar afvallen.	
• Ze hebben medelijden met een van beide partijen.	
Bron: onderzoek onder 140 managers, conflictcoaching, Lingsma en ten Hoedt	Bron: *de Volkskrant*

Beëindiging arbeidsrelatie

Het is onvermijdelijk dat mensen soms toch de organisatie moeten of willen verlaten (zie praktijkvoorbeeld 3.25). De Nederlandse wetgeving maakt het relatief lastig om van slecht presterend personeel dat een vaste aanstelling heeft af te komen. Bij reorganisaties gelden vaak ontslagvolgordes waar tevredenheid over het functioneren niet in mag worden betrokken. Iemand ontslaan uit overheidsdienst kost vaak 'wachtgeld' dat aangeeft hoe lang je toch nog allerlei financiële plichten moet nakomen. Het is daarom extra belangrijk veel zorg te besteden aan de selectie van het juiste personeel en het op peil houden van de kwaliteiten van het personeel (dat noemen we werken aan de employability). **Employability**
Als er na een proefperiode nog twijfel is over de kwaliteit van een medewerker is het belangrijk daarover te praten, verbeterpunten te formuleren en te bezien of de proefperiode verlengd kan worden. Ontslag is voor bijna iedereen psychologisch gezien een zware dobber. 'Het feestje gaat door, maar jij mag er niet meer bij zijn'. 'Hoe je het ook wendt of keert, welke reden men ook aanvoert, je wordt toch afgewezen'. Je kunt de werknemer helpen door het persoonlijk en tijdig aan te kondigen. Als je dit ruim voor de wettelijke termijn doet, heeft de werknemer meer tijd om een plek elders te vinden. Anderzijds moet je er rekening mee houden dat het maar weinigen gegeven is om de kennis over het aanstaande ontslag geen effect op de resterende werkzaamheden te laten hebben. Overigens komt het veel vaker voor dat je met spijt afscheid neemt van iemand op diens verzoek. Bij een nette ontslagprocedure hoort een exitgesprek. Hierin **Exitgesprek**
laten de werknemer en de werkgever de zaken de revue passeren en kunnen ze daarin zo mogelijk van elkaar nog wat leren.
Het op natuurlijke wijze beëindigen van een arbeidsrelatie als gevolg van het bereiken van een pensioengerechtigde leeftijd lijkt naar achteren te verschuiven. Waar in het vierde kwart van de vorige eeuw, mensen steeds vroeger

met (pre)pensioen gingen, is er nu een kentering zichtbaar. Politici geven als gevolg van toenemende vergrijzing steeds meer signalen af dat toekomstige generaties later met pensioen mogen gaan. Waar eind vorige eeuw steeds minder mensen na hun zestigste levensjaar nog werkten, is de pensioengrens van vijfenzestig jaar nu naar later aan het verschuiven.

PRAKTIJKVOORBEELD 3.25

Ontslag op staande voet

Een werknemer was zo dronken op het personeelsfeest van zijn onderneming, dat hij achtereenvolgens op de dansvloer urineerde, zijn vrouwelijke collega's onzedelijk betastte en luidkeels schunnige opmerkingen tegen hen maakte. Hij heeft de op het feest aanwezige steltlopers omgegooid en het ingehuurde zangduo Johnny en Sharona zo bang gemaakt, dat zij huilend het pand ontvluchtten. En of dit nog niet genoeg was, heeft de onfortuinlijke dronkeman zichzelf gedeeltelijk ontkleed, zijn baas beledigd en bedreigd en is tot groot plezier van hemzelf achter de knoppen van de geluidsinstallatie gekropen.
Toch vond deze werknemer zijn ontslag op staande voet niet terecht. Hij had immers de volgende dag zijn excuses aangeboden? De kantonrechter dacht daar anders over.

Bron: Jurisprudentie Arbeidsrecht

3.5 Cultuur in organisaties

We kunnen de organisatiestructuur zien als het geraamte van de organisatie. In paragraaf 3.4 hebben we dat geraamte opgevuld met personeel. De organisatie is daarmee tastbaar geworden. Je ziet de mensen als het ware in de gekozen structuur met de daarbij behorende afdelingen zitten.
Een belangrijk kenmerk van organisaties is de cultuur die er heerst. De cultuur is minder tastbaar, maar wel te beschrijven. Je moet denken aan de 'sfeer' die er in de organisatie heerst. Niet alleen in termen van gezelligheid. Cultuur is breder. De organisatiecultuur verwijst naar de waarden, opvattingen, tradities, filosofieën, regels, helden en symbolen die de organisatieleden met elkaar delen. Nederlands bekendste organisatiekundige Geert Hofstede definieert cultuur als de collectieve mentale (geestelijke) programmering die de ene groep van de andere onderscheidt. Cultuur zit in de hoofden van mensen. We treffen cultuurverschillen aan tussen gezinnen, groepen mensen, landen en werelddelen, maar dus ook tussen organisaties.

Collectieve mentale (geestelijke) programmering

Cultuur kun je voor een deel beïnvloeden, maar zit voor een deel ook al in de mensen die komen werken, of in de streek of het land waar de organisatie gevestigd is. Als voorbeeld van de cultuurelementen die al bepaald zijn en lastig zijn te beïnvloeden door de manager, behandelen we eerst de cultuurtypering van Hofstede. Daarna bespreken we de lagen in een organisatiecultuur.

3.5.1 Cultuurtypering volgens Hofstede

Geert Hofstedes onderzoek naar het benoemen van cultuurtypen die men in verschillende landen aantreft kom je internationaal tegen in ieder standaardwerk over de organisatiekunde. Hofstede heeft 116.000 medewerkers van het bedrijf IBM in 40 landen schriftelijk ondervraagd. Hierdoor wist hij factoren te identificeren die tezamen de cultuur in een land bepalen. En dan met name de cultuur die het werken van organisaties en de werkrelaties beïnvloedt. Hofstede definieert namelijk vier cultuurdimensies, die per land, zelfs per regio of organisatie kunnen verschillen:

1 **Machtsafstand**. Dit betreft de mate waarin men accepteert dat er machtsverschillen bestaan tussen mensen of organisaties. In Nederland bijvoorbeeld zijn we vrij egalitair (strevend naar gelijkmatige verdeling) ingesteld. Wij houden van inspraak, meedenken, lang discussiëren en veel vergaderen. Dit noemt men ook wel het poldermodel. Wij zien de macht graag verspreid tussen mensen. Vinden de koningin leuk als franje, maar ze mag niet te veel invloed hebben. 'Als je je kop boven het maaiveld uitsteekt, dan wordt deze er afgehakt.' In Japan en in mindere mate in Amerika, of dichter bij huis in Frankrijk heeft men minder moeite met deze verschillen. Daar is de macht dus vaker samengebald in de top van de organisatie en is deze wat autoritairder. Dit heeft natuurlijk zijn weerslag op de wijze waarop men de organisaties wenst in te richten.

2 **Onzekerheidsvermijding**. Hiermee wordt gedoeld op de mate waarin mensen trachten onzekerheid uit de weg te gaan. Als men hier laag op scoort kan men ongestructureerdheid, onduidelijkheid en onzekerheid goed verdragen; bij een hoge score is dat niet het geval. In hoofdstuk 2 stonden we stil bij besluitvorming in organisaties. Je kunt je voorstellen dat onzekerheidsvermijding invloed zal hebben op de besluitvorming. Een plan met een onzekere uitkomst (mogelijk grote winsten of verliezen) zal naargelang dit cultuurelement verschillend worden gewaardeerd.

3 **Individualisme versus collectivisme**. Individualisme geeft de mate aan waarin mensen als individu dan wel als lid van een groep gezien willen worden. Een samenleving is individualistisch als de onderlinge banden

In Japan scoort men relatief hoog op de cultuurdimensie collectivisme. Afgebeeld zijn kinderen op een schoolplein.

tussen individuen los zijn en iedereen geacht wordt uitsluitend voor zichzelf en zijn naaste familie te zorgen. Een samenleving is collectivistisch als individuen vanaf hun geboorte opgenomen zijn in sterke, hechte groepen, die hun levenslang bescherming bieden.

4 **Masculiniteit** (mannelijkheid) **versus femininiteit** (vrouwelijkheid). Masculiniteit zegt iets over de mate waarin waarden als assertiviteit, prestatiedrang, succes en competitie belangrijker zijn dan waarden die men als meer vrouwelijk ziet: aandacht voor de kwaliteit van het leven, dienstbaarheid, zorg voor de zwakken en solidariteit. Een samenleving is masculien als mannen worden geacht assertief en hard te zijn en gericht op materieel succes en vrouwen op hun beurt bescheiden zouden moeten zijn en gericht op de kwaliteit van het bestaan. Een samenleving is feminien als zowel mannen als vrouwen worden geacht bescheiden te zijn en gericht op de kwaliteit van het bestaan.

Het zal duidelijk zijn dat deze omgevingsinvloeden het handelen van de mensen in de organisatie mede bepalen. Mensen zullen gestuurd worden door deze vier elementen uit hun cultuur. In tabel 3.26 vinden we een illustratie voor tien landen van deze vier cultuurdimensies.

TABEL 3.26 Rangorde in cultuurdimensies van Hofstede per land

Land	Machtsafstand[a] Hoog – laag	Onzekerheids-vermijding[b] / onzekerheidsacceptatie	Individualisme[c] / collectivisme	Masculiniteit[d] / femininiteit
Australië	7	7	2	5
Costa Rica	8	2	10	9
Frankrijk	3	2	4	7
Duitsland*	8	5	5	3
India	2	9	6	6
Japan	5	1	7	1
Mexico	1	4	8	2
Zweden	10	10	3	10
Thailand	4	6	9	8
VS	6	8	1	4

* Ten tijde van het onderzoek was dit het voormalige West-Duitsland, in het voormalige Oost-Duitsland lagen de scores anders als gevolg van de Sovjetinvloeden.
a = Rangorde, 1 = hoogste machtsafstand, 10 = laagste machtsafstand
b = Rangorde, 1 = hoogste onzekerheidsvermijding, 10 = laagste onzekerheidsvermijding = hoge onzekerheidsacceptatie
c = Rangorde, 1 = hoogste individualisme, 10 = laagste individualisme = hoog collectivisme
d = Rangorde, 1 = hoogste masculiniteit, 10 = laagste masculiniteit = hoge femininiteit

Bron: Hofstede

3.5.2 Lagen in een organisatiecultuur

In voorgaande subparagraaf zagen we dat de omgeving de cultuur in een organisatie beïnvloedt. Of het land waarin de organisatie actief is, individualistisch is of collectivistisch, kan de organisatie niet beïnvloeden. Er zijn echter ook cultuurbepalende elementen die in de organisatie zitten. In de organisatiecultuur herkennen we lagen. De organisatie(leiding) kan deze elementen beïnvloeden, onderdrukken, of sterker aanzetten.

De kern van de organisatiecultuur zijn (zie figuur 3.27) de gemeenschappelijke normen en waarden. Dit is wat de mensen in de organisatie samenbindt. Dit kan het clubgevoel zijn bij een betaaldvoetbalorganisatie, de religie in een klooster of de gedragsregels en saamhorigheid in leger of politie. Deze normen en waarden zijn te beïnvloeden door goed of slecht voorbeeldgedrag. Iedere nieuwkomer wordt duidelijk hoe de organisatie verwacht dat hij optreedt.

Normen en waarden

FIGUUR 3.27 Lagen in een organisatiecultuur

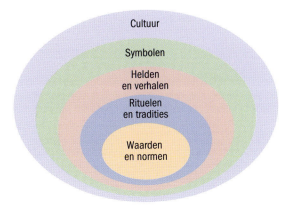

De tweede laag in de cultuur wordt gevormd door rituelen en tradities. Iedere universiteit kent min of meer dezelfde rituelen en tradities als het de bevordering van personeel tot doctor of professor betreft. Deze rituelen dienen ter onderstreping van de rangen en standen, als mijlpalen die gevierd moeten worden.

Rituelen en tradities

Een volgende laag in de cultuur betreft de helden en verhalen. De door de organisatie gekozen helden en de verhalen die men blijft hervertellen, geven aan wat men belangrijk vindt. Het telkens aan elkaar vertelde verhaal 'In 2004 is iemand bij ons op staande voet ontslagen omdat hij ... (enzovoort)' maakt voor iedereen duidelijk wat men in de organisatie niet tolereert. De helden van de organisatie verbeelden het gewenste gedrag.

Helden en verhalen

De buitenste laag van de cultuur vormen de symbolen die in een organisatie een belangrijke rol spelen. Dit kan per organisatie erg verschillen. In de ene organisatie geeft de omvang van de werkkamer de status aan. In andere organisaties kun je veel aflezen aan de kleren die men draagt of waar men wordt geacht plaats te nemen in het bedrijfsrestaurant.

Symbolen

3.6 Veranderen van organisaties

Dit hoofdstuk ging grotendeels over het inrichten van organisaties. Die inrichting van de organisatie wil men ook wel eens veranderen. Soms worden bewust en gepland organisatieveranderingen doorgevoerd. Maar organisaties veranderen ook continu, spontaan en niet gepland.
Als voorbeeld van de niet-planmatige organisatieverandering kijken we in de volgende subparagraaf naar de groeifasen van Greiner. Vervolgens gaan we in op de planmatige verandering volgens Lewin. Ten slotte bespreken we de weerstand die bij organisatieverandering kan optreden.

● BIZZ.BE (AANGEPAST)

Cultuur van innoveren: De 'dark room' is verleden tijd

Uw bedrijfscultuur moet innovatie continu aanmoedigen en stimuleren. U dient niet alleen goed op de hoogte te zijn van de nieuwe technologische mogelijkheden die zich aanbieden, maar bekijk ook hoe u daar slim op kunt inspelen. Cultuur en bewustwording spelen steeds een cruciale rol. Praat op regelmatige basis met uw raad van bestuur over de impact en mogelijkheden van nieuwe ontwikkelingen. Betrek er ook uw medewerkers bij, zo schrijft de adviestak van het bedrijf Deloitte.

Elke organisatie wordt sowieso geconfronteerd met strikte budgetten. Niet elk nieuw idee kan dus zomaar uitgevoerd worden. U zal dan ook investeringskeuzes moeten maken. Deloitte raadt alvast aan om breed te exploreren, klein te beginnen en bij indicatie van marktsucces snel te ageren om zo uw voorsprong te behouden. Een wendbare organisatiestructuur blijkt hier eens te meer de sleutel tot succes te zijn.

Experimenteren moet

Een 'lab' waarin u buiten de normale werking van uw bedrijf kunt experimenteren met nieuwe technologieën, vormt eveneens een belangrijke troef. 'Maar zorg er wel voor dat je niet te veel initiatieven tegelijkertijd opstart', waarschuwt Deloitte. Uit de succesverhalen die het adviesbureau verzamelde, blijkt ook dat open innovatie een absolute must is. Het principe is eenvoudig: hoe meer mensen u erbij betrekt, hoe meer goede ideeën u genereert. 'Binnenshuis in een geheime 'dark room' aan innovatie werken: dat is verleden tijd', klinkt het.

Innoveren gaat trouwens verder dan het louter creëren van nieuwe producten of diensten. Soms leiden nieuwe technologieën tot nieuwe businessmodellen die bestaande industrieën helemaal overhoop kunnen halen. Denk maar aan wat Spotify betekent voor de muziekindustrie. In deze context wordt vaak de term 'disruptie' aangehaald.

Vinger aan de pols

Tracht ten slotte structurele samenwerkingen op te zetten met interessante start-ups. Zo houdt u de vinger aan de pols voor de nieuwste ontwikkelingen in de markt. De belangrijkste disruptieve innovaties van de laatste jaren zijn alvast niet afkomstig van de klassieke multinationals, maar wel van de hypergeconnecteerde start-ups zoals AirBnB of Netflix.

3.6.1 Niet-planmatige organisatieverandering

Een organisatie kan op twee manieren veranderen. De eerste variant betreft de min of meer ongecoördineerde veranderingen, zoals het schijnbaar automatische groeiproces dat een organisatie doormaakt (de groeifasen van Greiner). De tweede variant (de planmatige verandering) is de min of meer gecontroleerde en geplande verandering, zoals die bij het strategisch veranderingsproces. Beide varianten treden op bij de strategische organisatieverandering, maar zijn er niet automatisch aan gekoppeld. In deze subparagraaf kijken we naar niet-planmatige verandering.

Een organisatie doorloopt net als een product een levenscyclus. Een organisatie groeit. Hoewel de leiding van een onderneming het meestal zeer waardeert dat de organisatie groeit, moet het management op de koop toe nemen dat het weinig grip heeft op de veranderingen die veroorzaakt worden door de groei. De groei van organisaties is door Greiner in kaart gebracht. Greiner onderscheidt een vijftal levensfasen die van elkaar gescheiden worden door een kortstondige crisis waarin de verandering van levensfase plaatsvindt (zie figuur 3.28).

Groeifasen van Greiner

FIGUUR 3.28 Het groeimodel van Greiner

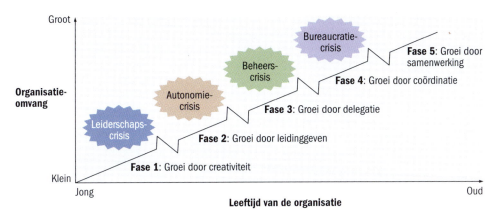

Volgens Greiner zijn er na de oprichting vijf levensfasen, in de loop waarvan de organisatie steeds ouder en groter wordt:
- *Fase 1*. De eenvoudige, startende onderneming groeit door de creativiteit van de werknemers. Aan het einde van de eerste levensfase ontstaat een leiderschapscrisis omdat de oprichter de leiding van de inmiddels gegroeide organisatie niet meer alleen aankan.

  Groei door creativiteit

- *Fase 2*. De crisis wordt opgelost omdat de oprichter de leiding en macht voortaan deelt met enkele andere, hogere functionarissen uit de organisatie. De organisatie groeit verder en er ontstaat een middenkader. Dit middenkader vormt de nieuwe reden voor een crisis wanneer de leiding van de onderneming het middenkader te weinig autonomie in zijn beslissingen geeft. Dit leidt tot de autonomiecrisis aan het einde van de tweede fase.

  Groei door leidinggeven

- *Fase 3*. De leiding van de onderneming delegeert ter oplossing van de autonomiecrisis meer macht naar het middenkader. Door de delegatie wordt de groei van de onderneming gevoed. Initiatieven van het middenkader leiden namelijk tot nieuwe omzetgenererende ontwikkelingen binnen het bedrijf. Dit leidt uiteindelijk tot een beheerscrisis omdat de leiding van de

  Groei door delegatie

onderneming te weinig grip heeft op het middenkader, dat te veel ad-hoc-beslissingen gaat nemen.

Groei door coördinatie

- *Fase 4*. Om de onderneming wat strakker te leiden, worden allerlei beheersmaatregelen genomen. Een voorbeeld hiervan kan zijn dat het middenkader bij investeringen boven de 10.000 euro eerst de leiding van de onderneming moet consulteren. De toename van besturing- en beheersingsmaatregelen leidt tot een nieuwe crisis: de bureaucratiecrisis.

Groei door samenwerking

- *Fase 5*. De bureaucratiecrisis wordt opgelost door de beheersingsregels weer wat te versoepelen. In het model van Greiner is dan de laatste fase bereikt, waarin de organisatie groeit door samenwerking van de organisatieleden.

3.6.2 Planmatige organisatieverandering

In hoofdstuk 2 zagen we dat de planning van nieuwe strategieën kan leiden tot de verandering van organisaties. Omgevingsinvloeden en krachten van binnen de organisatie (financiële tekorten bijvoorbeeld) leiden samen tot een behoefte aan verandering. Deze verandering wordt door middel van de planning van een nieuwe aanpak doordacht en uiteindelijk uitgevoerd. De manier waarop de verandering verloopt is modelmatig als volgt door Lewin verwoord.

Lewins drie fasen veranderingsproces

Behalve de niet-gestuurde, spontane verandering door groei kennen we ook de planmatige verandering, zoals toegepast bij de strategieverandering van het implementatieproces van de nieuwe strategie. Lewin ontwikkelde drie fasen in dit geplande veranderingsproces:

1 **Ontdooien** ('unfreezing'). De organisatie bevindt zich aanvankelijk in een quasi-evenwicht. Er is sprake van een schijnbaar evenwicht, omdat de omgeving voortdurend spanningen creëert die verandering van de organisatie eisen. De veranderaar moet het schijnbare evenwicht in de organisatie doorbreken en de organisatie voorbereiden op de belangrijke strategische veranderingen die gaan plaatsvinden. Dit doorbreken van het quasi-evenwicht noemt Lewin 'unfreezing'.
2 **Verschuiven** ('moving'). Tijdens deze fase worden de strategische veranderingen toegepast. De organisatie zal zich moeten schikken in de nieuwe situatie en ermee moeten leren omgaan.
3 **Bevriezen** ('refreezing'). Nadat de veranderingen zijn doorgevoerd en de organisatie zich de nieuwe werkwijzen en situatie heeft eigengemaakt, zal een periode van stabiliteit in een nieuw quasi-evenwicht gevonden moeten worden. Het is de taak van het management de organisatie te fixeren in de nieuwe situatie.

Samenvatting

- Organiseren is de functie van het management die erop gericht is een structuur van relaties tussen het personeel te creëren waardoor men in staat is de gestelde doelen te bereiken.

- Een taak is de bevoegdheid, maar ook de plicht, van iemand om een bepaalde activiteit uit te voeren. De taak bestaat uit meerdere handelingen en procedures.

- Drie manieren om werknemers gemotiveerd te houden (Herzberg):
  - taakverruiming
  - taakroulatie
  - taakverrijking

- Een functie is het geheel van taken dat iemand moet uitvoeren.

- Het groeperen van functies in afdelingen kan via:
  - functionele indeling
  - productindeling
  - marktindeling
  - geografische indeling

- Een lijnorganisatie is een organisatie bestaande uit verschillende niveaus met hun eigen taken en verantwoordelijkheden. Belangrijke begrippen:
  - spanwijdte
  - spandiepte
  - omspanningsvermogen

- Naast lijnorganisaties bestaan er lijn-staforganisaties en matrixorganisaties.

- Factoren die de keuze voor een bepaalde organisatiestructuur beïnvloeden:
  - de grootte van de organisatie
  - de levensfase
  - de strategie
  - de organisatieomgeving
  - de in de organisatie gebruikte technologie

  Coördinatiemechanismen van Mintzberg (zie tabel 3.7):
  - direct toezicht
  - onderlinge afstemming
  - standaardisatie van werkprocessen
  - standaardisatie van resultaten
  - standaardisatie van kennis en vaardigheden
  - standaardisatie van normen

- De hrm-cyclus kent drie terugkerende fases:
  - aantrekken goed personeel
  - ontwikkelen effectief personeel
  - behouden effectief personeel

- Cultuurdimensies van Hofstede:
  - machtsafstand
  - onzekerheidsvermijding
  - individualisme
  - masculiniteit

- Organisatieverandering:
  - niet-planmatig (bijvoorbeeld model van Greiner)
  - planmatig (model van Lewin)

Kernbegrippen

Arbeidsindeling	Het feit dat we in organisaties het werk moeten verdelen over de mensen.
Bevoegdheid	Het recht om beslissingen te nemen die voor het uitvoeren van de taak nodig zijn.
Coördinatie	Afstemming.
Coördinatiemechanismen	Mechaniek om af te stemmen.
Cultuur	Collectieve mentale programmering, die de ene groep van de andere onderscheidt.
Depth of control	Zie Spandiepte.
Functie	Geheel van taken dat iemand moet uitvoeren.
Functionele indeling (F-indeling)	Structureringskeuze waarbij functies gegroepeerd worden naar de functie die men uitoefent voor de organisatie.
Gediversifieerde organisatie van Mintzberg	Een systeem van meer organisaties binnen één overkoepelende organisatie.
Geografische indeling (G-indeling)	Structureringskeuze waarbij de afdelingen gevormd worden op basis van de geografische gebieden waarvoor men werkt.
Humanresourcesmanagement	Management van het personeelswerk.
Informele organisatie	De zelfgezochte structuur en verbanden in een organisatie.
Innovatieve organisatie van Mintzberg	Creatieve, op innovatie gerichte organisaties.
Job enlargement	Zie Taakverruiming.
Job enrichment	Zie Taakverrijking.
Job rotation	Zie Taakroulatie.

Lijnorganisatie	Eenvoudig type organisatiestelsel met alleen functionele afdelingen.
Lijn-staforganisatie	Lijnorganisatie (eenvoudig type organisatiestelsel met functionele afdelingen) met daaraan toegevoegd een of meer stafafdelingen/staffunctionarissen.
Machineorganisatie van Mintzberg	Een erg formeel gestructureerde organisatie, waarbinnen de nadruk ligt op regels en procedures, met een functionele afdelingenstructuur.
Marktindeling (M-indeling)	Structureringskeuze waarbij de afdelingen gevormd worden op basis van de markten die men bedient.
Matrixorganisatie	Organisatiestelsel met tegelijkertijd twee lijnen.
Missionaire organisatie van Mintzberg	Een organisatie gedreven door een gezamenlijke ideologie.
Ondernemersorganisatie van Mintzberg	Structuur van een organisatie met weinig afdelingen, gegroepeerd naar functie, geleid door de ondernemer/eigenaar zonder al te veel werkvoorbereiding en regels.
Organisatiemodel	Vereenvoudigde weergave van de werkelijkheid.
Organiseren	De managementfunctie die erop gericht is een structuur van relaties tussen het personeel te creëren waardoor dit in staat is de gestelde doelen te bereiken.
Organogram	Grafische weergave van de organisatiestructuur.
Politieke organisatie van Mintzberg	Een organisatie die uiteengedreven wordt door politieke spelletjes.
Primaire arbeidsvoorwaarden	Salaris.
Productindeling (P-indeling)	Structureringskeuze waarbij gegroepeerd wordt naargelang het product waaraan men werkt.

Professionele organisatie van Mintzberg	Organisatie met een functionele structuur, met daarin hoogopgeleide professionals.
Scope of control	Zie Omspanningsvermogen.
Secundaire arbeidsvoorwaarden	Beloning die geen betrekking heeft op het salaris, als verlof, onkostenvergoedingen, kerstpakket.
Span of control	Spanwijdte.
Spandiepte	Alle medewerkers aan wie men direct en in de lagen daaronder (indirect) leidinggeeft.
Spanwijdte	Het aantal mensen aan wie men direct leidinggeeft.
Taak	De bevoegdheid, maar ook de plicht, van iemand om een bepaalde activiteit uit te voeren.
Taakroulatie	Het wisselen van taken met iemand anders.
Taakverrijking	Uitbreiden takenpakket met moeilijkere taken van een hoger niveau.
Taakverruiming	Uitbreiden van het aantal taken dat iemand heeft met taken van hetzelfde niveau.

Vragen en opdrachten

Vragen

3.1 Geef de verschillen en overeenkomsten van taakverruiming, taakverrijking en taakroulatie.

3.2 Geef voorbeelden van organisaties met een F-, P-, M- en G-indeling.

3.3 Definieer het begrip omspanningsvermogen in jouw eigen woorden. Geef aan wat het omspanningsvermogen bepaalt.

3.4 Wie beschreef een model van niet-planmatige organisatieverandering? Wie beschreef een model van planmatige organisatieverandering?

3.5 Wat is coördinatie en hoe werkt in dat verband standaardisatie van kennis en vaardigheden als mechanisme om te coördineren?

3.6 Wanneer kies je voor een matrixorganisatie, wat zijn de voor- en nadelen?

3.7 Wat kan een organisatie doen om haar personeel te behouden?

Opdrachten

3.8 Henry Minzberg geeft zeven organisatietypologieën (modellen). Bedenk voor alle zeven een voorbeeld en geef een voorbeeld van het coördinatiemechanisme in jouw gekozen organisaties.

3.9 Zoek in de kranten voorbeelden van organisatieverandering. Beschrijf deze en geef aan of er sprake is van hoe het uitpakt. Zijn er pluspunten of minpunten?

3.10 Kies een organisatie (waar je een bijbaantje hebt of die je kent) en probeer de cultuur te beschrijven in je eigen woorden. Probeer in tweede instantie begrippen in te passen uit de paragraaf over organisatiecultuur.

3.11 Lees het volgende artikel over thuiswerken.

> ● WWW.MT.NL (AANGEPAST)
>
> ## Tevreden medewerkers werken thuis
>
> Hoogopgeleide werknemers in de consultancy die deels thuis werken, zijn daar bijzonder tevreden over. Dat blijkt uit onderzoek van *Intermediair* onder elfduizend hoogopgeleide werknemers van zeventig Nederlandse bedrijven.
> Ruim vijfduizend van de ondervraagden werkt voor een deel thuis. Hoogopgeleide werknemers in de IT en consultancy zijn het meest positief over thuiswerken en de mate waarin hun werkgever dat mogelijk maakt. Van de deelnemers aan het onderzoek zei 77 procent thuis effectiever te kunnen werken en zich beter te kunnen concentreren. Een vrijwel even groot percentage (78 procent) vindt dat door thuis te werken de balans tussen werk en privé is verbeterd. Het halen van kinderen uit school levert bijvoorbeeld minder zorg op.

a Geef aan wat de voordelen van het thuiswerken voor de medewerker zijn.
b Geef aan wat de voordelen van het thuiswerken voor de werkgever zijn.
c Geef aan hoe je hier zelf over denkt. Hoe zou jij het prettigst werken? Waar ga jij graag voor naar je werk, waar blijf je liever voor thuis, en zijn er alternatieven naast thuis of op het werk werken?

⊕ Antwoorden op vragen en opdrachten vind je op de bij dit boek behorende website **www.introductiemanagement.noordhoff.nl**.

4 Leidinggeven

Leidinggeven is – volgens de definitie uit hoofdstuk 1 – de managementfunctie die gericht is op het begeleiden en motiveren van ondergeschikten, zodat deze de taken uitvoeren die nodig zijn om de organisatiedoelen te bereiken. In dit hoofdstuk zullen we dan ook eerst stilstaan bij **leiders**. In de daaropvolgende paragraaf kijken we naar verschillende **leiderschapsstijlen**. Omdat het **motiveren** van medewerkers en het doorgronden van motivatie van collega's zo belangrijk is, gaan we daar uitvoerig op in. Ook bespreken we een aantal **gedragskundige aspecten** die een rol spelen voor iedere leidinggevende, zoals de **persoonlijkheid** en de **attitude** van collega's. Vervolgens kijken we naar de leidinggevende in zijn rol als **coach**. Ten slotte komt in dit hoofdstuk over leiderschap het onderwerp **communicatie** aan de orde.

Attitude 143
Big five 146
Coaching 149
Coachingstijlen 151
Communicatieproces 153
Communicatienetwerken 154
Emotionele intelligentie 146
Gedrag in organisaties 139
Herzberg 138
Leercyclus van Kolb 150
Leiders 125
Leiderschap 126
Leiderschapsstijlen 128
Locus of control 149
Macht 139
Managementtechnieken 134
Maslow 136
Motivatie 134
Perceptie 144
Persoonlijkheid 145
Weerstand 140

Voor het eerst optreden als leidinggevende
Steven werkt bij Rijkswaterstaat en is samen met zijn team verantwoordelijk voor het onderhoud van alle pompen en gemalen in regio 7 van Noord-Nederland – West. Hij is beginnend leidinggevende en vindt dat nog best lastig.

Steven en zijn team hebben maar zelden te maken met een echte storing aan de machines en apparatuur die zij onderhouden. Doordat de gevolgen zo groot zijn als er wél iets misgaat, proberen ze alles tiptop in orde te houden. De pompen en gemalen worden heel vaak gecontroleerd, zonder dat er iets aan de hand lijkt te zijn. Steven merkt dat het niet altijd gemakkelijk is om zijn mensen hiervoor te motiveren. Als ze eens een ronde overslaan zou niemand het merken. 'Maar wij zelf wel, wij zouden het weten', zo redeneert Steven richting zijn ploeg. Steven kan het als leidinggevende goed met zijn team vinden. Hij wordt, hoewel sommigen van zijn mensen twee keer zo oud zijn als hij, geaccepteerd en zelfs gewaardeerd. Toch heeft hij het gevoel dat als hij een keer ziek is, of als hij op vakantie is, de controlerondes minder secuur worden nagelopen dan normaal.

4.1 Leiders, leidinggevenden en managers in organisaties

Leidinggeven is de managementfunctie die gericht is op het begeleiden en motiveren van ondergeschikten zodat deze de taken uitvoeren die nodig zijn om de organisatiedoelen te bereiken. Leidinggeven is zoals we inmiddels weten een van de vier hoofdfuncties van de manager. Daarmee is leidinggeven dus iets anders dan managen zoals we in deze paragraaf verder zullen uitwerken. Het vermogen om leiding te geven, noemen we leiderschap. Dit is namelijk het vermogen om groepen of individuen te beïnvloeden. Dit gericht op het bereiken van de organisatiedoelen. Mensen die leiderschap uitoefenen zijn leiders. Overigens reserveert men de term 'leiders' vooral voor hen die het leidinggeven heel goed of voorbeeldig kunnen. De term leidinggevenden is wat algemener en neutraler van aard. Dit slaat op iedereen die leiding moet geven, ook op hen die het niet goed kunnen.

In deze paragraaf gaan we in op een aantal zaken rond die zojuist gedefinieerde leiders:
- Wat is het verschil tussen leiders en managers (subparagraaf 4.1.1)?
- Is goed leiderschap aangeboren of aangeleerd (subparagraaf 4.1.2)?
- Factoren die het leiderschap beïnvloeden (subparagraaf 4.1.3).

4.1.1 Leiders en managers

Het geven van leiding is een onderdeel van het management. Toch wordt in het spraakgebruik met 'een leider' vaak meer gedoeld op iemand die heel goed kan leidinggeven, vaak een grote ondernemer of visionair (= iemand met een grote visie) en niet zozeer op een manager. Er bestaat namelijk een duidelijk verschil tussen managers en ondernemers. Een leider van een onderneming is in het begin vaak de persoon die de organisatie heeft opgericht (de ondernemer), een uitvinder, iemand met een bepaalde visie. Hierbij kunnen we denken aan de oprichters van de Van der Valk- en Heijn-dynastie, aan mensen als Bill Gates van Microsoft en Freddy Heineken, aan Walt Disney en Henry Ford. Deze mensen worden ook wel omschreven met het woord entrepreneur, dat het Franse woord voor 'ondernemer' is. De professionele manager is daarentegen vaak in een later stadium van de organisatiefase ingehuurd om de (meestal interne) besturing van de organisatie op zich te nemen. Achter de welbekende entrepreneurs gaan vaak managers schuil die minder in de publiciteit treden maar wel orde op zaken houden.

Visionair

Entrepreneur

Warren Bennis (1994, 1995) geeft aan dat goede leiders vier belangrijke eigenschappen hebben:
1. **Het vermogen om anderen aandacht te geven.** Dit betreft de kunde van de leider om met ideeën te komen, met een visie die anderen aanspreekt, waarin zij kunnen geloven en die zij zich eigen kunnen maken. In modern jargon: ze iets geven 'waarvoor ze kunnen gaan'. Deze visie heeft te maken met de lange termijn. 'Een visie' geeft Bennis aan, 'maakt het de leider mogelijk de uiterst belangrijke brug te slaan van de huidige situatie naar de toekomst van de organisatie.' Ook hierin zien we dus de relatie terugkomen tussen plannen en leidinggeven. Je kunt het mooiste plan maken, maar je moet het vervolgens ook kunnen verkopen.
2. **Het vermogen om betekenis te geven.** Dit slaat op de lastigheid van het kunnen overbrengen van de visie op anderen en deze door hen te laten omzetten in positieve resultaten voor de organisatie. Deze belangrijke leiderschapskwaliteit gaat dus – zoals de naam doet vermoeden – over het

daadwerkelijk inhoud, betekenis geven aan die visie, zodat er iets mee gebeurt.
3 **Het vermogen om vertrouwen te geven**. De derde belangrijke leiderschapskwaliteit betreft het vermogen om de organisatiegenoten te laten vertrouwen in de leider en zijn gedachtegoed. 'Vertrouwen' omschrijft Warren Bennis als 'de emotionele lijm die volgelingen en leiders bijeenhoudt'. Het consequent zijn in handelen en doen, is daarbij volgens Bennis zeer belangrijk.
4 **Het vermogen om zichzelf te managen**. Een goede leider heeft zelfkennis, wil zich stevig inzetten en leert van zijn fouten. Zeker in het begin van de carrière geldt: hoe meer fouten hoe beter. Een van Bennis meest geruststellende teksten die een niet-leider tot zich kan nemen is: 'het lerende individu ziet uit naar mislukkingen en fouten. Het vroege succes is in wezen het kwalijkste leiderschapsprobleem'.

4.1.2 Vorming van het leiderschap: aangeboren of aangeleerd

Ten aanzien van de vraag of grote leiders geboren worden of dat gewone mensen 'opgeleid' kunnen worden tot grote leiders, zijn er drie visies te onderscheiden:
1 Leiderschap is aangeboren.
2 Goed leiderschap is afhankelijk van de situatie.
3 Leiderschap is gedeeltelijk aangeboren maar ook afhankelijk van de situatie.

Ad 1 Leiderschap is aangeboren
Bij de eerste verouderde gedachtevorming over leiderschap overheerst voornamelijk de gedachte dat leiderschap aangeboren is. De geboren leider moest stevig gebouwd, groot en intelligent zijn, van nature overheersen, overwinningsdrang bezitten, gerespecteerd worden enzovoort. Ook was men ervan overtuigd dat een dergelijke leider onder elke omstandigheid effectief functioneerde.

Ad 2 Goed leiderschap is afhankelijk van de situatie
Later ontwikkelde men de gedachte dat de beste manier van iets organiseren afhangt van de situatie en omgeving waarin een organisatie verkeert. Dit werd onder anderen door Fred Fiedler toegepast op leiderschap. We zullen verderop in dit hoofdstuk zien dat Fiedler aangaf dat het van cruciaal belang is hoe een leider met zijn personeel omgaat (aangeboren of aangeleerd) en dat daarnaast de situatie een heel grote rol speelt. Deze visie van Fiedler staat lijnrecht tegenover de eerdere visie dat een leider zo geboren wordt en dus elke situatie aankan.

Ad 3 Leiderschap is gedeeltelijk aangeboren maar ook afhankelijk van de situatie
Tegenwoordig zijn beide visies gecombineerd tot een derde visie op leiderschap. De gedachte dat een goede leider ook aangeboren kenmerken bezit, hebben we niet helemaal verlaten. Het is namelijk zo dat sommige mensen van nature een zekere geldingsdrang en neiging tot het nemen van leiding hebben, die het aannemelijk maken dat zij zich sneller gelukkig voelen in de leiderschapsrol dan anderen. Tegenwoordig zijn vele organisatiekundigen dus van mening dat zowel aangeboren of aangeleerde persoonskenmerken als de situatie waarin de leider verkeert, de effectiviteit van het leiderschap bepalen.

4.1.3 Factoren die leiderschapskwaliteiten beïnvloeden

In deze subparagraaf wordt uit de doeken gedaan wat naar de mening van vooraanstaande hedendaagse auteurs over leiderschap, factoren zijn die de vorming van iemands leiderschapskwaliteiten beïnvloeden. Enkele van de genoemde factoren zagen we al eerder bij de leiderschapseigenschappen in subparagraaf 4.1.1. Het gaat om de volgende factoren:

1 **Genetische aanleg en de vroege jeugd**. Waar genetische aanleg nog hevig bediscussieerd wordt, is men het er bijna algemeen over eens dat de eerste levensjaren erg belangrijk zijn voor de ontwikkeling van het leiderschapsvermogen. Successen, mislukkingen, aanmoedigingen of ontmoediging en opvoeding in de jongste jaren zijn daarbij belangrijk. Ook in negatieve zin is er invloed. Manfred Kets de Vries stelt bijvoorbeeld in zijn boek *Life and Death in the Executive Fast Lane* dat hij na psychoanalyse van leiders tot de conclusie komt dat velen van hen vooral leiding willen geven als gevolg van kleine of grote trauma's in de vroege jeugd.
2 **Onderwijs**. Hierbij kan men in ieder geval denken aan onderwijs in de vakken die voor de leider relevant zijn (marketing, economie, informatiesystemen). Sommige auteurs breken een lans (Bowlman en Deal in *Leading with Soul: An Uncommon Journey of Spirit*, Gardner in *On Leadership*) voor het veel breder opleiden van de leiders van morgen (filosofie, toneel, psychologie, geschiedenis, wiskunde). Vooral om door het bestuderen van ervaringen en kennis van anderen beter te kunnen begrijpen hoe de mens en de organisatie om hen heen in elkaar steekt.
3 **Ervaring**. Auteurs vinden vroege (beroeps)ervaring belangrijk voor het uitvoeren van leiderschap. John Kotter geeft aan in *A Force for Change: How Leadership Differs from Change* dat de leiders die hij ontmoette 'bijna altijd tussen hun twintigste en veertigste kansen kregen om daadwerkelijk leiding te geven, risico's te nemen en daardoor te leren wat succes en mislukking betekenen'. Kets de Vries geeft vergelijkbare ervaringen weer van topleiders uit de industrie.
4 **Mislukking**. Onmisbaar voor een goede leider is volgens de auteurs het opdoen van ervaring met mislukkingen. 'Moeilijke bazen, gebrek aan visie en deugdzaamheid in de bestuurskamer, omstandigheden waar ze geen vat op hebben en hun eigen fouten vormen de basis voor het curriculum van een leider' schrijft Warren Bennis in *On Becoming a Leader*.
5 **Doelgerichte training**. Training kan bepaalde voor leiders belangrijke vaardigheden en eigenschappen verbeteren. Denk aan trainingen communicatieve vaardigheden, timemanagement en dergelijke.

● WWW.BIZZ.BE (AANGEPAST)

Hoe herken je topleiders?

'Beyonders' zijn de witte raven die ver uitstijgen boven middelmatig leiderschap. Vooral in deze tijden van economische instabiliteit hebben we daar behoefte aan. In hun boek analyseren Vlerick-professoren Herman Van den Broeck en David Venter de zeven kenmerken van beyonders.

1 Een diepgewortelde visie

De zogenaamde beyonders – uitzonderlijke leiders – zien altijd goed het verschil tussen hun dagelijkse taken, hun strategische projecten en hun diepgewortelde visie.

2 Word een warmbloedige leider
Iedereen heeft de neiging om de nadelen van iets te zien. Beyonders daarentegen weten dat dit een negatief effect op hun personeel heeft. Ze hebben de zelfdiscipline om negatieve zaken om te buigen naar een positieve aanpak.

3 Schrik aanjagen om te bloeien
Beyonders hebben een afkeer van *business as usual* en nemen geen genoegen met de eerste de beste oplossing voor een probleem. Beyonders zijn dan ook constructief ontevreden en die kritische houding dwingt hen om creatief te zijn.

4 De moed om een minderheid te zijn
Beyonders vragen van hun medewerkers meningen die de hunne tegenspreken.

5 Flow dankzij passie en discipline
Flow betekent dat je helemaal opgaat in een activiteit omwille van de activiteit zelf, dat je vaardigheden in evenwicht zijn met de taak die je moet uitvoeren en dat je voldoende discipline hebt om te blijven oefenen. Beyonders moedigen hun medewerkers aan in de flow te werken, want dan behalen ze de beste resultaten.

6 De dans van de schaduw
Excellente leiders zijn bekommerd om de 'dans van de schaduw': de gevolgen van hun beslissingen en acties. Stel u zelf de vraag, kijkend naar de gevolgen van de beslissingen die u drie jaar geleden nam, of u als een goede manager beschouwd mag worden.

7 Nederige durf
Beyonders hebben voldoende zelfvertrouwen: ze durven anderen gelijk te geven of te erkennen dat ze iets niet weten. Bovendien is hun ego niet te groot en stellen ze zich daarentegen nederig op.

4.2 Stijl van de leidinggevende

De leiderschapsstijl van iemand is de manier waarop deze zijn leidinggevende taak invult. Hierbij staat de vraag centraal hoe de leider of leidinggevende denkt de ondergeschikten zo effectief mogelijk positief te kunnen beïnvloeden, om samen met hem de organisatiedoelen te verwezenlijken. De auteurs die over leiderschapsstijlen hebben geschreven, kiezen vaak een van de volgende criteria:

1 de mate waarin de leider *autoritair* of *democratisch* is ingesteld (subparagraaf 4.2.1).
2 de mate waarin de leider *resultaatgericht* of *relatiegericht* is ingesteld (subparagraaf 4.2.2).
3 de mate waarin het leiderschap *transformationeel* of *transactioneel* is (subparagraaf 4.2.3).

In deze paragraaf bespreken we deze drie criteria. Ook staan we stil bij enkele populaire benamingen voor leiderschapsstijlen als management by walking around (subparagraaf 4.2.4).

4.2.1 Autoritair versus democratisch leiderschap

De eerste onderverdeling in leiderschapsstijlen is die in autoritaire leidinggevenden enerzijds en democratische leidinggevenden anderzijds. Een mengvorm van deze leiderschapsstijlen is het participatief leiderschap.
Steven uit de openingscasus is nog relatief jong en heeft er ook ondergeschikten bij die twee keer zo oud zijn als hij. Steven denkt mede daarom dat een heel autoritaire leiderschapsstijl het niet erg goed zal doen.
Het autoritaire leiderschap is een vorm van leidinggeven waarbij de leidinggevende alle beslissingen zelf neemt en de werknemers vervolgens, zonder inspraak te dulden, zegt wat ze moeten doen, om daarna te controleren of ze zijn bevel hebben opgevolgd. De typisch autoritaire leidinggevende noemt men ook wel autocraat (= eigenmachtig). Het is een betweter die niet geïnteresseerd is in de mening van de ondergeschikte. De autoritaire leidinggevende denkt volgens de X-theorie van McGregor, wat erop neerkomt dat hij denkt dat de werknemer geen verantwoordelijkheid kan en wil dragen en dat deze gedirigeerd en later gecontroleerd moet worden. De autoritaire leidinggevende gebruikt zijn sanctionele macht (vermogen om 'af te straffen') om te onderwerpen.

Autoritair leiderschap

X-theorie van McGregor

Democratisch leiderschap is het tegenovergestelde van autoritair leiderschap. De leidinggevende is daarbij onderdeel van de groep. De groep neemt gezamenlijk alle beslissingen zonder een duidelijke leidinggevende. Hierbij wordt meerderheid van stemmen of zelfs unanimiteit van stemmen toegepast. Dit leidt ertoe dat de groep nogal besluiteloos opereert. De democratisch leidinggevende hanteert de Y-theorie van McGregor. Dit wel zeggen dat de leidinggevende ervan uitgaat dat mensen juist wel gemotiveerd zijn om zaken goed te doen. Dat ze graag verantwoordelijkheid dragen. De democratische leidinggevende bepaalt de doelen niet zelf, maar laat de doelen bepalen door de groep. De groepsbeleving bepaalt de uiteindelijke doelen.

Democratisch leiderschap

Y-theorie van McGregor

Een mengvorm van het autoritair en het democratisch leiderschap is het participatieve leiderschap. Participatief leiderschap, ook wel consultatief leiderschap genoemd, is een vorm van leiderschap waarbij de leidinggevende onderdeel is van de groep, maar wel de baas blijft. Hij probeert de groep bij zijn besluiten te betrekken. Wie echter niet mee wil gaan in de groepsbeslissingen, zal duidelijk voelen dat er een leidinggevende is. Ook hier handelt de leidinggevende volgens de theorie Y van McGregor.
De participatief ingestelde, coachende leidinggevende hoopt op de inzet en het inzicht van de medewerkers om de juiste beslissingen te nemen en uit te voeren door hun medeverantwoordelijkheid te geven. Figuur 4.1 geeft een overzicht van de relatie tussen macht en leiderschapsstijl.

Participatief leiderschap

Y-theorie van McGregor

FIGUUR 4.1 De relatie tussen macht en leiderschapsstijl

	Autoritair	Participerend	Democratisch	
Machtsinvloed van leider				**Machtsinvloed van medewerkers**
Doel:	Onderwerping	Medeverant-woordelijkheid	Doelbepaling	
Via:	Sancties	Inzet en inzicht	Groepsbeleving	
Relatie:	X-theorie van McGregor	Y-theorie van McGregor	Y-theorie van McGregor	

Bron: Pieterman

4.2.2 Resultaatgericht versus relatiegericht leiderschap

De tweede indeling voor leiderschap is de indeling naar de oriëntatie van de leider op het uitvoeren van een bepaalde taak of het hebben van een goede relatie met het personeel. We bespreken de ideeën hierover van de vooraanstaande denkers over leiderschap Blake en Mouton. Ook gaan we kort in op de situationele leiderschapsstijl van Fiedler.

Blake en Mouton's managerial grid

Blake en Mouton gaven aan dat een manager zowel veel aandacht voor de productie moet hebben (het bedrijfsbelang) als aandacht voor de mens (het personeelsbelang). Zij ontwikkelden een schema waarop men na meting kan aangeven in welke mate de manager bezorgd is om zijn productie en om zijn mensen. Dit schema noemden zij de *managerial grid* (zie figuur 4.2).

FIGUUR 4.2 De 'managerial grid' van Blake en Mouton

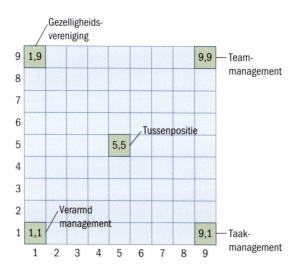

De beste positie die een manager volgens Blake en Mouton op de managerial grid kan scoren, is de positie die zij teammanagement hebben genoemd. Bij deze positie is sprake van veel aandacht voor de productie en voor de mens. Hier heerst een hoge mate van betrokkenheid bij het werk onder de mensen die het uitvoeren. Onderlinge afhankelijkheid door gezamenlijke 'inzet' voor het bedrijfsdoel leidt bij teammanagement tot wederzijds vertrouwen en respect tussen leidinggevende en ondergeschikte.

Teammanagement

Als men veel aandacht heeft voor zijn mensen en weinig omkijkt naar de productie, is er sprake van wat Blake en Mouton het management van een gezelligheidsvereniging noemen. Tactvolle aandacht voor de behoefte van mensen aan vriendschappelijke verhoudingen met anderen, leidt tot een gezellige sfeer en een comfortabel werktempo bij dit leiderschapstype.

Gezelligheidsvereniging

Het omgekeerde van de gezelligheidsvereniging is het taakmanagement. Hier geldt dat grote productie-efficiëntie resulteert in zodanige werkomstandigheden dat er weinig aandacht meer is voor de mens in de organisatie.
Daarnaast is er nog een *tussenpositie*. Hierbij geldt dat een gemiddelde prestatie mogelijk is door de noodzaak om het werk gedaan te krijgen af te wegen tegen de eis tot handhaving van een goed moreel.

Taakmanagement

De slechtste positie is de positie die verarmd management genoemd wordt. Hierbij is sprake van een slechte zorg voor personeel en productie. Het personeel presteert niet meer dan minimaal noodzakelijk is om in dienst te blijven.

Verarmd management

Het zal duidelijk zijn dat teammanagement de beste manier van leidinggeven is in het diagram van Blake en Mouton. Dit betekent dat er bij hen maar één en dezelfde manier van leidinggeven de beste is voor iedere situatie. Het kon dus niet uitblijven dat er een organisatiekundig denker zou opstaan die zou vinden dat een goede manier van leidinggeven afhankelijk is van de situatie. Bij Fiedler is dit het geval.

Fiedlers situationele leiderschap
Fred Fiedler kwam tot de conclusie dat de prestatie en de daadkracht van de groep afhangen van de persoonlijkheidskenmerken van de leidinggevende, plus de geschiktheid van de situatie voor de leidinggevende. Daarmee bedoelde hij dat de ene leidinggevende beter geschikt is voor bijvoorbeeld slechtnieuwsgesprekken terwijl de andere juist weer beter toegerust is voor het geven van gloedvolle betogen in zeer succesvolle organisaties. Deze situatieafhankelijkheid leidt ertoe dat Fiedler spreekt van het zogeheten *situationele leiderschap*. Daarmee geeft hij aan dat elke situatie (markt, product, personeel, omstandigheden) haar bijbehorende succesvolste leiderschapstype kent. Helaas betekent dit ook dat er veel situaties zijn waarin een gegeven leiderschapsstijl *niet* effectief is. De leidinggevende die gevoel heeft voor een situatie, kan zijn leiderschapsstijl naar believen aanpassen. Soms moet dit ook. De leidinggevende moet zijn menselijke kant laten zien als er sprake is van problemen thuis bij een, onder normale omstandigheden, zeer toegewijd personeelslid. Als het echter om het naleven van veiligheidsregels gaat, moet de manager voet bij stuk houden en heel autoritair zijn om de naleving af te dwingen.

● WWW.MT.NL (AANGEPAST)

Drie tips om (als leider) meer respect te krijgen

Respect van je team op basis van je bereikte resultaten geeft de manager moed. Drie laagdrempelige tips om meer respect te verdienen.

Goede leider
Leidinggevenden zoeken naar handvatten hoe ze een goede leider kunnen zijn. De Winne en Clement geven die handvatten met hun boek *'Leidinggeven zonder omwegen – doen wat werkt'*. Zij laten u op heldere wijze zien hoe u een betere leider kunt worden. Dat wil zeggen, een leider die zowel resultaat- als mensgericht aan het werk is.

Macht
In de praktijk werken nog veel leidinggevenden op basis van de positiemacht die zij hebben. Bent u liever een leider die respect krijgt om wie u bent en de resultaten die u boekt? Met dit boek krijgt u adviezen en concrete handvatten hoe u die slag kunt maken. U krijgt stap voor stap uitleg over verschillende aspecten van leiding geven. Van het geven van feedback tot het begeleiden van teamprocessen, van kernkwaliteiten tot het formuleren van uw persoonlijke visie op leiderschap: het komt allemaal aan bod. Welke adviezen de auteurs dan zoal geven? Ik zet er drie voor u op een rij.

1 Zet de juiste pet op
Een leidinggevende heeft over het algemeen drie petten: die van manager (zorgen dat het werk wordt gedaan), die van expert (vraagbaak voor het team) en die van leider: het beste halen uit je team. Door de dagelijkse hectiek wordt u vanzelf wel aangesproken op de rollen van expert en manager. Die pet van de leider: die zult u vaak moeten opzetten. Wees u zich daarvan bewust en zorg voor een proactieve houding.

2 Pak een kom groentesoep
Een van de uitgangspunten van De Winne en Clement is: maak gebruik van de diversiteit van je team. Verscheidenheid is rijkdom! Vergelijk je afdeling met een kom groentesoep: die is lekker, juist door de diversiteit aan smaken. Let daarbij goed op: je teamleden zijn weliswaar volwassen, maar je team is dat nog niet. Houd rekening met de fasen die een team doorloopt, pas als leider je gedrag en communicatie aan aan de fase waar jullie inzitten. Verschillende tools krijgt u daarvoor aangereikt.

3 Geef vrijheid door begrenzing
Autonomie is belangrijk om mensen te motiveren. Dat betekent niet: laat mensen zwemmen. Grenzen zijn nodig – juist om vrijheid te kunnen geven.

Hoe bepaal je dan die grenzen?
Stel, aldus De Winne en Clement, twee limieten waarbinnen medewerkers veilig kunnen navigeren. De linkerlimiet wordt bepaald door externe bepalingen. Denk aan wetgeving, CAO's, interne regels en grenzen die uw baas stelt. Moeilijk te veranderen dus, behalve door (indirecte) beïnvloeding. De rechterlimiet is uw persoonlijke visie op leidinggeven. Die bepaalt u zelf. Normen en waarden waaraan u hecht, ervaringen die u heeft opgebouwd, de overtuigingen die u heeft op het gebied van leiderschap: het is uw eigen verhaal dat u deelt met uw medewerkers. Daartussen, tussen die twee limieten kunnen medewerkers zich veilig bewegen. Met die vrijheid spreekt u hun motivatie aan!

4.2.3 Transformerend en transactioneel leiderschap

Het derde criterium dat we tegenkomen bij de bepaling van het leiderschap is de mate waarin de leidinggevende transformationeel of transactioneel handelt. Grote leiders, zoals Kennedy en Ghandi, hadden een heel grote invloed op hun volgers. Enerzijds waren zij op het juiste moment op de juiste plaats om uit te groeien tot een groot leider, maar anderzijds wordt hun leiderschap vaak toegeschreven aan hun charisma. Charismatische leiders zien we ook in bedrijfsomgevingen: Richard Branson en Bill Gates weten hun volgers in de organisatie te inspireren en aan zich te binden.

Als dit het geval is, spreken we van transformationeel leiderschap. Transformationeel leiderschap heeft de volgende kenmerken:

1 De leider heeft **charisma**, wat ertoe leidt dat men zeer toegewijd is aan de leider en een groot vertrouwen in hem heeft.
2 De leider heeft **persoonlijke aandacht**, wat leidt tot een verhoogde daadkracht van de werknemers.
3 De leider stelt **uitdagingen** voor de ondergeschikten, die leiden tot innovatie van producten en processen.
4 De transformerend leider heeft **visie** en deze wordt nadrukkelijk uitgedragen en werkt heel inspirerend op de volgers.

Transformationeel leiderschap

Eerder in dit hoofdstuk ging het alleen over transactioneel leiderschap. Hierbij gaat het om het motiveren van organisatieleden om doelen te bereiken. Het transactionele zit hem erin dat de werknemer zijn inzet geeft in ruil voor de beloning door de leider. Het transformerend leiderschap voegt hier een persoonlijk tintje aan toe: de emotionele band tussen de leider en de volger. Dit leidt ertoe dat de werknemer zich meer zal inzetten dan het geval is bij de transactionele leider.

Transactioneel leiderschap

Emotionele band

4.2.4 Populaire benamingen voor leiderschapsstijlen

Er zijn in de praktijk verschillende populaire benamingen voor leiderschapsstijlen te vinden. In weerwil van het onderscheid dat we in dit hoofdstuk maakten tussen management en leiderschap, beginnen deze benamingen allemaal met het begrip 'management by'. Daarom spreekt men vaak liever over managementtechnieken als men de volgende populaire benamingen hanteert:

Managementtechnieken

- **Management by direction and control (MBDC).** Hierbij zal de leider aangeven hoe iets moet gebeuren en daarna zal hij de uitvoering controleren. In de huidige situatie past dit vooral bij situaties waarin de leidinggevende er al dan niet terecht van uitgaat dat de werker niet wil werken, zoals bij dwangarbeid en in sommige leer- en oefensituaties.
- **Management by results (MBR).** Bij deze managementtechniek is de leidinggevende erg gericht op resultaat; de weg waarlangs het resultaat bereikt wordt, doet er niet toe. Onder andere in misdaadbenden komt deze manier van leidinggeven voor.
- **Management by objectives (MBO).** Bij deze managementtechniek, spreekt men met ondergeschikten een doel (objective) af en laat men de werknemer vervolgens zelfstandig aan het afgesproken doel werken. Later wordt geëvalueerd of en in welke mate de doelen bereikt zijn.
- **Management by exception (MBE).** Bij deze techniek reageert de leidinggevende alleen op uitzonderingen. Iedereen weet wat hij moet doen. Gaat het goed, dan is er geen bijsturing nodig. Zijn er wel positieve of negatieve uitzonderingen, dan komt de leidinggevende in actie.
- **Management by walking around (MBW).** Deze managementtechniek wordt toegepast wanneer de leidinggevende zich veelvuldig op de werkvloer laat zien. Over de afdeling lopend en hier en daar een praatje makend, bespreekt de leidinggevende de ideeën van zijn mensen. Hierbij let hij op de relaties met zijn ondergeschikten, maar tegelijkertijd houdt hij de productie in het oog.
- **Management by chaos (MBC).** Afdelingen werken soms in een zekere chaos. Wanneer onder chaotische omstandigheden goede prestaties worden bereikt, wordt door de leidinggevende bewust aangestuurd op enige chaos.
- **Management by delegation (MBD).** De leidinggevende delegeert taken en bijbehorende bevoegdheden en verantwoordelijkheden aan ondergeschikten. Dit motiveert de werknemers om hun werk op plezierige, maar ook efficiënte en effectieve wijze uit te voeren.

4.3 De motiverende leidinggevende

Een van de hoofdtaken van een leidinggevende is het motiveren van het personeel. Als men één vaardigheid zou moeten noemen die de goede leidinggevende van de slechte onderscheidt, dan is het het vermogen om te motiveren. In deze paragraaf staan we uitgebreid stil bij het begrip motiveren.

Een van de belangrijkste taken van de leidinggevende is het motiveren van zijn medewerkers. Daarom wordt in deze paragraaf aandacht besteed aan de verschillende theorieën over motivatie. Motivatie kunnen we definiëren als de krachten die op iemand worden uitgeoefend of die in iemands persoon aanwezig zijn om op een bepaalde, doelgerichte manier te handelen. Wat voor de een als motivatie geldt, is demotiverend voor de ander. Er zijn vele motivatietheorieën opgesteld, in deze paragraaf behandelen we er enkele.

Motivatie

"Een goede leider is iemand die een kathedraal ontwerpt maar daarna ook met anderen de achterliggende visie weet te delen, zodat zij geïnspireerd worden om de kathedraal te gaan bouwen."

— Jan Carlzon,
Zweeds zakenman

4.3.1 Extrinsieke en intrinsieke motivatie

Wellicht de meest simpele – maar in de praktijk zeer belangrijke – indeling van motivatie is die in *extrinsieke* en *intrinsieke motivatie*. Mensen die intrinsiek gemotiveerd zijn ervaren motivatie vanuit zichzelf. Zij willen een taak goed uitvoeren, hard werken en ze 'gaan ervoor'. De voetballer Ruud van Nistelrooy heeft wel eens aangegeven dat hij misschien iets minder talent had dan de andere toppers. Door zijn wil om harder en meer te trainen dan de rest is hij op hetzelfde topniveau gekomen. Bij extrinsiek te motiveren mensen moet de prikkel van buitenaf komen. De leidinggevende kan een bron van extrinsieke prikkels zijn door deze mensen te stimuleren en te motiveren om zich in te zetten. Maar ook salaris is een extrinsieke motivator. In praktijkvoorbeeld 4.3 zien we dat beloning alleen de medewerker niet kan motiveren.

Praktijkvoorbeeld 4.3

Beloning en motivatie

Salaris, of een andere materiële beloning, vormt een extrinsieke prikkel. Maar de relatie tussen motivatie en beloning is minder eenduidig dan je zou denken, zoals blijkt uit het klassiek geworden onderzoek van de psychologen Lepper, Greene en Nisbett. Daarin speelden twee groepjes kleuters met kleurpotloden. Het ene groepje kleuters kreeg te horen dat ze daarvoor een beloning zou krijgen, aan het andere groepje werd niets verteld. Na afloop van het onderzoek lieten de kleuters uit de eerste groep de kleurpotloden het snelst links liggen. De beloning was immers binnen en zonder die prikkel vonden ze kleuren niet interessant meer. De kleuters uit de tweede groep kleurden lustig door, gewoon omdat ze het leuk vonden. In deze opvatting wordt de intrinsieke motivatie gedoofd door de extrinsieke beloning. Dat werd onlangs bevestigd door onderzoek van Van de Ven. Daaruit bleek dat mensen het doneren van bloed waarderen, omdat het vrijwillig is. Zodra er een hoge beloning tegenover staat, verdwijnt die waardering. De beloning verdringt de 'personal gain' van het geven van bloed, het gevoel om belangeloos iets goeds te doen. Beloning alleen kan de medewerker dus niet motiveren.

Bron: Buitenhuis en Van Zanten

4.3.2 De behoeftepiramide van Maslow

Een belangrijke motivatietheorie is die van Abraham Maslow. Maslow verklaarde de motivatie van werknemers aan de hand van een door hem ontworpen behoeftehiërarchie. Hij gaf aan dat de motivatie van de mens bepaald wordt door opeenvolgende behoeftefasen waarin hij kan zitten:

Behoeftehiërarchie

1 **fysiologische behoeften**, bijvoorbeeld via een basissalaris;
2 **behoefte aan zekerheid en veiligheid**, bijvoorbeeld via een pensioen;
3 **behoefte aan acceptatie**, bijvoorbeeld door opgenomen te worden door vrienden in een werkgroep;
4 **behoefte aan waardering en erkenning**, bijvoorbeeld door de naam van de functie;
5 **behoefte aan zelfontplooiing**, bijvoorbeeld door een uitdagende functie.

Deze ontwikkelingsfasen van de menselijke behoeften, die men altijd weergeeft in piramidevorm (zie figuur 4.4), kan men alleen in opklimmende volgorde doorlopen. Zo zal een zwerver in de eerste plaats op zoek gaan naar voedsel en een plaats om te slapen, en bekommert hij zich minder om veiligheid of het opgenomen worden in een vriendenkring of vereniging.
Een waarschuwing is bij de theorie van Maslow op zijn plaats. Men is namelijk snel geneigd om van iedereen die in een organisatie functioneert, de hoogst mogelijke plek van de piramide te verwachten. Hier moet men voorzichtig mee zijn (zie praktijkvoorbeeld 4.5).

FIGUUR 4.4 De behoeftepiramide van Maslow

PRAKTIJKVOORBEELD 4.5

Plaats in de piramide

Een voorbeeld om aan te geven hoe voorzichtig men moet omgaan met Maslows behoeftepiramide, is dat van een oudere portier van een grote Nederlandse onderneming. We zouden al te gemakkelijk kunnen zeggen dat deze portier laag in de piramide zit en de behoefte aan succes allang kwijt is. Waar het gaat om succes in de onderneming, had deze portier inderdaad weinig ambitie. Maar in zijn vrije tijd was hij wel fanatiek op zoek naar erkenning en succes. Hij haalde prijs na prijs met zijn toptentoonstellingshond.

Een tweede waarschuwing geeft Peter Drucker in zijn boek *Management: Tasks, Responsibilities, Practices*. Hij wijst erop dat als een menselijke behoefte eenmaal bevredigd is, steeds sterkere prikkels nodig zijn om hetzelfde niveau te bereiken, en dat het gevaar bestaat dat extra beloningen steeds meer worden beschouwd als formele of verworven rechten. Sla maar eens een jaartje de kerstpakketten over in een organisatie, en zie wat er gebeurt.

● WWW.CARRIERETIJGER.NL (AANGEPAST)

Demotivatie

Gedemotiveerde medewerkers zijn vaker negatief over het werk, de afdeling of het bedrijf. De kans bestaat dat, hoewel ze over alle competenties beschikken, hun prestaties minder goed worden. Ook ontstaan er gemakkelijker conflicten. Gefrustreerde medewerkers staan binnen de kortste keren bij je eigen leidinggevende of bij de directeur in de kamer om hun beklag te doen over de gang van zaken. Het zijn allemaal uitingen van werknemers die hun onvrede kwijt moeten.

Laura Kuiper, accountmanager bij een papiergroothandel:
'Na mijn opleiding commercieel medewerker buitendienst kon ik opklimmen tot account manager. Dat was eerst natuurlijk een hele uitdaging. Ik kreeg een gebied in Nederland toegewezen en een leaseauto waarmee ik alle klanten in dat gebied moest bezoeken. Ook ging ik er goed op vooruit qua salaris. Maar ik reed 70.000 kilometer per jaar en zat dus alleen maar in de auto! Na twee jaar werd ik er helemaal gek van. Nu werk ik niet meer fulltime, maar vier dagen per week. Op mijn vrije dag oriënteer ik me op een carrièreswitch, want ik vind commercie net zo leuk als carrière maken – maar niet tegen elk prijs.'

Waardoor raken medewerkers gedemotiveerd?
- gebrek aan competenties (kennis, vaardigheden, inzichten)
- gebrek aan feedback over de resultaten
- gebrek aan uitdagingen
- gebrek aan duidelijke doelstellingen
- sterke afhankelijkheid van anderen
- gebrek aan persoonlijke waardering
- eentonigheid in de taken
- gebondenheid aan de werkplek
- slechte relatie met leidinggevende en/of collega's
- onduidelijkheid over verantwoordelijkheden

- langdurig te hoge werkdruk
- onduidelijkheid over werkgelegenheid of loopbaanperspectief
- slechte arbeidsomstandigheden
- slechte beloning
- oneerlijke verhoudingen (voortrekkerij)
- intimidatie/ongewenste intimiteiten
- privéproblemen (financieel, sociaal, et cetera)

Carolien Graatsma, office manager bij een makelaarskantoor, volgt een deeltijdopleiding tot makelaar:
'Ons kantoor werd groter en groter. Op een zeker moment liepen hier niet twee, maar twaalf makelaars rond. Ik kreeg wel een bredere functie, ik ben leiding gaan geven aan drie secretaresses, maar ik merkte na verloop van tijd dat ik dat eigenlijk niet wilde – ook al trok zo'n soort functie mij wel. Ik bleef in mijn ogen achter, ik wilde ook makelaar worden. Mijn man zei vaak: ga die opleiding gewoon doen! Na een jaar ben ik begonnen. Het is pittig, maar wel goed. Ik heb voor het eerst sinds jaren het gevoel dat ik echt weer iets nieuws leer.'

Hoe zie je dat iemand gedemotiveerd is?
- te laat komen
- onverschilligheid
- agressief gedrag
- toenemend aantal fouten
- niet halen van deadlines
- niet nakomen van afspraken
- uitstellen van taken
- openlijk in twijfel trekken van nut/zin van taken/opdrachten
- opdrachten anders uitvoeren dan bedoeld
- kortdurend ziekteverzuim
- chronische gezondheidsklachten
- onaangekondigde afwezigheid
- lummelen
- roddelen, stemmingmakerij
- defensieve lichaamstaal/non-verbale communicatie
- klagen
- externe attributie (falen toeschrijven aan derden)
- saboteren/traineren/frustreren van processen
- achterhouden van informatie
- eigen winkeltje beginnen
- (dreigen met of veel praten over) solliciteren

4.3.3 De tweefactorentheorie van Herzberg

Frederick Herzberg heeft zich beziggehouden met een herziening van de behoeftehiërarchie van Maslow. Hij ontwikkelde de *tweefactorentheorie voor motivatie*. Na uitgebreid onderzoek kwam hij tot de conclusie dat er factoren zijn die de werknemer motiveren tot een betere prestatie, de satisfiers. Maar dat er ook factoren zijn die bijna geen motivatie opleveren maar bij het ontbreken ervan wel worden gemist: de dissatisfiers.

Satisfiers De 'satisfiers', ook wel 'motivators' of werkintrinsieke factoren genoemd, scheppen tevredenheid in het werk zelf, bijvoorbeeld door het type werk, door de erkenning of verantwoordelijkheid die het werk biedt, of door de groeimogelijkheden op het werk.

De 'dissatisfiers', ook wel hygiënefactoren of werkextrinsieke factoren genoemd, betreffen meer de werkomstandigheden en arbeidsvoorwaarden, zoals het salaris, relaties met superieuren en voorschriften. Zij kunnen eigenlijk alleen maar kwaad doen door te ontbreken; verbetering ervan levert nauwelijks verhoging van de motivatie op.

Als een manager de motivatie van de werknemers wil veranderen, zal hij zich vooral moeten richten op de 'satisfiers'. De dissatisfiers moeten er in voldoende mate zijn en dan is er geen omkijken meer naar.

Zo zal de motivatie die van een salarisverhoging uitgaat maar van heel korte duur zijn. Het krijgen van meer verantwoordelijkheid zal een werknemer vaak veel meer en veel langer motiveren.

Dissatisfiers

4.4 Gedrag in organisaties, in relatie tot leiderschap

In de vorige paragraaf hebben we het begrip 'motivatie' behandeld. Motivatie is een van de belangrijkste gedragskundige elementen die aan de orde komen bij het leidinggeven. In deze paragraaf willen we inzoomen op een aantal andere gedragsaspecten die een rol spelen in organisaties. Ook deze aspecten hebben een belangrijke relatie met leiderschap. Al de in deze paragraaf te bespreken psychologische (gedragskundige) elementen zijn onderdeel van de studie van wat we internationaal de studie van organisational behaviour (het gedrag van de mensen in organisaties) noemen.

Organisational behaviour

Een leidinggevende moet deze basisbeginselen uit de psychologie kennen. Dit om te weten hoe mensen zich gedragen, waarom ze dat gedrag vertonen en hoe er het beste op te reageren. Neem het voorbeeld van de in deze paragraaf te behandelen weerstandsvermindering. Als je dingen wil veranderen in een organisatie, roept dat bijna altijd weerstand op. Dat bemoeilijkt de verandering. Om deze soepeler te laten verlopen, moet je weerstand wegnemen. Dan moet je wel eerst weten waar deze vandaan komt, voor je er iets aan kan doen.

We zullen in deze paragraaf kijken naar de psychologische begrippen macht, weerstand, attitude, perceptie en persoonlijkheid.

4.4.1 Macht

Het eerste gedragskundige thema dat we willen bespreken in deze paragraaf over gedrag in organisaties is *macht*.

Bij de definitie van leiderschap is aangegeven dat dit het vermogen is om groepen of individuen te beïnvloeden. Dit vermogen om anderen te beïnvloeden, wordt bepaald door de macht die iemand bezit. Er zijn zes verschillende machtsbronnen die iemand in staat stellen anderen te beïnvloeden:

1 **Legitieme macht**. Deze vorm van macht is gebaseerd op de formele positie die men inneemt in een organisatie. Een directeur heeft macht, omdat iedereen in de organisatie het erover eens is dat de directeur de bevoegdheid en de verantwoordelijkheid bezit om bepaalde beslissingen te nemen.
2 **Beloningsmacht**. Dit is macht die een leidinggevende bezit omdat hij medewerkers extra kan belonen (financieel en niet-financieel). Deze invloed leidt ertoe dat mensen eerder geneigd zijn bevelen van een leidinggevende uit te voeren.
3 **Sanctionele macht**. Dit is het tegenovergestelde van beloningsmacht. Hierbij draait het erom dat men invloed kan aanwenden omdat men in de positie is anderen op de een of andere wijze te straffen.
4 **Informationele macht**. Dit betreft de macht die men bezit op basis van de informatie die men uit hoofde van zijn functie krijgt.

5 **Referentiemacht**. Dit betreft de macht waarbij ondergeschikten tegen de leidinggevende opkijken omdat hij een zekere aantrekkingskracht op hen uitoefent, omdat de leidinggevende bijvoorbeeld charismatisch overkomt of in het verleden op de juiste wijze de leidersrol heeft vervuld.
6 **Deskundigheidsmacht**. Deze vorm van macht slaat op de invloed die een deskundige op mensen kan uitoefenen omdat zij zijn expertise accepteren, of macht die ontstaat omdat de expert over informatie kan beschikken die anderen niet hebben.

Hiërarchie
Persoons-
kenmerken

Bij deze zes punten is het zo dat de eerste van de voorgaande machtsbronnen behoren bij iemands hiërarchische positie, terwijl de laatste twee bepaald worden door iemands persoonskenmerken.
Steven uit de openingscasus maakt met name gebruik van zijn deskundigheidsmacht. Hij heeft langer en hoger doorgestudeerd over de werking van pompen en gemalen dan zijn medewerkers. Deze medewerkers kunnen overigens een deel daarvan compenseren doordat ze veel meer praktische ervaring hebben dan Steven. Steven weet hoe een pomp theoretisch zou moeten werken, zijn medewerkers weten of de pompen zich in de praktijk ook aan die theorie houden.

Machtsgrond-
slagen

Hoewel bij een bepaalde functie bepaalde formele machtsgrondslagen horen, gaat het er vooral om wat je ermee doet. En het gaat erom in welke mate je die macht inzet voor de organisatie als geheel, in plaats van alleen voor jezelf. Raven en French (1959) hebben het effect onderzocht van macht komende uit de hiervoor genoemde bronnen. Uiteraard concludeerden zij dat er verschil in acceptatie is en dat er verschillende consequenties zijn voor de verschillende machtsbronnen. Een idolate volgeling van iemand die referentiemacht gebruikt, zal dat gemakkelijker accepteren dan een standaardwerknemer die zijn periodieke ophoging van het salaris geblokkeerd ziet door de toepassing van beloningsmacht. Daarnaast constateerden de onderzoekers dat hoe legitiemer het gebruik van een machtsbron ervaren wordt, hoe minder weerstand het gebruik oproept.

4.4.2 Weerstand

Het tweede gedragskundige thema dat we willen bespreken in deze paragraaf over gedrag in organisaties is weerstand. We analyseren eerst wat de weerstand van de mensen in de organisatie vergroot. Daarna geven we aan hoe die weerstand zo veel mogelijk voorkomen kan worden door de manier waarop het veranderingsproces wordt aangepakt en begeleid. Weerstand tegen verandering kan veroorzaakt worden door de organisatie of door het individuele organisatielid (of door beide). We behandelen beide.

Weerstand op organisatieniveau
Daniel Katz en Robert Kahn hebben zes belangrijke bronnen in de organisatie geïdentificeerd die de weerstand in een organisatie verhogen. Uiteraard komen ze niet allemaal tegelijk in een organisatie voor:
1 **Overdreven stabiliteit**. Een organisatie is ontworpen om stabiliteit te creëren. Deze stabiliteit veroorzaakt weerstand als er veranderd moet worden. Productiemedewerkers worden door opleiding, training en ervaring er telkens op gewezen dat de productie altijd maar doorgang moet vinden. Daarmee wordt hen de weerstand aangeleerd tegen plannen om de productie stil te leggen voor de nodige veranderingen. Een overdreven nastreven van stabiliteit noemt men ook wel *structurele inertie*.
2 **Een te beperkte blik op verandering**. Leidinggevenden die in een organisatie veranderingen willen doorvoeren, hebben vaak een te enge focus op de benodigde verandering. Wanneer een aantal banen en taken veran-

derd wordt ter wille van een bepaalde strategische verandering, wil men wel eens vergeten de organisatiestructuur mee te veranderen. Stel dat een strategieverandering voorschrijft dat de werknemers voortaan meer zelfstandigheid moeten verkrijgen. Dan kan men niet volstaan met de oude organisatiestructuur, met veel toezicht door allerlei chefs en veel controlemechanismen. De focus moet dan tevens op de structuur gericht zijn. Als men dit niet doet, veroorzaakt dit een weerstand voor de beoogde verandering.

3 **Groepsinertie**. Als een individu wel zou willen veranderen, kan hij afgeremd worden door de organisatiegroep waarin hij functioneert. Dit komt omdat de groep zijn eigen normen- en waardepatronen heeft, die tegengesteld kunnen zijn aan de verandering.
4 **Bedreigde expertise**. Een organisatieverandering kan een bedreiging vormen voor specialismen die werknemers door de jaren heen ontwikkeld hebben. Een verandering van taken kan ertoe leiden dat deze expertise bij anderen komt te liggen, hetgeen weerstand veroorzaakt.
5 **Bedreigde macht**. Een verandering van de machtstructuur zal bijna onherroepelijk leiden tot weerstand van degenen die macht dreigen te verliezen, of van degenen die denken macht te verliezen.
6 **Toewijzing van middelen**. Organisatieleden die tevreden zijn met de huidige verdeling van middelen (budgetten voor verschillende afdelingen) zullen een verwachte verandering hiervan niet op prijs stellen. Hierdoor zullen zij het veranderingsproces waarschijnlijk frustreren.

Weerstand op individueel niveau
Er zijn ook op individueel niveau belangrijke redenen voor weerstand tegen verandering. De volgende zes bronnen van weerstand zijn in kaart gebracht door Zaltman en Duncan en door Nadler:
1 **Gewoonte**. Als een mens gewend is aan een bepaalde taak die hij iedere dag routinematig kan uitvoeren, is het ongemakkelijk als hij moet veranderen.
2 **Veiligheid.** Een mens voelt zich veilig in een bekende situatie. Verandering van die situatie vormt een bedreiging voor dit gevoel van veiligheid.
3 **Economische factoren**. Verandering kan ook economische gevolgen hebben die weerstand oproepen. Zo kan een onderdeel van een beoogd veranderingsplan de herziening van de salarisstructuur betreffen.
4 **Angst voor het onbekende**. Veel mensen hebben een zekere mate van angst voor zaken die ze niet kennen. Als een werknemer zich vertrouwd voelt met zijn collega's en tevreden is over zijn baas, zal hij ervoor terugschrikken te veranderen. 'Je weet immers nooit wat je ervoor terugkrijgt.'
5 **Gebrek aan bewustheid**. Een onbewuste weerstand kan uitgaan van mensen die niet in de gaten hebben dat er een verandering is doorgevoerd. Als zij op de oude voet doorgaan, zullen zij, zonder dat ze dit beogen, de verandering tegenwerken.
6 **Sociale factoren**. Sommige mensen vinden het moeilijk om te veranderen omdat ze bang zijn voor wat anderen ervan zullen denken. Als een groep zich verzet tegen een bepaalde verandering, is het voor het individu in de groep dat wel wil meeveranderen, moeilijk hiervoor uit te komen. Ook kan men uit sociale motieven tegen een verandering van collega's zijn, als de huidige groep goed bevalt.

Aan de redenen voor weerstand die de auteurs hiervoor noemen, kunnen we nog toevoegen:
1 Weerstand als gevolg van een veronderstelling van een negatief resultaat. De persoon of groep die moet veranderen, denkt (al dan niet terecht) dat na de verandering de situatie verslechterd is.
2 Weerstand als gevolg van angst voor meer werk. Bij deze weerstandsbron is men bang door de verandering met meer of met minder leuk werk opgezadeld te worden.
3 Weerstand als gevolg van het vermoeden dat de verandering slecht uitpakt voor het individu. De persoon of groep houdt geen rekening met het organisatiebelang.

Weerstandsvermindering door het begeleiden van verandering
Na vaststelling van weerstand tegen verandering kan men uit een aantal manieren kiezen om deze weerstand te verhelpen of, nog beter, vooraf te voorkomen. Dit is afhankelijk van de reden voor de gerezen weerstand. Kotter en Schlesinger noemen de volgende mogelijkheden:
1 **Communicatie**. Soms wordt weerstand veroorzaakt door onjuiste of onvoldoende informatie over de verandering en de motieven die eraan ten grondslag liggen. Het is dan zaak de mensen van correcte informatie te voorzien. Bovendien kan men op die manier adequaat inspringen op de reacties die men ontvangt.
2 **Participatie en betrokkenheid**. Weerstand door een te enge focus op verandering of te weinig bewustheid van verandering, kan men verminderen als men de betrokkenen mee laat denken en beslissen over de benodigde veranderingen. Op deze wijze voelt de werknemer zich veel meer betrokken bij een succesvolle afronding van de verandering.
3 **Faciliteiten en ondersteuning**. Als weerstand ontstaat door een gebrek aan zekerheid of door angst voor het onbekende, kan het helpen faciliteiten en ondersteuning beschikbaar te stellen. Een werknemer die bang is een nieuw takenpakket niet aan te kunnen, kan men geruststellen door een extra opleiding aan te bieden. Hierdoor zal hij waarschijnlijk minder weerstand bieden aan de verandering.
4 **Onderhandeling en instemming**. Als groepen mensen bij een verandering duidelijk iets verliezen, bijvoorbeeld macht, kan een manager erover onderhandelen. Later zal er minder weerstand bestaan tegen de verandering, omdat men zich gebonden weet aan het onderhandelingsresultaat.
5 **Manipulatie en coöptatie**. (Coöptatie is net doen alsof iemand invloed op de plannen kan uitoefenen.) Manipulatie en coöptatie kunnen toegepast worden als voorgaande manieren van het tenietdoen van weerstand falen. Manipulatie en coöptatie worden toegepast als er weerstand ontstaat als gevolg van toewijzing van middelen, economische factoren, gewoonte en groepsfactoren. Een manager kan de informatie en middelen manipuleren om de weerstand zo op slinkse wijze te verminderen.
6 **Dwingen**. Als alle andere methoden mislukt zijn, kan men nog altijd de werknemers dwingen mee te werken aan een bepaalde verandering.

Een sterk wapen in de strijd tegen weerstand bestaat uit een goed informeren van de leden van de organisatie over de aard en de noodzaak van verandering en uit het bieden van voldoende participatie bij de uitwerking van de gekozen strategie.

4.4.3 Attitude
Het derde element van gedrag in organisaties dat de leidinggevende zou moeten kennen, betreft de attitude van de mensen in de organisatie.
Met het begrip *attitude* doelen we op de instelling of houding van iemand. Een attitude is een stabiele houding van iemand ten opzichte van iets, bijvoorbeeld

de houding ten opzichte van een ding, een persoon, een klus, een groep of een organisatie. Uiteraard wordt hier vooral gedoeld op de werkhouding. De houding voorspelt voor een deel voor de leidinggevende de gedraging van de collega. Het is daarom belangrijk wat te weten over de attitude. We noemen hierna de componenten van een attitude, we gaan nader in op het commitment richting de organisatie en we bespreken het begrip cognitieve dissonantie.

Componenten van een attitude
Daft geeft aan dat gedragswetenschappers drie componenten onderscheiden bij een attitude:
1 **De cognitieve component**. Hiermee wordt de verzamelde studie- en praktijkkennis van iemand bedoeld, op basis waarvan iemand een bepaalde houding aanneemt. Iemand die uit de krant of uit boeken weet dat een bevolkingsgroep statistisch vaker in aanraking komt met justitie, of vervelende ervaringen met sommigen van hen heeft opgedaan, kan daardoor beïnvloed worden ten aanzien van zijn houding ten opzichte van die groep. Uiteraard geldt ook de positieve variant.
2 **De emotionele (of affectieve) component**. Hierbij gaat het over positieve of negatieve gevoelens die niet beredeneerd zijn, en niet uit kennis of ervaring voortkomen, bijvoorbeeld een jurist die eigenlijk het liefste alleen samenwerkt met andere juristen, of een medisch specialist die meent dat hij superieur is, alleen al vanwege zijn vak.
3 **De gedragscomponent**. Dit betreft de intentie van iemand om zich op een bepaalde manier te gedragen. Voorbeeld: Daan uit de doorlopende casus in dit boek is accountant omdat hij weet uit zijn studie dat hij goed kan rekenen (cognitieve component). Hij houdt van zijn vak (emotionele component van zijn houding). Daarom is hij van plan om iedere dag vroeg op te staan en meer dan op tijd op zijn werk te verschijnen (gedragscomponent). Op deze houding kan zijn baas rekenen.

Commitment aan de organisatie wordt altijd erg gewaardeerd. In de moderne tweeverdienershuishoudens komen andere zaken daardoor wel eens in de knel ...

Commitment
Een andere belangrijke attitudecomponent is het *commitment richting de organisatie*. Hiermee bedoelen we de loyaliteit richting de organisatie waar men werkt. Populairder gezegd: de mate waarin je voor jouw organisatie 'gaat'. Mensen met veel commitment kijken minder naar wat ze volgens het boekje moeten doen maar veeleer naar hoe ze het zo goed mogelijk kunnen doen. Daarbij maakt het hen minder uit om over te werken of bijzondere inspanning te leveren als dat moet. Denk aan een secretaresse die zonder morren, zonder dat er wat tegenover hoeft te staan, bereid is de zaken extra goed te regelen voor haar leidinggevende, ook als het al half zeven is.

Cognitieve dissonantie
Er kunnen conflicten ontstaan tussen verschillende attitudes die iemand heeft. Dat conflict ontstaat dan in het brein van de betrokkene. Dat conflict noemen we *cognitieve dissonantie*. Het begrip cognitief wil zeggen 'de hersenactiviteit betreffende', in het bijzonder die van waarneming, taal en denken. Laten we als voorbeeld iemand nemen die erg gecommitteerd is aan zijn organisatie en er graag werkt. Deze persoon is tevens erg begaan met het behoud van het milieu. Als deze persoon weet dat de organisatie waar hij graag werkt redelijk milieuvervuilend bezig is, leidt dat tot cognitieve dissonantie. De theorie van cognitieve dissonantie van Festinger geeft aan dat men deze oncomfortabele strijd tussen de oren, probeert weg te redeneren. Door te redeneren dat het bedrijf wel zo moet opereren omdat men anders niet mee kan met de concurrentie ... en dat het bedrijf nog relatief schoon werkt ... en dat als het bedrijf uit de business zou stappen, er bedrijven opdoemen uit nog veel vuiler opererende landen ... waar bovendien kinderarbeid wordt toegepast enzovoort ... komt de persoon in het reine met zichzelf. Zo verdwijnt de cognitieve dissonantie en lost hij het conflict van de tegengestelde belangen in zijn brein op.

4.4.4 Perceptie
Het vierde gedragskundige thema dat we willen bespreken in deze paragraaf over gedrag in organisaties is de perceptie van mensen in de organisatie. Het psychologische begrip *perceptie* slaat op het zich in de hersenen van mensen afspelende, cognitieve proces dat mensen gebruiken om de omgeving te doorgronden door informatie te selecteren en interpreteren. Hersenen worden via waarneming en nadenken overspoeld met informatie. Om overeind te blijven, maken we keuzes uit die informatie en trekken we daar conclusies uit. Veronderstel drie studenten die in een leslokaal zitten. In die exact gelijke omgeving kan de een het gevoel hebben dat het er heel warm en zomers is. De tweede student heeft vooral het idee dat er slecht gepoetst is en alles smerig is, maar hij denkt wel aan eten vanwege de geuren die via het raam binnenkomen. Terwijl de derde nauwelijks iets waarneemt omdat zijn hond vanochtend is overleden. Zo hebben mensen door alle keuzes, voorkeuren en historie verschillende percepties van situaties in een organisatie. Als je veel slechte ervaringen met een collega achter de rug hebt, kun je van een op zich zelf neutrale of zelfs positieve handeling van die persoon toch het verkeerde slechte beeld krijgen. Door dit weer te combineren met een gerucht dat je eerder die dag hoorde of een beeld uit een film die je vijf jaar geleden zag, ontwikkel je een eigen perceptie van wat je op dat moment 'ziet'. Je attitude, persoonlijkheid, normen, interesses en opvoeding voeden je perceptie. We zien hierna dat perceptie altijd een rol speelt en we bespreken het ontstaan van verkeerde perceptie.

Perceptie speelt altijd een rol
In de dagelijkse praktijk in organisaties worden mensen continu gestuurd door hun perceptie. Besluiten worden vrijwel uitsluitend genomen op basis van percepties. Dit geldt zeer breed. Uiteindelijk is een begroting of een jaarrekening op basis waarvan men exacte beslissingen denkt te nemen ook maar een perceptie. Zet tien financieel deskundigen bij elkaar en ze komen met een verschillende interpretatie. Dit geldt voor alle feiten, gedachten en meningen op basis waarvan we besluiten nemen. Een goede leidinggevende zal zich dit realiseren, en is bereid op verschillende manieren tegen problemen aan te kijken. Of hij realiseert zich af en toe dat een beslissing of beoordeling uiteindelijk gebaseerd was op misperceptie. Niet alleen de eigen perceptie van de leidinggevende is belangrijk, ook de mensen aan wie hij leidinggeeft hebben hun percepties. Een goede medewerker die opstapt omdat hij – ook al is dat onterecht – denkt niet gewaardeerd te worden, is evengoed verloren voor de organisatie.

Ontstaan van verkeerde perceptie
Er is een aantal vaste bronnen voor het ontstaan van een 'verkeerde' perceptie. We noemen de volgende:
- **Stereotypering**. Dit is het verschijnsel waarbij we een onafhankelijk individu in een 'hokje plaatsen' en vervolgens de kenmerken van de personen uit dat 'hokje' in gedachten ook van toepassing verklaren voor dat ene individu. Een personeelschef is van mening dat mensen van boven de 60 jaar niet meer zo hard werken. Van een collega van 61 jaar zou hij automatisch kunnen denken dat deze persoon weinig meer toevoegt. Terwijl in werkelijkheid deze medewerker wellicht meer werk verzet en meer ervaring kan inzetten dan de personeelschef zelf.
- **Projectie**. Dit betreft het 'zoals de waard is vertrouwt hij zijn gasten'-principe, namelijk de tendens om eigen persoonskenmerken ook in anderen te zien. Een leidinggevende vindt een bepaalde taak van een medewerker saai. Als deze de taak daarom gaat aanpassen kan er sprake zijn van projectie. Hij moet zich realiseren dat de betreffende medewerker de taak wellicht heel plezierig vindt.
- **Het halo-effect**. ('Halo' is een Engelse term voor stralenkrans, zoals rond de hoofden van heiligen op portretten.) Dit betreft het hebben van een (positieve of negatieve) mening over het totaal van een persoon, op basis van maar een of enkele elementen van die persoon. Een directeur moet iemand aannemen. Sollicitant nummer 1 heeft een noordelijk accent en hij wijst deze eigenlijk alleen daarom af. Sollicitant 2 neemt hij wel, dit voornamelijk vanwege het fraaie uiterlijk van betrokkene. Uiteraard komen we in de praktijk ook subtielere voorbeelden van het halo-effect tegen.
- **Defensieve perceptie**. Dit betreft het effect dat mensen zichzelf beschermen door negatieve zaken niet op te nemen in hun perceptie van de realiteit maar de positieve wel. Iemand die ernstig ziek is (of een leidinggevende van een bedrijf waarmee het slecht gaat) kan slechte uitslagen onbewust negeren of bagatelliseren (= kleiner maken). En tegelijkertijd ieder sprankje hoop uitvergroten.

4.4.5 Persoonlijkheid
De persoonlijkheid van mensen is het vijfde gedragskundige element dat we willen bespreken in deze paragraaf over gedrag in organisaties.
Er is veel onderzoek gedaan naar manieren waarop men persoonlijkheidskenmerken kan beschrijven of in kaart brengen. Langs verschillende wegen komen velen tot vijf dimensies die de persoonlijkheid van iemand bepalen.

The big five

Deze noemt men de grote vijf (the big five). In tabel 4.6 staan de vijf dimensies met telkens hun twee tegengestelde polen genoemd.

TABEL 4.6 Persoonlijkheidskenmerken

De 'big five'-persoonlijkheidskenmerken

Uiterste	Dimensie	Uiterste
Bescheiden	Open staan voor nieuwe dingen	Openstaand voor nieuwe ervaringen
Ongeorganiseerd	Consciëntieusheid	Consciëntieus
Introvert	Extraversie	Extravert
Onvriendelijk	Vriendelijkheid	Vriendelijk
Kalm/ontspannen	Emotionele stabiliteit	Nerveus/zenuwachtig

Door een vragenlijst of scorelijst te laten invullen, kan men proberen de persoonlijkheid van iemand te beschrijven, dit dan weer door een vertaling van de antwoorden op de lijst naar de dimensies.
Er is wel het een en ander af te dingen op de big-fivemethode. Zo is deze vooral toepasselijk in de VS. Voor hier volstaat het vast te stellen dat we persoonlijkheid kunnen proberen weer te geven in dimensies.
In praktijkvoorbeeld 4.7 hebben we een vereenvoudigde big-fivevragenlijst met uitleg voor de uitslag opgenomen.

We gaan hierna in op emotionele intelligentie en we bespreken het begrip locus of control.

Emotionele Intelligentie

EQ

In de laatste jaren is er veel aandacht geweest voor zogeheten *emotionele intelligentie* als persoonlijkheidskenmerk. Vaak weergegeven als EQ, de tegenhanger van het IQ (de maat voor 'slimme' intelligentie). EQ kent vijf basiscomponenten volgens EQ-goeroe Daniel Goleman:
1 *Zelfbewustzijn*: weten wat je voelt en wie je bent.
2 *Het vermogen om emoties te managen*: het tot op zekere hoogte kunnen beheersen van emoties als angst, zorgen en boosheid.
3 *Het vermogen om jezelf te motiveren*.
4 *Empathie* (inlevingsvermogen): het vermogen om je in te leven in een ander. Vaak vertellen mensen niet wat ze voelen, maar geven ze wel veel prijs via lichaamstaal, toonhoogte en wijze van spreken en de uitdrukking in hun gezicht.
5 *Sociale vaardigheden*.

Het zal duidelijk zijn dat voor goed leidinggeven het EQ belangrijker is dan IQ. Bij het in hoofdstuk 2 besproken onderwerp Plannen zal het vast zo zijn dat je het vooral moet hebben van slimheid. Maar bij leidinggeven komt het op EQ aan. Vaak zie je dat de grootste leiders, de self-made (wo)men, de naam zegt het al, niet de allerhoogste opleiding hebben genoten of hebben kunnen volgen. Wel zie je heel vaak dat deze leiders hoog scoren op het EQ.

PRAKTIJKVOORBEELD 4.7

Quickscan big five

Instructie:
Hieronder staan telkens twee begrippen op een schaal van 5 tot 1. Geef op deze schaal aan hoe je staat ten opzichte van de twee begrippen. Bijvoorbeeld neutraal ten opzichte van de begrippen 'onrustig' en 'kalm' levert een 3 op bij regel A. Erg onrustig een 5 en erg kalm een 1.

		5	4	3	2	1	
A	Onrustig	☐	☐	☐	☐	☐	Kalm
B	Graag bij anderen	☐	☐	☐	☐	☐	Graag alleen
C	Een dromer	☐	☐	☐	☐	☐	No-nonsense
D	Beleefd	☐	☐	☐	☐	☐	Kortaf
E	Netjes	☐	☐	☐	☐	☐	Rommelig
F	Voorzichtig	☐	☐	☐	☐	☐	Zeker van zichzelf
G	Optimistisch	☐	☐	☐	☐	☐	Pessimistisch
H	Theoretisch	☐	☐	☐	☐	☐	Praktisch
I	Gul	☐	☐	☐	☐	☐	Egoïstisch
J	Besluitvaardig	☐	☐	☐	☐	☐	Opties open latend
K	Snel ontmoedigd	☐	☐	☐	☐	☐	Vrolijk
L	'Open boek'	☐	☐	☐	☐	☐	Gesloten
M	Creativiteit als leidraad	☐	☐	☐	☐	☐	Autoriteit als leidraad
N	Warm	☐	☐	☐	☐	☐	Koud
O	Doelgericht	☐	☐	☐	☐	☐	Makkelijk af te leiden
P	Snel verlegen	☐	☐	☐	☐	☐	'Lak aan de wereld'
Q	Vlot in omgang	☐	☐	☐	☐	☐	Gereserveerd
R	Zoekt het nieuwe	☐	☐	☐	☐	☐	Zoekt het bekende
S	Teamspeler	☐	☐	☐	☐	☐	Onafhankelijk
T	Houdt van orde	☐	☐	☐	☐	☐	Op zijn gemak bij wanorde
U	Snel van slag	☐	☐	☐	☐	☐	Onverstoorbaar
V	Een prater	☐	☐	☐	☐	☐	Een denker
W	Vaagheid is OK	☐	☐	☐	☐	☐	Verkiest duidelijkheid
X	Vol vertrouwen	☐	☐	☐	☐	☐	Sceptisch
Y	Altijd op tijd	☐	☐	☐	☐	☐	Stelt zaken uit

Tel je scores als volgt op en kijk hieronder wat dit betekent.

Negatieve Emotionaliteit	A + F + K + P + U	score:
Extraversie	B + G + L + Q + V	score:
Openstaan	C + H + M + R + W	score:
Altruïsme	D + I + N + S + X	score:
Consciëntieusheid	E + J + O + T + Y	score:

PRAKTIJKVOORBEELD 4.7 (VERVOLG)

Je score:

Negatieve Emotionaliteit

5-13 punten
Veerkrachtig
Reageert kalm op stress-situaties.
Kan gezien worden als koel, nuchter of onverstoorbaar.

14-16 punten
Ontvankelijk
Normaal gesproken kalm maar druk of tegenslag kunnen af en toe tot stressreacties leiden.

17-25 punten
Reactief
Reageert op situaties op alerte sensitieve wijze.
Soms gezien als gespannen, rusteloos, gevoelig, sentimenteel.

Extraversie

5-13 punten
Introvert
Voorkeur voor alleen werken. Soms gezien als stug, gesloten, een 'loner'.
Graag in situatie met weinig prikkels.

14-18 punten
Ambivert
Wisselt gemakkelijk van samen naar alleen werken.
Te weinig afwisseling is vervelend. Lage prikkeldrempel

19-25 punten
Extravert
Voorkeur voor sociale situaties. Prater, spontaan, open, leider. Soms gezien als agressief of oppervlakkig. Kan veel prikkels aan.

Openstaan

5-13 punten
Behoudend
Heeft vaak expertkennis. Praktisch, efficiënt, kan routinematig werken. Soms gezien als rigide, conservatief, met oogkleppen.

14-16 punten
Gematigd
Praktisch maar probeert soms iets nieuws als er voldoende bewijs is. Niet nieuwsgierig of creatief maar af en toe verrassend.

17-25 punten
Onderzoekend
Veel interesse en benieuwd naar het onbekende. Snel verveeld. Fantasievol, creatief, theoretisch. Wordt soms gezien als dromer.

Altruïsme

5-16 punten
Uitdagend
Sceptisch t.o.v. autoriteit. Volhardend, competitief, onafhankelijk. Soms gezien als vijandig, vechterig en egoïstisch.

17-20 punten
Onderhandelend
Goed in competitie en samenwerking. Noch extreem afhankelijk, noch onafhankelijk. Kan goed alleen en samenwerken.

21-25 punten
Aangepast
Accepteert autoriteit. Vriendelijk behulpzaam, een teamspeler. Soms gezien als naïef, conflictvermijdend, onderdanig.

Consciëntieusheid

5-14 punten
Flexibel
Heeft veel doelen. Stelt uit. Met veel dingen tegelijk bezig. Soms gezien als onverantwoordelijk, niet productief en ongeorganiseerd.

15-19 punten
Evenwichtig
Houdt taakeisen en persoonlijke behoeften in balans. Is ambitieus én kan ontspannen. Doelmatig én spontaan.

20-25 punten
Doelgericht
Vol discipline gericht op een doel. Prestatiegericht. Werkt hard. Soms gezien als workaholic, dwangmatig, arrogant, pietluttig.

Bron: Howard, Medina en Howard

Locus of control
Tot slot van deze subparagraaf over persoonlijkheidskenmerken waarmee een leidinggevende rekening moet houden gaan we in op het begrip *locus of control*. Dit betreft de mate waarin iemand meent dat hij primair zelf verantwoordelijk is voor zijn succes (interne locus of control) of denkt dat hij overgeleverd is aan externe invloeden (het lot, de baas, de wereldeconomie) die zijn succes bepalen. Mensen met een interne locus of control zijn gemakkelijker te motiveren door de leidinggevende. Zij menen immers dat zij zelf door goed te werken het eigen succes bepalen. Het woord motiveren stamt van het Latijnse 'movere', hetgeen letterlijk 'in beweging brengen' betekent. Mensen die menen dat hun inspanning wordt beloond, zijn gemakkelijker in beweging te brengen. Ze zijn ook onafhankelijker en lastiger te leiden. Voor mensen met een externe locus of control geldt het omgekeerde.

4.5 De leidinggevende als coach

In paragraaf 4.3 zagen we dat een leidinggevende moet motiveren. Maar hij moet zijn collega's ook coachen in hun werk. Coaching is in essentie mensen helpen om zichzelf te ontwikkelen en hun prestaties te verbeteren, zonder daarbij het roer over te nemen. In deze paragraaf over coaching geven we de ideeën over coaching weer die door Buitenhuis en van Zanten zijn verzameld.
Sinds de jaren tachtig van de vorige eeuw is coaching aan een enorme opmars begonnen. Het hebben van een coach is allang niet meer voorbehouden aan het topmanagement. Coaching wordt tegenwoordig organisatiebreed ingezet om het functioneren van personeel te verbeteren en de prestaties van individuen en teams te verhogen.

In deze paragraaf zien we wat de essentie van coaching is, welke instrumenten de coach tot zijn beschikking heeft en welke coachingstijlen er zijn.

4.5.1 De essentie van coaching is léren leren
Coachen is iemands potentiële kwaliteiten vrijmaken zodat hij zo goed mogelijk presteert. Het is geen onderwijzen, maar het leren bevorderen. Vandaar dat we wat dieper inzoomen op hoe mensen (medewerkers) leren. Een leidinggevende moet namelijk aansluiten bij het leergedrag van de medewerker.
Leren is een centraal begrip bij coaching. Of liever gezegd: léren leren, en léren handelen. De coach léért mensen zichzelf helpen en sturen. Er is sprake van interactie, in plaats van eenrichtingsverkeer in de vorm van het aangeven wat iemand moet doen. Een coach vertelt mensen dus niet wat ze zouden moeten of behoren te doen, maar laat hen zelf de oplossing bedenken. De leercyclus is een handig model om te doorgronden hoe een coach het best kan inspelen op de leerbehoefte van de medewerkers. Het leerproces voltrekt zich in vier fasen:

Léren leren

Leercyclus

1 **Onbewust onbekwaam**: de gecoachte kan iets niet, maar weet dit niet van zichzelf. Het is de taak van de coach om deze medewerker zijn onbekwaamheid zelf te laten ontdekken.
2 **Bewust onbekwaam**: de gecoachte wordt zich bewust van het feit dat hij bepaalde zaken niet beheerst. Sommige gecoachten vinden die ervaring confronterend en tonen weerstand. De coach zal die weerstand moeten overwinnen en de medewerker helpen om toch tot leren te komen.
3 **Bewust bekwaam**: de medewerker heeft zijn prestaties aanzienlijk verbeterd en beheerst een bepaalde taak, zij het met enigszins geforceerde inspanning. De coach observeert en helpt de medewerker ontdekken hoe hij zich nog verder kan ontwikkelen.

4 **Onbewust bekwaam**: de medewerker voert de taak moeiteloos uit, zonder erbij na te hoeven denken. De coach heeft zichzelf overbodig gemaakt. De medewerker kan beginnen aan zijn volgende leercyclus.

De leercyclus laat zich goed illustreren aan het leren autorijden. Tijdens onze eerste rijlessen worden we voortdurend geconfronteerd met onze gebrekkige voertuigbeheersing. We schakelen verkeerd en rijden dus met horten en stoten weg. We maken niet genoeg snelheid en we voegen te laat in. Door bewuste inspanning om soepeler te schakelen en op de snelheidsmeter te letten, met de rij-instructeur naast ons, slagen we uiteindelijk voor ons rijexamen. Door voortdurende herhaling en ervaringsleren kunnen we dan al snel autorijden en tegelijkertijd naar de radio luisteren of met iemand bellen.

Leercyclus van Kolb

Ervaringsleren is een belangrijk thema in coaching. Leren door te dóen. De leercyclus van Kolb maakt duidelijk hoe dat leren in zijn werk gaat. De leercyclus verloopt als volgt:
- Fase 1: eerst doen en zelf ervaren.
- Fase 2: dan bezinnen, dat wil zeggen: reflecteren over de opgedane ervaring.
- Fase 3: dan denken, dat wil zeggen: via analyse de ervaring proberen te begrijpen.
- Fase 4: en tot slot beslissen: dat wil zeggen keuzes maken over de volgende stappen.

Pas als de hele cyclus is afgerond, vindt er leren plaats. Ieder mens heeft een voorkeur voor één fase waarin hij de leercyclus het liefst binnenstapt. Dat noemen we een leerstijl. Kolb onderscheidt er vier:
- Het eerste type mens is de **doener** (zie fase 1). Doeners willen dingen direct uitproberen en gaan pas later over tot reflectie en begripsvermogen. De coach moet de doener helpen bij het ontwikkelen van theoretische kaders voor zijn handelen.
- Het tweede type mens is de **bezinner** (zie fase 2). Bezinners zijn beschouwelijk aangelegd. Ze leren het makkelijkst door de opgedane ervaring vanuit verschillende invalshoeken te bekijken. Ze zijn sterk in het bedenken van ideeën en plannen, maar ze kunnen moeilijk kiezen en beslissen. De coach moet de bezinners helpen bij het maken van keuzes.
- Het derde type is de **denker** (zie fase 3). Denkers leren het liefst door zich eerst een theoretisch beeld te vormen en dat vervolgens toe te passen. Denkers zijn het tegenovergestelde van doeners. De coach moet de denkers aanzetten tot actie.
- Het vierde type is de **beslisser** (zie fase 4). Beslissers leren het liefst door het toe te passen in de praktijk. Ze koppelen begripsvorming aan experimenteren. Ze gaan doelgericht te werk. De coach moet de beslissers wijzen op het belang van bezinning: niet te snel naar een oplossing grijpen of kiezen voor 'grote stappen, snel thuis'.

4.5.2 Instrumenten van de coach
De drie belangrijkste instrumenten van de coach zijn:
1 **Vragen stellen**. Het stellen van vragen is uiteindelijk een stuk effectiever dan zeggen hoe het moet, of commanderen of instrueren. Coachen moet prikkelen tot actief en gericht denken, concentreren en waarnemen. Het stellen van vragen brengt dat proces op gang. Bovendien kan de coach met de vragen doorgronden of de medewerker het hele probleem overziet en krijgt de coach inzicht in wat de medewerker gaat doen. Maar dan moeten die vragen wel op een bepaalde manier geformuleerd zijn. Alle boeken over coaching bevatten

richtlijnen voor het stellen van goede vragen. Een goede vraag is: kort, duidelijk, gericht, relevant, constructief, neutraal en open.
2 **Actief luisteren**. Een goede coach moet niet alleen de goede vragen stellen, maar ook goed kunnen luisteren. Goed luisteren is actief luisteren: de coach geeft zijn onverdeelde aandacht aan de medewerker en laat dat door allerlei signalen duidelijk blijken, bijvoorbeeld door oogcontact te houden en niet in papieren te gaan zitten rommelen of tersluiks op het horloge te kijken. Actief luisteren is ook duidelijk belang stellen in de medewerker en deze tijdens het verhaal aanmoedigen om door te gaan. Dat kan bijvoorbeeld door samen te vatten in een vraag.
3 **Feedback geven**. Bij coaching is feedback een essentieel middel om te leren en het functioneren te verbeteren. Feedback wordt gegeven door gericht vragen te stellen en door de medewerker te informeren over de gevolgen van zijn handelingen en gedragingen en daarmee over zijn eigen functioneren. Bij goede feedback worden handelingen die goed of slecht gingen benoemd en wordt aangegeven wat daarvan het effect was. Ook wordt het gewenste effect benoemd. Dit noemt men de HEG-methode (handelingen, effect, gewenst effect).

HEG-methode

Niet alleen de coach moet zijn leerstijl kennen. Ook voor studenten kan het handig zijn om de individuele leerstijl te kennen. Daarmee weet je namelijk hoe jij het prettigste leert. Op internet vind je tests voor de leerstijlen van Kolb.

4.5.3 Coachingstijlen
Om het coachingsproces succesvol te laten verlopen, moeten er niet alleen doelen worden gesteld. De coach moet ook de juiste coachingstijl bepalen. Die hangt af van de deskundigheid en de motivatie van de medewerker om bepaalde taken uit te voeren of aan een bepaalde opdracht te werken. We noemen de volgende stijlen:
- De medewerker is weinig deskundig en zwak gemotiveerd. De meest effectieve stijl is dan **leidinggeven**. Concreet: werk eerst aan de motivatie, werk daarna aan de deskundigheid, houd de motivatie op peil door feedback en complimenten, houd supervisie, stel duidelijke regels en deadlines.

- De medewerker is weinig deskundig en sterk gemotiveerd. De meest effectieve stijl is dan **begeleiden**. Concreet: coach in het begin intensief, creëer een risicovrije omgeving waarin mensen fouten mogen maken, verminder de supervisie naarmate het beter gaat.
- De medewerker is zeer deskundig, maar zwak gemotiveerd. De meest effectieve stijl is: **aansporen**. Concreet: ga op zoek naar de oorzaak van de zwakke motivatie, motiveer, houd het in de gaten en geef feedback.
- De medewerker is zeer deskundig en sterk gemotiveerd. De meest effectieve stijl is dan **delegeren**. Dit betekent mensen meer verantwoordelijkheid geven, en het is een deel van het takenpakket van de leidinggevende. Concreet: geef mensen de ruimte, moedig de medewerker aan om zijn verantwoordelijkheid te nemen, neem gepaste risico's.

In tabel 4.8 worden de coachingstijlen – afhankelijk van de te coachen medewerker – samengevat.

TABEL 4.8 De coachingstijl naargelang het te coachen type medewerker

Medewerker =	Deskundig	Weinig deskundig
Sterk gemotiveerd	Delegeren	Begeleiden
Zwak gemotiveerd	Aansporen	Leidinggeven

4.6 De communicerende leidinggevende

Steven uit de openingscasus merkt als beginnend leidinggevende dat het richting zijn medewerkers er heel vaak om gaat hoe hij iets zegt of brengt. Als de inhoud van de boodschap vervelend is, maar hij weet het op de juiste manier te brengen, dan lukt het hem meestal wel om de mensen mee te krijgen.
In deze paragraaf behandelen we communicatie. In feite is communicatie toepasbaar op alle managementonderdelen in dit boek. Bij alles komt communicatie aan de orde. De keuze om het hier te plaatsen is gelegen in het feit dat het goed kunnen communiceren een belangrijke competentie is van de leidinggevende. Bij het coachen zagen we al belangrijke tips voor communicatie bij het geven van feedback. In deze paragraaf kijken we hoe het communicatieproces werkt, welke fouten op de loer liggen en hoe de leidinggevende die fouten kan tegengaan. We bespreken achtereenvolgens het communicatieproces (subparagraaf 4.6.1), communicatie op organisatieniveau (subparagraaf 4.6.2) en het verbeteren van communicatie (subparagraaf 4.6.3).

4.6.1 Het communicatieproces
Overdracht van informatie is van belang bij elke activiteit van de organisatie. Het is een proces waarbij twee of meer partijen informatie uitwisselen. De behoefte aan informatie verschilt per activiteit. Het is de bedoeling om niet te veel, maar vooral ook niet te weinig informatie te krijgen. Als iemand te veel informatie krijgt (relevant en irrelevant), kan hij door de bomen het bos niet meer zien en gaat ook de waardevolle informatie verloren. Met name voor het management moet de informatie goed gestructureerd zijn, beknopt maar tegelijkertijd diepgravend genoeg, correct en volledig. Als er sprake is van te weinig informatie, kan onzekerheid ontstaan. De mate van onzekerheid bij het uitvoeren van een activiteit wordt bepaald door de grootte van het verschil

tussen de benodigde informatie en de beschikbare informatie. Hoe groter de onzekerheid, hoe meer informatie er dus nodig is.

Overdracht van informatie tussen individuen, groepen of organisaties verloopt via een proces waarbij een bron een boodschap zendt en een ontvanger een terugkoppeling geeft over de wijze waarop de boodschap is ontvangen. Het communicatieproces gaat helaas niet rechtstreeks. De zender vertaalt zijn ideeën in omschrijvingen en symbolen. Hij verstuurt vervolgens de boodschap via een medium (telefoon, brief, fax, gesprek, computernetwerk) naar de ontvanger. De ontvanger probeert op zijn beurt de omschrijvingen en symbolen te vertalen naar ideeën waarvan hij denkt dat ze zo bedoeld zijn door de zender. In figuur 4.9 is dit schematisch weergegeven. De figuur laat zien dat er nogal wat stappen zijn in het proces van informatieoverdracht, waarbij iets mis kan gaan.

Communicatieproces

FIGUUR 4.9 De informatieoverdracht

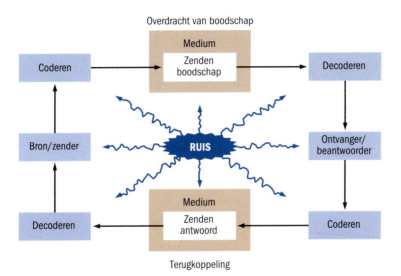

Tijdens de informatieoverdracht kan ruis optreden. Ruis is alles wat de informatieoverdracht verstoort en kan van invloed zijn op elk moment van het informatie-uitwisselingsproces.

Ruis

Ruis kan bij voorbeeld veroorzaakt worden doordat:
- de zender of ontvanger er niet goed met zijn hoofd bij is;
- het coderen of decoderen van het oorspronkelijke idee niet goed gebeurt, omdat de zender zich bijvoorbeeld ongelukkig uitdrukt;
- de ontvanger wordt afgeleid door storingen in het medium, achtergrondgeluiden en dergelijke.

Het kan overigens ook zo zijn dat de informatie bewust wordt verdraaid. Daarnaast is het natuurlijk ook zo dat de kans op vervorming groter wordt naarmate de informatie over een langere keten van mensen door de organisatie gaat. Zet een groep mensen in een rij, fluister een boodschap in het oor van de eerste in de rij en laat hem de boodschap doorgeven naar achteren. Onbedoeld zal de boodschap via via waarschijnlijk vervormen tot een andere boodschap.
In praktijkvoorbeeld 4.10 staan een paar voorbeelden van redenen waardoor ruis kan ontstaan.

PRAKTIJKVOORBEELD 4.10

Ruis bij een communicatieproces

Het niet goed ontvangen van een communicatieboodschap kan in de praktijk aan veel zaken liggen. We geven enkele voorbeelden:
- Goof krijgt een belangrijk agendapunt niet mee in een vergadering omdat hij zich niet goed voelt.
- Marieke heeft het veel te druk en leest daardoor haar mails met belangrijke informatie slecht.
- Tineke wordt iedere keer afgeleid door Theo's aangename uitstraling als deze met haar spreekt.
- Roel de conciërge is niet zo goed in Engels; de in het Engels geschreven nieuwsbrief van zijn internationale organisatie begrijpt hij maar half. Hij durft niet om uitleg te vragen.

4.6.2 Communicatie op organisatieniveau

Communicatienetwerken

Communicatie verloopt vaak via communicatienetwerken in een organisatie. Deze communicatiepatronen ontwikkelen zich als de informatie in een groep van persoon naar persoon stroomt.

Het is interessant om te zien dat het communicatienetwerk van een organisatie verschilt van het organogram van dezelfde organisatie. Dit wordt mede veroorzaakt door de informele organisatie, die verschilt van het formele organogram, zoals we dit hebben leren kennen in hoofdstuk 3. Figuur 4.11 is een voorbeeld van een vergelijking tussen het organogram van een organisatie en het communicatienetwerk binnen dezelfde organisatie.

FIGUUR 4.11 Organogram en communicatienetwerk vergeleken

A Organogram

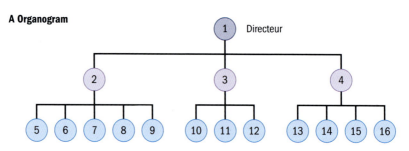

B Communicatienetwerk dat het meest gebruikt wordt

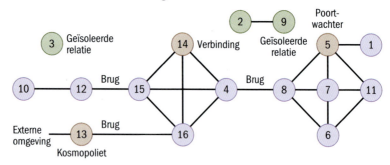

Bron: Moorhead & Griffin

De figuur geeft een aantal verschillende rollen aan die mensen in een communicatienetwerk kunnen spelen. De poortwachter (nummer 5) kan bepalen wat de directeur wel of niet te horen krijgt, omdat hij voor de communicatie tussen de directeur en de rest van de onderneming zit. Hij fungeert dus figuurlijk als de poortwachter voor de informatie naar de directeur en andersom, soms zonder dat de directeur hierom vraagt. In de praktijk zien we dat een directiesecretaresse vaak voor de directeur als poortwachter fungeert. Verder kunnen bepaalde medewerkers fungeren als verbinding (nummer 15) tussen verschillende groepen mensen. Anderen zijn weer totaal geïsoleerd (nummer 3) of als groep geïsoleerd (nummer 2 en 9). De personen die het meest deelnemen aan de communicatie met de externe omgeving van de organisatie, noemen we kosmopolieten (nummer 13).

Poortwachter

Verbinding

Geïsoleerd

Kosmopolieten

Als we kijken naar het communicatienetwerk in figuur 4.11, dan kunnen we drie vormen van communicatie onderscheiden:
1 **Horizontale communicatie**: communicatie tussen mensen op hetzelfde hiërarchische niveau in het organogram (bijvoorbeeld nummers 5, 6, 7 en 8).
2 **Verticale communicatie**: communicatie tussen verticaal hiërarchisch verbonden mensen (bijvoorbeeld tussen 4 en 15).
3 **Laterale communicatie**: communicatie tussen organisatiegenoten die niet direct met elkaar verbonden zijn in het organogram. Hierbij kan zowel in verticale als in horizontale zin gecommuniceerd worden. Een voorbeeld hiervan is nummer 5, die onder in het organogram staat maar wel contacten heeft met de directeur (nummer 1).

● WWW.INTERMEDIAR.NL (AANGEPAST)

Tien tips voor non-verbale communicatie op werk

Je kunt je mond houden, maar non-verbaal communiceer je altijd. Leer hoe je zelfverzekerd en betrouwbaar kunt overkomen op werk.

1 Goed oogcontact
Volgens expert Darlene Price verraadt je blik een hoop over je mate van betrokkenheid, interesse en warmte. 'Kijk je gesprekspartner minstens twee tot drie seconden aan, voor je wegkijkt of je blik op de volgende persoon richt. Een vluchtige blik van een seconde of minder straalt onzekerheid, angst of ontwijking uit.'

2 Een zelfverzekerde handdruk
'Steek altijd je arm uit om een hand te geven', zegt lichaamstaalexpert Patti Wood. 'Bij een klassieke, goede handdruk hebben beide handpalmen volledig contact met elkaar. Schud één of twee keer met een oprechte glimlach en oogcontact.'

3 Effectieve gebaren
'Laat je bewegingen matchen bij je boodschap. Vermijd afleidende manieren als vingerwijzen, krabben, tikken, spelen met je haar, wrijven met je handen en draaien met een ring.

4 Kleding en presentatie
Als je carrière wilt maken, zul je een verzorgde en professionele indruk moeten maken. Dat gaat verder dan kleding alleen. Zorg dat je een frisse adem hebt, reguleer je transpiratie en houd je nagels en handen schoon en netjes.

5 Denk aan je houding
'Als je goed rechtop staat, straal je zelfverzekerdheid, autoriteit en energie uit. Doe alsof je hoofd en rug door een touwtje naar het plafond worden getrokken.'

6 Gezichtsuitdrukkingen
'Kies de uitdrukking die bij je boodschap hoort', zegt Price. 'Om te laten zien dat je aandachtig luistert, houd je een lichte glimlach, knik je af en toe en houd je goed oogcontact.'

7 Neem het initiatief
'Wees de eerste die oogcontact maakt, de hand uitreikt, een idee heeft, een ruimte binnengaat en de beslissing maakt', zegt Wood. 'Je kunt het je pas veroorloven om te wachten als je klaar bent om met pensioen te gaan.'

8 Spreek op de juiste toon
'De elementen van je stem die meespelen zijn de toon, snelheid, pauzering, volume, verbuiging, hoogte en articulatie. Net als bij gezichtsuitdrukkingen is het hier van groot belang om de juiste manier te spreken, omdat ook hiermee emotie, houding en effect wordt uitgedragen.'

9 Geef je volledige aandacht
Richt je tenen en schouders tot je gesprekspartner. 'Met deze open lichaamstaal straal je uit dat je aandacht erbij is', legt Price uit. 'Laat je telefoon in je zak zitten als je niet ongeïnteresseerd en respectloos wilt overkomen.'

10 Reageer op andermans non-verbale signalen
'De non-verbale signalen van de ander kunnen je vertellen of iemand een vraag heeft, iets wil zeggen, het eens of oneens is, een pauze nodig heeft, meer uitleg nodig heeft of een emotionele reactie heeft.'

4.6.3 Verbeteren van communicatie

Er zijn verschillende zaken die een goede communicatie tussen organisatieleden in de weg staan, namelijk:
- **ruis**, bijvoorbeeld omdat de ontvanger of zender zich niet goed voelt, allerlei roddel de officiële communicatie voor is, de interne post niet goed functioneert en er te veel kabaal is van machines waardoor men elkaar niet goed kan verstaan;
- **statusverschillen**, waardoor ondergeschikten meningen inslikken;
- **tijdsdruk**, die ertoe kan leiden dat gesprekken worden afgekapt, brieven worden afgeraffeld of onderwerpen worden overgeslagen;
- **te veel informatie**, waardoor men er niet meer de belangrijke zaken kan uitfilteren.

Als men in de gaten heeft dat het communicatieproces niet goed verloopt, kan men dit proberen te verbeteren. Hiertoe kan men het volgende doen:
- Het verminderen van ruis door te achterhalen waardoor die ruis ontstaat, en dit probleem wegnemen. Zo moet de zender proberen:
  - duidelijk te zijn;
  - de boodschap beknopt te houden;
  - attent te zijn op de reacties van de ontvanger: zijn er signalen dat de boodschap begrepen of verkeerd begrepen is?
  - zo open mogelijk te communiceren.
- De ontvanger moet aandachtig luisteren (of op een andere wijze aandachtig de boodschap tot zich nemen).
- De ontvanger moet proberen aan te geven of hij de boodschap ontvangen en begrepen heeft.
- Het aanmoedigen en vervolgens ook volgen van informele communicatie. Als er in de wandelgangen onjuiste geruchten de ronde doen die gemoederen bezighouden, moeten deze de kop ingedrukt worden door de werkelijke situatie uit te leggen.
- Het ontwikkelen van een informatiesysteem dat voldoet aan de wensen van de gebruikers. Dit is echter gemakkelijker gezegd dan gedaan. In menige organisatie fungeren de hightech managementinformatiesystemen minder goed dan men had gehoopt. Communicatiesystemen, zoals e-mail, worden vaak te beperkt of oneigenlijk (voor allerlei grappen) gebruikt.

Chester Barnard wees al in de eerste helft van de vorige eeuw op het belang van communicatie in een organisatie. Hij gaf aan dat drie basisprincipes de effectiviteit van de communicatie bepalen:
1. Iedereen moet de communicatiekanalen *kennen*.
2. Iedereen moet *toegang* hebben tot een officieel communicatiekanaal (dit schreef hij toen de telefoon nog lang niet op ieders bureau stond, laat staan een pc met e-mail en internet).
3. De communicatiekanalen moeten zo *kort en rechtstreeks* mogelijk zijn.

Samenvatting

- Leidinggeven is de managementfunctie die gericht is op het begeleiden en motiveren van ondergeschikten zodat deze de taken uitvoeren die nodig zijn om de organisatiedoelen te bereiken.

- Er is verschil tussen leidinggevenden, leiders en managers.

- Drie visies:
  - leiderschap is aangeboren
  - goed leiderschap is afhankelijk van de situatie
  - leiderschap is gedeeltelijk aangeboren maar ook afhankelijk van de situatie

- Factoren die leiderschapskwaliteiten beïnvloeden:
  - genetische aanleg en de vroege jeugd
  - onderwijs
  - ervaring
  - mislukking
  - doelgerichte training

- Leiderschapsstijlen verschillen naarmate:
  - de leider autoritair of democratisch is ingesteld
  - de leider resultaatgericht of relatiegericht is ingesteld
  - het leiderschap transformationeel of transactioneel is

- Populaire benamingen voor leiderschapsstijlen:
  - management by direction and control (MBDC)
  - management by results (MBR)
  - management by objectives (MBO)
  - management by exception (MBE)
  - management by walking around (MBW)
  - management by chaos (MBC)
  - management by delegation (MBD)

- Enkele motivatietheorieën:
  - extrinsieke en intrinsieke motivatie
  - behoeftepiramide van Maslow
  - tweefactorentheorie van Herzberg

- Enkele gedragsfactoren: macht, weerstand, attitude, perceptie en persoonlijkheid.

- De coachende manager:
  - léren leren
  - de leercyclus van Kolb
  - het coachingsinstrumentarium
  - coachingstijlen

- Belangrijk bij communicatie: het communicatieproces, communicatie op organisatieniveau en het verbeteren van communicatie.

Kernbegrippen

Attitude	Instelling of houding van iemand.
Autocraat	Typisch autoritaire leidinggevende (letterlijk eigenmachtig).
Autoritair leiderschap	Een vorm van leidinggeven waarbij de leidinggevende alle beslissingen zelf neemt.
Behoeftehiërarchie van Maslow	Zie Behoeftepiramide van Maslow.
Behoeftepiramide van Maslow	Geordende set van menselijke behoeften die via een vaste route (van onder naar boven) door de mens doorlopen willen worden. De wens om de genoemde behoeften te bevredigen, vormt de motivatie.
Beloningsmacht	Macht die een leidinggevende bezit omdat hij medewerkers extra kan belonen (financieel en niet-financieel). Tegenovergestelde van sanctionele macht.
Coachen	Iemands potentiële kwaliteiten vrijmaken zodat hij zo goed mogelijk presteert.
Cognitieve dissonantie	Conflicten in het brein tussen verschillende attitudes die één iemand heeft.
Commitment	Betrokkenheid, geïnvolveerdheid richting de organisatie.
Communicatieproces	Proces waarmee gecommuniceerd wordt van de zender via een medium naar de ontvanger.
Consultatief leiderschap	Vorm van leiderschap waarbij de leidinggevende onderdeel is van de groep, maar wel de baas blijft. Hij probeert de groep bij zijn besluiten te betrekken.
Defensieve perceptie	Het effect dat mensen zichzelf beschermen door negatieve zaken niet op te nemen in hun perceptie van de realiteit maar de positieve wel.
Democratisch leiderschap	Vorm van leiderschap waarbij de leidinggevende volledig onderdeel van de groep is die beslissingen neemt.
Deskundigheidsmacht	Macht waarbij de invloed op anderen voortvloeit uit deskundigheid.
Emotionele intelligentie	EQ: de maat voor slimheid op het gebied van sociale vaardigheden, zelfbewustzijn, emoties, empathie en zelfmotivatie.

Entrepreneur	Ondernemer (meestal in de zin van inspirerend leider).
Extrinsieke motivatie	Mensen die extrinsiek gemotiveerd moeten worden, hebben motivatieprikkels van buitenaf nodig, zoals extra salaris.
Groepsinertie	Gegeven dat de groep iemand afremt in zijn veranderbereidheid.
Halo-effect	Het hebben van een (positieve of negatieve) mening over het totaal van een persoon, op basis van maar een of enkele elementen van die persoon.
Horizontale communicatie	Communicatie tussen mensen op hetzelfde hiërarchische niveau.
Informationele macht	Macht die men bezit op basis van de informatie die men uit hoofde van zijn functie krijgt.
Intrinsieke motivatie	Mensen die intrinsiek gemotiveerd zijn ervaren motivatie vanuit zichzelf. Zij willen een taak goed uitvoeren, hard werken en 'ervoor gaan'.
Laterale communicatie	Communicatie tussen organisatiegenoten die niet direct met elkaar verbonden zijn in het organogram.
Leercyclus van Kolb	Deze theorie identificeert vier fasen in het leren en geeft aan dat iedereen een favoriete fase heeft om het leren mee te beginnen.
Legitieme macht	Deze vorm van macht is gebaseerd op de formele positie die men inneemt in een organisatie.
Leiders	Mensen die leiderschap uitoefenen.
Leiderschap	Het vermogen om leiding te geven.
Leiderschapsstijl	De manier waarop iemand de leidinggevende taak invult.
Leidinggeven	De managementfunctie die gericht is op het begeleiden en motiveren van ondergeschikten zodat deze de taken uitvoeren die nodig zijn om de organisatiedoelen te bereiken.

Locus of control	De mate waarin iemand meent dat hij primair zelf verantwoordelijk is voor zijn succes (interne locus of control) of denkt dat hij overgeleverd is aan externe invloeden zoals het lot, de baas of de wereldeconomie. Dan heeft hij een externe locus of control.
Macht	Vermogen om groepen of individuen te beïnvloeden.
Management by chaos (MBC)	Managementtechniek waarbij de leidinggevende bewust aanstuurt op enige chaos.
Management by delegation (MBD)	Managementtechniek waarbij de leidinggevende taken en bijbehorende bevoegdheden en verantwoordelijkheden aan ondergeschikten delegeert.
Management by direction and control (MBDC)	Managementtechniek waarbij de leider aangeeft hoe iets moet gebeuren, en daarna de uitvoering controleert.
Management by exception (MBE)	Bij deze techniek reageert de leidinggevende alleen op uitzonderingen. Iedereen weet wat hij moet doen. Gaat het goed, dan is er geen bijsturing nodig.
Management by objectives (MBO)	Bij deze managementtechniek spreekt men met ondergeschikten een doel (objective) af en laat men de werknemer vervolgens zelfstandig aan het afgesproken doel werken. Later wordt geëvalueerd of en in welke mate de doelen bereikt zijn.
Management by results (MBR)	Bij deze managementtechniek is de leidinggevende erg gericht op resultaat; de weg waarlangs het resultaat bereikt wordt, doet er niet toe.
Management by walking around (MBW)	Deze managementtechniek wordt toegepast wanneer de leidinggevende zich veelvuldig op de werkvloer laat zien. Over de afdeling lopend en hier en daar een praatje makend, bespreekt de leidinggevende de ideeën van zijn mensen.
Managerial grid	Schema waarin leiderschapsstijlen die zorgdragen voor productie respectievelijk mensen tegen elkaar worden uitgezet.
Participatief leiderschap	Zie Consultatief leiderschap.
Perceptie	Het zich in de hersenen van mensen afspelende, cognitieve proces dat mensen gebruiken om de omgeving te doorgronden door informatie te selecteren en interpreteren.

Projectie	De tendens om eigen persoonskenmerken ook in anderen te zien.
Referentiemacht	Macht waarbij ondergeschikten tegen de leidinggevende opkijken omdat hij een zekere aantrekkingskracht op hen uitoefent.
Ruis	Iets dat een goede informatieoverdracht tussen zender en ontvanger verstoort.
Sanctionele macht	Macht waarbij men invloed kan aanwenden omdat men in de positie is anderen op de een of andere wijze te straffen. Tegenovergestelde van beloningsmacht.
Situationeel leiderschap	De gedachte van Fiedler dat elke situatie (markt, product, personeel, omstandigheden) haar bijbehorende succesvolste en effectiefste leiderschapstype kent.
Stereotypering	Het verschijnsel waarbij we een onafhankelijk individu in een 'hokje plaatsen' en vervolgens de kenmerken van de personen uit dat 'hokje' in gedachten ook van toepassing verklaren voor dat ene individu.
Theorie X van McGregor	Zienswijze als leider dat de werknemer geen verantwoordelijkheid kan en wil dragen en dat deze gedirigeerd en later gecontroleerd moet worden.
Theorie Y van McGregor	De zienswijze dat de leidinggevende ervan uitgaat dat mensen gemotiveerd zijn om het werk goed te doen en dat ze graag verantwoordelijkheid dragen.
Transactioneel leiderschap	Leiderschapstype waarbij de volger (werknemer) zijn inzet geeft in ruil voor de beloning door de leider.
Transformationeel leiderschap	Leiderschapstype waarbij de leider charisma, persoonlijke aandacht, uitdagingen en visie inzet richting de volgers.
Tweefactorentheorie voor motivatie van Herzberg	Theorie die aangeeft dat er factoren zijn die de werknemer motiveren tot een betere prestatie, de satisfiers (bijvoorbeeld groeimogelijkheden), maar dat er ook factoren zijn die bijna geen motivatie opleveren maar bij het ontbreken ervan wel worden gemist: de dissatisfiers (bijvoorbeeld salaris).
Verticale communicatie	Communicatie tussen verticaal hiërarchisch verbonden mensen.

Vragen en opdrachten

Vragen

4.1 Wat zijn de verschillen tussen democratisch en autoritair leiderschap, en wat zit tussen deze twee uitersten in?

4.2 Geef drie voorbeelden van weerstand op individueel niveau. Verzin er zelf voorbeelden bij. Wat kan een leidinggevende aan deze vormen van weerstand doen om de weerstand tegen te gaan?

4.3 Geef drie voorbeelden van weerstand op organisatieniveau. Verzin er zelf voorbeelden bij. Wat kan een leidinggevende aan deze vormen van weerstand doen om de weerstand tegen te gaan?

4.4 Waar staan taakmanagement en teammanagement op de managerial grid?

4.5 Noem drie machtsbronnen.

4.6 Bespreek het verschil tussen leiders en managers.

4.7 Welke leiderschapsstijl propageert Fred Fiedler?

4.8 Geef de vier coachingstijlen en geef aan wanneer ze worden toegepast.

Opdrachten

4.9 Je hebt een heel hoofdstuk gelezen over typen leidinggevenden en wat ze zouden moeten doen en kunnen. Geef in vijftien zinnen aan hoe jij zelf als leidinggevende zou willen opereren. Gebruik daarbij begrippen uit dit hoofdstuk.

4.10 Benoem de leiderschapsstijlen die je in de praktijk bij mensen bent tegengekomen (baantje, stage, docenten, ouders, jezelf) en beschrijf deze in je eigen woorden.

4.11 Probeer hetzelfde te doen voor een publiek of historisch figuur.

4.12 Heb je zelf wel eens weerstand tegen een verandering ervaren? Probeer deze te beschrijven. Wat had men moeten doen of heeft men gedaan om deze te verhelpen?

4.13 In de paragraaf over persoonlijkheid stond een persoonlijkheidstest die met behulp van de 'grote vijf'-persoonlijkheidskenmerken werkt. Vul deze in voor jezelf en voor iemand die je goed kent. Probeer aan te geven hoe je de verschillen (tussen jou en die persoon) in de praktijk merkt.

4.14 Lees het artikel over dienend leiderschap.

> ● WWW.MT.NL (AANGEPAST)
>
> ## Manager van 21e eeuw is dienende leider
>
> Onze kenniseconomie roept om meer dienende leiders. Hoe wordt u nu eigenlijk zo'n 21e eeuws manager? 'Het is geen simpele techniek die je even uit een boekje kunt leren.'
> De mens als cruciale succesfactor. Voor bedrijven die worden gedreven door kennis is het de realiteit van nu. Zo verandert langzaam maar zeker ook de manier van leidinggeven. Voor de powermanager die op basis van hiërarchie en kracht op resultaat stuurt, is steeds minder plek. Factoren als ethiek, samenwerken en aanmoedigen rukken op in de pikorde. Een stijl die wordt omschreven als dienend leiderschap. 'Vroeger had je als manager duidelijk overzicht op het werk. Je wist meestal heel duidelijk wat mensen op een bepaald moment aan het doen waren. In een kennisorganisatie is dat overzicht een heel stuk minder duidelijk. Dit betekent dat de manager een omgeving moet creëren waarin mensen zich uitgedaagd voelen en boven zichzelf uitstijgen. Dat ze zich intrinsiek gemotiveerd voelen om de kwaliteiten die ze hebben in te zetten', zegt Dirk van Dierendonck. Hij is als organisatieadviseur verbonden aan de Erasmus Universiteit.

a Wat past beter bij jou, powermanager of dienend leider?
b Geef voorbeelden van gedrag van een powermanager.
c Geef aan wat een leider zou kunnen doen om dienend te zijn.
d Kun je situaties/mensen bedenken die helemaal geen dienende leider willen of waarbij dit niet past? Noem deze.

Antwoorden op vragen en opdrachten vind je op de bij dit boek behorende website **www.introductiemanagement.noordhoff.nl**.

5 Beheersen

Dit hoofdstuk gaat over beheersen. In hoofdstuk 1 gaven we daarvan de volgende definitie: het verifiëren of de gestelde doelen en planning ook daadwerkelijk gehaald worden door de organisatie. Dit om zo nodig te kunnen bijsturen.
Aan de orde komt hoe op het niveau van de organisatie aan **beheersing** gedaan wordt. Een aantal aspecten van beheersing wordt over het voetlicht gebracht. We behandelen daarna **beheersing volgens Merchant**, gevolgd door de eigentijdse verandering van de beheersingsfilosofie, zoals **gedecentraliseerde beheersing**.
Ten slotte komt een beheersingssysteem aan de orde dat iedereen wel ergens tegenkomt: **kwaliteitsbeheersing**.

Balanced scorecard 189

Beheersing 169

Bureaucratische beheersing 188

Corrigerende beheersing 172

Effectiviteit 182

Efficiëntie 182

EFQM-model 195

Gedecentraliseerde beheersing 188

KAIZEN-principe 194

Kwaliteitsbeheersing 194

Kwaliteitsborging 194

Kwaliteitscirkels 193

Kwaliteitskosten 197

Merchant 184

Open-book-management 189

Planning- en controlcyclus 169

Preventieve beheersing 172

Productiviteit 180

Terugkoppelend beheersingsproces 180

Totale kwaliteitszorg 194

Voorwaartskoppelend beheersingsproces 178

Vertrouwen is goed, controleren is beter

Daan is junior accountant bij een van de, wereldwijd gezien, topdrie accountancykantoren. Accountants zijn erop getraind om te controleren en te verifiëren. Bij de baas van Daan hangt op kantoor de spreuk die sommigen aan Lenin toeschrijven, maar de meesten aan Stalin: 'Vertrouwen is goed, maar controleren is beter.'

Dat geldt bij Daan op het werk overigens niet alleen voor de uit te voeren accountantscontroles. Ook Daan wordt gecontroleerd. Er wordt bijgehouden hoeveel aan klanten declareerbare uren hij maakt en hoeveel fouten hij maakt. En continu wordt zijn potentieel beoordeeld door de seniorpartners van zijn kantoor. De accountancy-organisatie is erop ingesteld om jaarlijks afscheid te nemen van de slechtste 5% van de medewerkers. Om dat te kunnen doen, moet er continu bekeken worden welke performance de mensen neerzetten. Als de performancemeting uitwijst dat iemand goed scoort, heeft dat positieve gevolgen voor carrière en salaris. Als de meting uitwijst dat men niet op de norm zit, wordt er ingegrepen. Bij tweemaal een meting met slechte uitkomsten is het einde oefening. Up or out is het devies.

5.1 Beheersing in organisaties: de planning- en controlcyclus

Beheersing is het verifiëren of de gestelde doelen en planning ook daadwerkelijk gehaald worden door de organisatie. Dit om zo nodig te kunnen bijsturen. Beheersing komen we in organisaties veelal tegen in de vorm van een *planning- en controlcyclus*. Aan de basis hiervan ligt het principe van beheersing. Dit principe wordt schematisch weergegeven in figuur 5.1. Hierin zien we dat we in een organisatieproces meten of alles conform planning verloopt. Hierbij kunnen we bijvoorbeeld denken aan een meting in het ziekenhuis van het aantal mensen en hun verblijfsduur op de wachtlijst voor een operatie. Deze meting wordt vergeleken met de norm. Stel de planning was: niet meer dan 25 mensen op de wachtlijst en de meting laat er 40 zien, dan leidt de vergelijking tot ingrijpen. Dit ingrijpen kan bijvoorbeeld bestaan uit het uitbreiden van de capaciteit of het verwijzen naar andere ziekenhuizen.

FIGUUR 5.1 Het beheersingsprincipe schematisch weergegeven

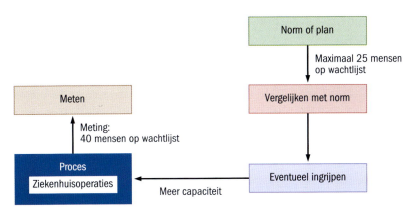

Dit principe zien we terug in de planning- en controlcyclus in organisaties. We willen dit verder uitwerken in een voorbeeld. Laten we de werkplaats van een bedrijf voor sociale werkvoorziening als voorbeeld nemen. We gaan voor deze afdeling de financiële planning- en controlcyclus doornemen:

- **Begroting**. De afdelingsleiding maakt in 2016 een begroting voor de komende periode, het jaar 2017. In deze begroting worden de verwachte middelen (inkomsten uit de markt of intern verkregen in het bedrijf) afgezet tegen de verwachte opbrengsten.
- **Goedkeuring begroting**. De deelbegrotingen van alle afdelingen en onderdelen van de organisatie worden bij elkaar gevoegd. Op basis van het totaal zal de leiding van de organisatie aan de afdelingsleiding doorgeven of de begroting akkoord is. Men toetst daarvoor bijvoorbeeld of de aannames kloppen en of de begroting ambitieus genoeg is. Maar bovenal toetst men of de cijfers van de afdeling in die van de totale instelling passen. Als de ondernemingsleiding bijvoorbeeld een kostenverlaging voor ogen heeft, zal de afdelingsleiding dat ook moeten laten zien in de cijfers voor haar afdeling.
- **Realisatie**. Op enig moment breekt het tijdvak aan waarvoor de begroting is gemaakt, het kalenderjaar 2017. Gedurende de rit worden er in 2017 deelcijfers bekendgemaakt, bijvoorbeeld ieder kwartaal van 2017 in de vorm

van kwartaalrapportages. Deze geven een beeld van de daadwerkelijke realisatie van de cijfers die voordien begroot waren. Op het moment dat een machine onverwacht kapot gaat en je een nieuwe meteen moet betalen, zul je zien dat de kosten hoger uitvallen dan eerder begroot. In de kwartaalrapportages worden de daadwerkelijke inkomsten en uitgaven dus vergeleken met de begrote inkomsten en uitgaven. Indien noodzakelijk en mogelijk kan de afdelingsleiding al gaan bijsturen, daar eventueel toe aangezet door de centrale leiding die de kwartaalcijfers natuurlijk ook ziet.

- **Nacalculatie en jaarverslag.** Op het moment dat het jaar 2017 voorbij is kunnen we gaan nacalculeren. We berekenen dan waar afwijkingen zitten tussen het doel en het werkelijk bereikte resultaat. Door middel van een jaarverslag (op afdelingsniveau en op ondernemingsniveau) en een jaarrekening leggen we in 2018 vast wat er gebeurd is in 2017. Hierbij moeten we ons realiseren dat het beeld dat opgeroepen wordt door de kwartaalrapportages vaak bijstelling behoeft. Het is niet ongebruikelijk dat veel kosten pas afgerekend worden aan het einde van het jaar. Het eerste kwartaalrapport van de eerste drie maanden geeft dan een vertekend beeld.
- **De volgende ronde in de cyclus.** We zijn inmiddels in 2018 aanbeland. Niet genoemd, maar toch: ondertussen heeft de organisatie in 2017 uiteraard al een begroting gemaakt voor 2018. Daarmee is de volgende ronde van de planning- en controlcyclus aangevangen (zie figuur 5.2). Door de realisatiecijfers goed bij te houden en te analyseren, worden de begrotingen (lees planningen) bijgesteld. Hierbij kun je denken aan het verwerken van de daadwerkelijke realisaties, maar bovenal het aanpassen van het beleid. Stel je ziet dat de omzetten dalen. Ook al heeft een sociale werkplaats een ideële doelstelling, toch vormt dit ook voor de werkplaats een financieel pro-

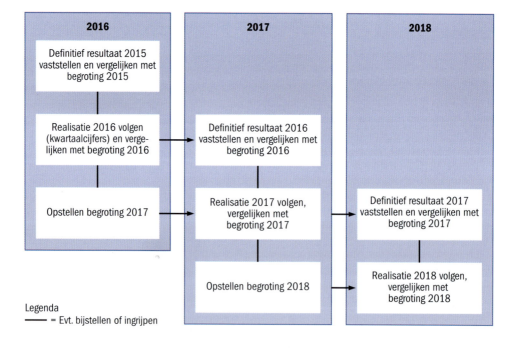

FIGUUR 5.2 Planning- en controlcycli

bleem. Dan kun je ingrijpen door te proberen een nieuw product te maken, meer reclame te maken en dergelijke. Uiteraard nemen daardoor de kosten in je begroting toe. Je mag echter ook verwachten dat de opbrengsten in de toekomstige begrotingen en hopelijk ook in de daadwerkelijke realisatie gaan stijgen. Doordat de cycli de verschillende jaren overlappen is er altijd voldoende ruimte om in te grijpen en bij te stellen. En dat is dan ook de kern van beheersen: voortdurend meten en bij afwijkingen van de planning ingrijpen. In dit voorbeeld is gesproken over de financiële planning- en controlcycli. Uiteraard kom je in de praktijk planning- en controlcycli tegen voor verschillende doeleinden: systemen voor personeelsplanning, voor het volgen van verkoopcijfers, het monitoren van productieaantallen enzovoort. Ook op individueel niveau komen we deze tegen:

Meten en regelen

- mensen die bezig zijn met afslanken;
- een student die zijn studie-inspanningen afstemt op zijn resultaten (bij lage cijfers harder werken voor betere cijfers in de toekomst);
- iemand die zijn studies afstemt op zijn veranderende beroepskeuze.

5.2 Beheersing in vormen, bronnen en criteria

Voordat we dieper op beheersing als managementactiviteit kunnen ingaan, behandelen we in deze paragraaf enkele thema's die te maken hebben met beheersing:
- waarom beheersen? (subparagraaf 5.2.1)
- vormen van beheersing (subparagraaf 5.2.2)
- uitgangspunten van beheersing (subparagraaf 5.2.3)
- criteria voor de effectiviteit van beheersing (subparagraaf 5.2.4)
- externe factoren die van invloed zijn op het meest geschikte beheersingssysteem (subparagraaf 5.2.5)
- managementmethoden voor beheersing (subparagraaf 5.2.6)
- beheersing via een systeembenadering (subparagraaf 5.2.7)
- meetpunten ten behoeve van de beheersing: productiviteit, effectiviteit en efficiëntie (subparagraaf 5.2.8)

5.2.1 Waarom beheersen?

Beheersing is een belangrijke managementactiviteit. In de voorgaande paragraaf gaven we al aan hoe organisaties aan beheersing doen via planning- en controlcycli. Via beheersing houden organisaties het organisatieproces onder controle. Er zijn verschillende redenen waarom men aan beheersing moet doen:
- **Aanpassen** aan gewijzigde omstandigheden. Gedurende de uitvoering van de planning zal men in de gaten moeten houden of de omstandigheden en aannamen die men bij de planning deed nog steeds gelden. Dit kan men doen door het uitvoeren van interne en externe metingen. Een voorbeeld van een interne meting is het meten van het aantal ingeschrevenen bij de sociale dienst. Een voorbeeld van een externe meting is het meten van de wensen van de klant. Indien er afwijkingen worden geconstateerd, moet men ingrijpen. Dit meten en ingrijpen doet men dus om te reageren op gewijzigde organisatieomstandigheden.
- **Verminderen van fouten** en het voorkomen van een opeenstapeling van fouten. Als men fouten niet zou verminderen en voorkomen, zouden ze zich opstapelen en op den duur grote schade kunnen veroorzaken. Door een strenge beheersing van de vorderingen die men nog heeft op debiteuren

Organisaties worden groter, complexer, wereldwijder en jachtiger. De behoefte om 'de boel bij elkaar te houden', te meten of de geplande doelen nog bereikt worden, neemt daardoor alleen maar toe.

komt men bijvoorbeeld niet voor verrassingen te staan. (Debiteuren zijn klanten die nog moeten betalen.) Zou men dit niet doen, dan zou na verloop van jaren wel eens kunnen blijken dat de vorderingen op de debiteuren niet meer te innen zijn, wat weer tot de ondergang van de onderneming zou kunnen leiden.

- **Kunnen omgaan met complexiteit**. Hoe groter een onderneming wordt, hoe complexer de organisatie wordt. Toch zal men effectief moeten blijven. Beheersing wordt daardoor steeds belangrijker om de bedrijfsactiviteiten nog te kunnen coördineren.
- **Minimaliseren van kosten**. In dit geval is beheersing bedoeld om de efficiëntie van de onderneming te garanderen.

5.2.2 Vormen van beheersing

Corrigerende of curatieve beheersing

Corrigerende of curatieve beheersing definiëren we als beheersing waarbij men achteraf afwijkingen van de eerder opgestelde norm corrigeert. Een voorbeeld hiervan is het meten van het foutenpercentage op een productieafdeling. Dit om in de gaten te houden of er secuur genoeg gewerkt wordt. Op het moment dat het foutenpercentage te hoog wordt grijpt men in. Zo kan men alsnog proberen de prestatie van de organisatie te laten overeenkomen met de eerder opgestelde doelen en normen. Een voorbeeld van correctieve beheersing is het afstraffen van fouten en het belonen van goede initiatieven van werknemers. Ook de wijze waarop het accountantskantoor uit de openingscasus de prestatiemetingen van Daan checkt en eventueel ingrijpt is een voorbeeld van correctieve beheersing.

Preventieve beheersing

Behalve correctieve beheersing is er ook preventieve beheersing. Dit is beheersing waarbij men vooraf probeert afwijkingen van de norm te voorkomen en daarmee de behoefte aan corrigerend optreden achteraf probeert te minimaliseren. Dit kan men bijvoorbeeld doen door het personeel goed te trainen en op te leiden. Een andere manier van preventieve beheersing zien we bij luchtverkeersleiders; zij zien er ter voorkoming van ongelukken nauwkeurig op toe dat alle piloten zich aan de regels voor het luchtverkeer houden. In praktijkvoorbeeld 5.3 zien we meer vormen van beheersing in de praktijk.

PRAKTIJKVOORBEELD 5.3

Beheersing in de praktijk

Het thema 'beheersing' mag een droge aangelegenheid lijken die enkel in organisaties voorkomt. We komen beheersing echter overal in de praktijk tegen, bijvoorbeeld:
- met een examen controleert een docent of studenten de theorie begrepen hebben;
- een politieagent die bekeuringen uitdeelt bij snelheidsoverschrijdingen;
- een bank die een aanmaning stuurt aan een klant om een tekort aan te zuiveren;
- iemand die zich aanpast aan de groep door dezelfde kleding te gaan dragen;
- een ABS (antiblokkeersysteem voor de remmen) in een auto.

5.2.3 Uitgangspunten van beheersing

Organisaties hebben vanuit verschillende hoeken te maken met beheersing. Er zijn dus verschillende elementen die beheersing uitvoeren. Van klein tot groot kunnen we de volgende uitgangspunten, bronnen van waaruit de beheersing komt, onderscheiden:

1 **Individuele zelfbeheersing**. Dit betreft de beheersingsmechanismen die bewust of onbewust in iedere persoon functioneren. Een werknemer kan zich bijvoorbeeld uit zichzelf aan regels houden, omdat hij het werk leuk vindt of omdat hij het zo geleerd heeft, op school of van zijn ouders.
2 **Beheersing door groepen**. Een groep kent haar eigen normen en waarden. De groep zal, via sociale controle, de normen en waarden van de groep beheersen door middel van beloning en afstraffing. Een beloning vanuit de groep kan in dit verband bewondering zijn. Een straf is het links laten liggen van mensen die zich niet willen conformeren aan de gewoonten van de groep.
3 **Beheersing door de organisatie**. Uitgaande van de organisatiedoelen en organisatiecultuur probeert de organisatie haar medewerkers door regels, procedures en standaarden te beheersen. Ook de organisatie kan straffen en belonen. Een vorm van beloning betreft in dit verband het promoveren van iemand die het goed doet.
4 **Beheersing door belanghebbenden buiten de organisatie**. Hierbij is sprake van beheersingsmethoden door bijvoorbeeld aandeelhouders (wel of geen kapitaal beschikbaar stellen), de overheid (wet- en regelgeving), vakbonden (dreigen met stakingen), leveranciers (die wel of niet de benodigde input leveren), klanten (die wel of niet het product kopen) en belangengroeperingen (publiciteitsacties).

5.2.4 Criteria voor de effectiviteit van beheersing

Er zijn verschillende criteria voor de effectiviteit van beheersingsmethoden. De volgende vragen kunnen helpen bij het bepalen van de effectiviteit van de beheersingsmethoden:
- Is er een duidelijk verband tussen de beheersingsmethode en het gewenste resultaat (doel)?
- Wordt de juiste beheersingsmethode gebruikt?
- Is de methode objectief?
- Is de methode compleet? Dit wil zeggen: leidt ze tot het bereiken van alle gewenste resultaten?
- Is de methode snel genoeg?

- Is de methode accuraat?
- Wordt de methode door iedereen aanvaard?
- Ziet iedereen het nut van de methode in?

Effectieve beheersingssystemen lijken enkele algemene eigenschappen met elkaar te delen. Het belang van deze eigenschappen verschilt van situatie tot situatie. Maar in het algemeen kunnen we stellen dat effectieve controlesystemen de in figuur 5.4 genoemde eigenschappen hebben.

FIGUUR 5.4 Eigenschappen van effectieve controlesystemen

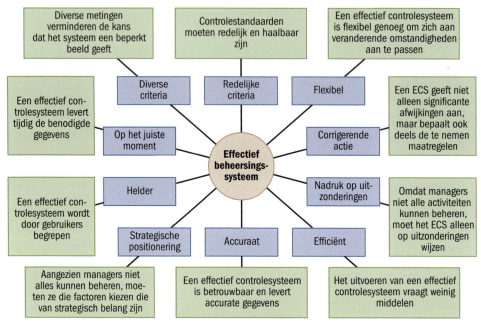

Bron: Robbins & Coulter

5.2.5 Externe factoren die van invloed zijn op het meest geschikte beheersingssysteem

In de vorige subparagraaf zagen we een aantal eigenschappen van effectieve controlesystemen. Er zijn echter externe factoren die het te kiezen type beheersingssysteem beïnvloeden. Beheersingssystemen moeten namelijk aangepast worden aan de organisatie. En aan de plek in de organisatie waarin ze worden toegepast. Een operator met een laag opleidingsniveau moet je geen heel ingewikkeld meet- en regelsysteem voorschotelen, terwijl je dit bij een directeur wel kunt doen.

Stel dat de cultuur in een organisatie gericht is op vertrouwen in elkaar en het dragen van veel eigen verantwoordelijkheid. Daarbij passen dan geen systemen als een prikklok en strenge verlofregistraties. In figuur 5.5 worden enkele factoren geschetst die van invloed zijn op het gewenste type beheersingssysteem.

FIGUUR 5.5 Externe factoren die van invloed zijn op het gewenste beheersingssysteem

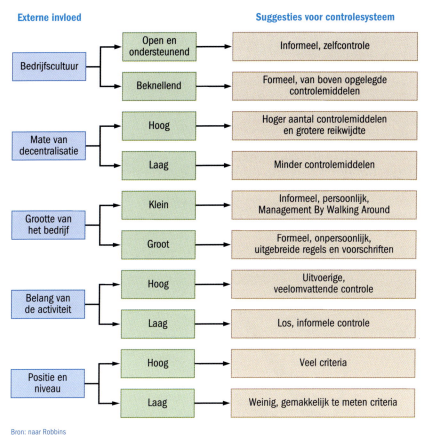

Bron: naar Robbins

5.2.6 Managementmethoden voor beheersing

Als we kijken naar de verschillende methoden die een manager in zijn gereedschapskist heeft om te beheersen, komen we tot de volgende opsomming:

- **Bureaucratische beheersingsmethoden**. Hierbij gebruikt de manager strenge regels om de organisatie te beheersen. Een bureaucratische beheersingsregel is bijvoorbeeld een verlofregeling met behulp van verlofkaarten waarop de reeds genomen verlofdagen worden bijgehouden. Een andere dan de bureaucratische aanpak zou tot misbruik kunnen leiden.
- **Organische beheersingsregels**. Dit is een vorm van beheersing waarbij de manager zich kan verlaten op individuele zelfbeheersing en groepsbeheersing. Binnen zogenoemde taakgroepen laat de manager de mensen zelf bepalen wie wat doet. Het maken van een functieomschrijving laat hij over aan de groep. De manager vindt alles goed, zolang de groep het vereiste resultaat maar levert.
- **Marktbeheersing**. Hieronder verstaan we het fenomeen dat de prijs die een onderneming voor haar goederen of diensten vraagt, voor de klanten het meetpunt is voor de prestatie van de onderneming. Als de klanten de prijs te hoog vinden, kopen ze bij een andere onderneming. De manager zal moeten ingrijpen om de prijs naar een niveau te krijgen dat de klanten

wel accepteren. De markt geeft dus aan welke en hoeveel kosten er gemaakt mogen worden. Uiteraard zullen dan in veel gevallen ook de kosten naar beneden moeten. Een andere vorm van marktbeheersing is een klantenonderzoek dat als meetpunt dient voor de door de klant waargenomen prestatie van de onderneming.

- **Financiële beheersing**. Dit is beheersing die ervoor bedoeld is om de inzet van middelen te beheersen en tijdig financiële informatie te verschaffen. Bij de planning zagen we dat een budget de financiële vertaling van een voorgenomen plan vormt. Met behulp van nacalculatie kan men beheersend optreden en verifiëren of het budget effectief en efficiënt gebruikt is.
- **Machinale beheersing**. Dit betreft het gebruik van apparaten en instrumenten om afwijkingen van de gewenste situatie te voorkomen. Verregaande automatisering leidt bijvoorbeeld tot een meer zelfregulerend proces, waarbij computers en machines zelf ingrijpen als het fout dreigt te gaan. De manager heeft er dan bijna geen omkijken meer naar. In plaats van het inhuren van een nachtwaker die ongewenste toegang moet voorkomen kan hij bijvoorbeeld een alarmsysteem laten installeren.

Uit onderzoek blijkt dat veel werknemers het lastig vinden om met goed resultaat hun tijd te beheersen. Men voelt zich regelmatig niet de baas van de eigen agenda. De agenda 'beheerst' de medewerker in plaats van andersom.

5.2.7 Beheersing via een systeembenadering

Er bestaat een duidelijke relatie tussen beheersing en planning. Bij het plannen wordt de planning gemaakt, die als de norm geldt voor het meten van de resultaten in de beheersingsfase. Normstelling met behulp van plannen en standaarden is heel belangrijk in het beheersingsproces. Dit betreft het stellen van doelen voor een prestatie door het management, om deze later met de werkelijke prestatie te kunnen vergelijken. Voorbeelden van normstellingen zijn een afgesproken reductie van het foutenpercentage, een korte levertijd of een lager ziekteverzuim.

Normstelling

We willen vanuit de systeembenadering twee belangrijke beheersingsacties behandelen:
1 voorwaartskoppelende beheersingsacties;
2 achterwaartskoppelende beheersingsacties.

Ook gaan we kort in op gelijklopende beheersing.

● WWW.SIGMAONLINE.NL (AANGEPAST)

'In control' is niet synoniem voor beheersen, maar voor beter besturen

'Feedforward is minimaal zo belangrijk als feedback'. 'Managers moeten wel begrijpen wat ze aan het doen zijn'. 'In control zijn betekent niet beheersen, maar beter besturen; meer leren dan controleren.' zegt Wouter Ten Have, die promoveerde op beheersing.

'Voor verandering moet je bepaalde fases door. Er zijn noodzakelijke stappen. Te vaak zie je dat managers of adviseurs die elders iets succesvols hebben gedaan, dat kunstje domweg kopiëren. Dat is de ervaringsfout, want zo werkt het niet. Je moet altijd naar de context kijken. Eerst diagnosticeren, dan ontwerpen en dan pas interveniëren.' Managers die in control zijn, kunnen ook beter horizontaal dan verticaal denken en handelen, stelt Ten Have. Dus niet alleen excelleren in een proces (of afdeling) – zoals ze dat vroeger voor hun promotie als manager deden – maar ook over processen en ketens heen kunnen denken en oog hebben voor andere onderdelen van de organisatie. Derde inzicht dat voortvloeit uit het onderzoek van Ten Have is dat feedforward net zo belangrijk is als feedback. 'Je kunt ingrijpen als de auto gaat slippen, maar nog beter is te anticiperen op het feit dat de auto uit je macht verdwijnt. Koppel dat naar management: managers moeten begrijpen wat ze aan het doen zijn en vooral vooruitkijken. Van mensen die in raden van bestuur zitten, die vergaande beslissingen nemen, mag je verwachten (en eisen) dat ze begrijpen waar de business over gaat en vanuit begrijpen inhoud geven aan het besturen. De eurocrisis en de crisis in Griekenland zijn misschien wel passende voorbeelden. Hoeveel politieke leiders begrijpen nu echt waar het over gaat? In control is voor mij ook niet synoniem met beheersen, maar veel meer synoniem met beter besturen. Veel meer leren dan controleren. Als je in staat bent om in control te zijn, voorkom je feitelijk dat een noodzaak tot verandering ontstaat.'

Voorwaartskoppelende beheersing

Beheersing kan 'vooraf' of 'achteraf' werken. We zoomen hier in op de variant waarbij vooraf aan beheersing wordt gedaan. Op basis van de planning wordt een bepaalde, te bewerken invoer de organisatie ingestuurd (bijvoorbeeld grondstoffen of informatie). Door nu deze ingaande stroom al te meten voor ze de organisatie bereikt, kan men vooraf controleren of de procesgang goed zal verlopen. 'Voldoen de grondstoffen aan de normen?' zou men zich vooraf kunnen afvragen. Uitgangspunt voor deze controle is de norm die men in de planning heeft gesteld.

Meten

Klopt er iets niet, dan kan men ingrijpen door middel van een regelactie. Men kan proberen de invoer alsnog in orde te maken of men kan trachten het interne organisatieproces zo bij te sturen dat dit de afwijkende invoer zal compenseren. In het voorgaande spraken we van meten en regelen; vandaar dat we dit beheersingssysteem ook wel een meet- en regelsysteem noemen.
In figuur 5.6 wordt schematisch een *voorwaartskoppelend beheersingsproces* weergegeven. In praktijkvoorbeeld 5.7 werken we een voorbeeld uit van een dergelijk voorwaartskoppelend beheersingsproces.

Regelactie

FIGUUR 5.6 Beheersing als voorwaartskoppelend proces

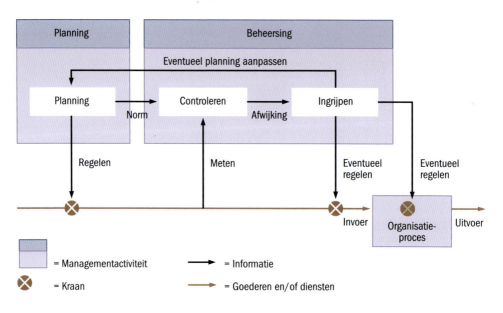

PRAKTIJKVOORBEELD 5.7

Voorwaartskoppelend beheersingsproces

Laten we het voorbeeld van een aannemer nemen om het voorwaartskoppelend beheerssysteem te verduidelijken. Een aannemer moet een capaciteitsplanning maken om het bouwen van huizen te plannen. Om de huizen te kunnen afmaken, heeft hij dakpannen en kozijnen nodig die hij elders inkoopt. Met de leveranciers is als plan een bepaalde levertermijn afgesproken. Deze levertermijn is de norm die voortvloeit uit de planning. De aannemer meet de invoer van het huizen bouwen af en toe door bij de leveranciers te informeren of deze de levertijd gaan halen. Zolang de leveranciers aangeven dat dit lukt, is er niets aan de hand. Op het moment dat de aannemer in de gaten krijgt dat een leverancier wel eens de planning niet zou kunnen halen, moet hij ingrijpen. Deze corrigerende actie noemen we regelen. De aannemer kan op twee manieren regelen. In de eerste plaats kan hij regelend optreden aan de invoerzijde. De aannemer kan door te dreigen met de afgesproken sancties als de levertijd niet gehaald wordt, proberen de leverancier de levering alsnog te bespoedigen. Een tweede manier van ingrijpen is het regelend optreden in de organisatie. Hij kan er dan voor zorgen dat hij tijdelijk meer mensen aantrekt of prioriteiten verschuift waardoor het dak en de kozijnen van de langzame leverancier sneller verwerkt kunnen worden door de aannemerij. Zo kan de planning toch gehaald worden. Een derde alternatief, dat ook is aangegeven in figuur 5.6, is het aanpassen van de planning.

Het beschreven proces heet voorwaartskoppelend beheersingsproces, omdat de vergelijking van de metingen van de invoer en de norm leiden tot een ingreep naar 'voren'. Het proces dat nog komen gaat. 'Feedforward' is de Engelse benaming van dit preventieve meet- en regelproces.
In figuur 5.6 zien we dat controleren (meten) en ingrijpen (regelen) belangrijke onderdelen van het beheersingsproces zijn. Beheersen is meer dan controleren alleen. Beheersing wordt vaak aangeduid met het Engelstalige 'control', dat behalve controleren ook – indien nodig – ingrijpen inhoudt. Ook zien we dat de planning de norm vormt voor de beheersing. Blijkt de beheersing te mislukken, dan moet een nieuwe planning worden gemaakt.

Feedforward

Achterwaartse of terugkoppelende beheersing

In figuur 5.8 zien we beheersing als een terugkoppelend proces. Hier wordt de uitvoer gemeten en vergeleken met de planningsnorm. Als er afwijkingen van die norm worden geconstateerd, wordt er ingegrepen. Dit kan men doen door het organisatieproces te verbeteren of de invoer bij te sturen (regelen). Een voorbeeld van een dergelijk feedbackproces is de kwaliteitscontrole aan het einde van een productielijn. Indien afwijkingen van de norm worden geconstateerd, moet men ingrijpen in het proces of ingrijpen in de invoer, naar-

Feedback

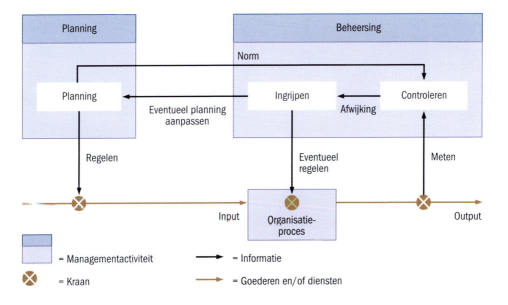

FIGUUR 5.8 Beheersing als terugkoppelend proces

gelang de oorzaak van de afwijkingen. We noemen dit een *terugkoppelend beheersingsproces* omdat de meetgegevens aanleiding kunnen geven tot een ingreep die enige stappen teruggaat in het organisatieproces.

Het zal duidelijk zijn dat de eerder in dit hoofdstuk besproken preventieve beheersing, voorwaartskoppelende beheersing is zoals hiervoor beschreven. De eerder besproken curatieve of corrigerende beheersing is een vorm van de hiervoor besproken terugkoppelende beheersing.

Gelijklopende beheersing

Er zijn auteurs die naast de feedback- en feedforwardbeheersing nog een derde variant aandragen. De zogeheten gelijklopende beheersing vindt tijdens het proces plaats en leidt meteen tot een aanpassing. Denk aan een tekstverwerker die meteen al tijdens het typen het werk corrigeert en aanpast als er sprake is van spel- of typefouten. Feitelijk betreft het hier natuurlijk terugkoppelende systemen. Waarbij de voorwaarde dan wel is dat de feedback heel erg snel tot actie leidt.

Een arts die een chirurgische ingreep doet is bezig met curatieve beheersing. Als de arts een advies geeft om bijvoorbeeld 10 kg af te vallen, doet hij aan preventieve beheersing.

5.2.8 Meetpunten ten behoeve van de beheersing: productiviteit, effectiviteit en efficiëntie

Beheersen komt neer op:
1 normstellen;
2 waardes meten;
3 gemeten waardes vergelijken met de norm;
4 eventueel ingrijpen.

Drie belangrijke meetpunten in de beheersingsprocessen van een organisatie zijn productiviteit, effectiviteit en efficiëntie. In deze subparagraaf zullen we deze drie begrippen toelichten.

● WWW.MANAGERSONLINE.NL (AANGEPAST)

Vlaams onderzoek: Meer vrouw, meer productiviteit

Een toename van het aantal vrouwen in managementteams heeft een positief effect op de productiviteit. Hun mensgerichte leiderschapsstijl zorgt voor betere teamprocessen en daarmee voor een hogere productiviteit. Om die reden is het van groot belang meer vrouwen op leidinggevende posities te benoemen. Dit blijkt uit promotieonderzoek naar de invloed van leiderschap op teamprocessen van Hein Wendt aan de Katholieke Universiteit Leuven (België) onder managers in 67 landen.

Wendt keek onder meer naar sekseverschillen. In het onderzoek identificeert hij twee soorten leiderschap: mensgericht en taakgericht (naar het model van Blake en Mouton). Het effect van de mensgerichte leiderschapsstijl blijkt universeel te zijn: ongeacht cultuur heeft deze stijl een positief effect op teamprocessen. Dat geldt niet voor de taakgerichte leiderschapsstijl: die gaat juist ten koste van teamprocessen, zij het alleen in individualistische culturen – waarin het recht op zelfbeschikking centraal staat – zoals de onze. In collectivistische landen – waarin het belang van de gemeenschap boven dat van het individu wordt gesteld – is dit negatieve effect niet te zien. In dat soort landen, zoals China, wordt de taakgerichte stijl veel vaker toegepast.

Vrouw maakt man mensgericht
Uit het onderzoek blijkt dat vrouwen meer mensgericht leidinggeven dan mannen. Daarnaast blijkt dat de diversiteit binnen managementteams een positieve invloed heeft op de mannen in die teams. Hoe meer vrouwelijke managers, hoe minder taakgericht leiderschap zij zullen vertonen. En dat heeft op zijn beurt een positief effect op de teamprocessen, zeker in individualistische landen zoals Nederland.

Productiviteit

Met productiviteit (P) van een organisatie duiden we op de verhouding tussen het bereikte (of beoogde) resultaat (R) en de daarvoor gebrachte (of verwachte) offers (O). Bij het beoogde resultaat kunnen we denken aan de opbrengst van producten of diensten. Bij de offers kunnen we denken aan de kosten voor onder andere grondstoffen of arbeid die gemaakt moesten worden om het product te kunnen fabriceren.

$$\text{Productiviteit} = \frac{\text{Resultaat}}{\text{Offers}}$$

Een productiviteitsgetal van 2,0 betekent dat het resultaat van de organisatie, bijvoorbeeld uitgedrukt in geld, twee keer zo hoog is als wat ervoor aan offers is gebracht. Hieruit volgt dat hoe hoger het productiviteitsgetal is, hoe beter de organisatie presteert.

Maximale productiviteit

De maximaal haalbare productiviteit is de productiviteit waarbij, gegeven de productiemiddelen, met de laagste offers het maximale resultaat wordt gerealiseerd. De formule van de maximale productiviteit luidt als volgt:

$$\text{Productiviteit}_{max} = \frac{\text{Resultaat}_{max}}{\text{Offers}_{min}}$$

Deze maximale productiviteit wordt vaak gebruikt als de norm die men in de praktijk tracht te benaderen. Het niet bereiken van de maximale productiviteit kan, zoals uit de formule blijkt, aan twee factoren liggen:
1 Het resultaat is minder dan het maximale haalbare. Als bijvoorbeeld een machine is uitgevallen, kan men niet de maximale productie behalen.
2 De gegeven offers, meestal uitgedrukt in geld, waren meer dan de minimaal benodigde. Dit kan voorkomen als men bijvoorbeeld producten heeft moeten afkeuren. Men moet dan namelijk opnieuw mankracht, energie en grondstoffen gebruiken om de afgekeurde producten te vervangen.

Effectiviteit en efficiëntie

De twee eerdergenoemde oorzaken van een productiviteit die lager is dan de maximaal haalbare, kan men uitdrukken in verhoudingsgetallen, die we effectiviteit en efficiëntie noemen:
1 Effectiviteit: de verhouding tussen het werkelijk bereikte resultaat en het normresultaat dat men eigenlijk had moeten halen.

$$\text{Effectiviteit} = \frac{R_{werkelijk}}{R_{norm}}$$

Waarin R = resultaat

2 Efficiëntie: de verhouding tussen de normoffers die men eigenlijk had mogen brengen, en de werkelijk gebrachte offers.

$$\text{Efficiëntie} = \frac{O_{norm}}{O_{werkelijk}}$$

Waarin O = offer

Samenvattend kunnen we stellen dat het productiviteitscijfer dus aangeeft wat een organisatie moet kunnen presteren; dat wil zeggen welk resultaat zij kan bereiken

tegen welke offers. De effectiviteit geeft dan aan in welke mate een organisatie erin slaagt de gestelde doelen te bereiken. Zoals ook uit de formule blijkt, maakt het hierbij niet uit wat dit kost aan bijvoorbeeld geldelijke offers. Bij de efficiëntie kijkt men juist wel naar de verhouding tussen de normoffers en de werkelijke offers die men heeft moeten brengen in een poging de gestelde doelen te bereiken.
In praktijkvoorbeeld 5.9 passen we de begrippen 'productiviteit', 'effectiviteit' en 'efficiëntie' toe.

PRAKTIJKVOORBEELD 5.9

Afdeling 'special products'

De afdeling 'Luxe banket' van Bakkerij Aerdenhout moet voor een bepaald tijdstip tien huwelijkstaarten maken.
Per taart heeft de afdeling aan totale kosten (arbeid, materiaal, afschrijving enzovoort) €50. Men kan de taarten verkopen voor €75, bij een gegarandeerde afzet. De maximale productiviteit van de afdeling berekent men, in dit geval, als volgt:

$$P_{max} = \frac{R_{max}}{O_{min}} = \frac{10 \times €75}{10 \times €50} = 1,5$$

Doordat de afdeling door ziekte enige vertraging opliep, lukt het maar om 9 taarten te bakken. Dit levert het volgende effectiviteitcijfer op:

$$\text{Effectiviteit} = \frac{R_{werkelijk}}{R_{norm}} = \frac{9 \text{ taarten}}{10 \text{ taarten}} = \frac{9 \times €75}{50 \times €75} = 0,9$$

Bij het maken vielen verschillende taarten kapot op de grond. Hierdoor moest men meer materiaal verbruiken dan oorspronkelijk het plan was. De boekhouder vertelt dat de totaal gemaakte kosten voor de 10 taarten €800 bedragen in plaats van de geplande €500. Het efficiëntiecijfer berekent men dan als volgt:

$$\text{Efficiëntie} = \frac{O_{norm}}{O_{werkelijk}} = \frac{€500}{€800} = 0,625$$

● WWW.DNHS.NL (AANGEPAST)

De illusie van gezamenlijkheid: Efficiëntie en effectiviteit

Het gekke is dat wat op papier volstrekt logisch is, in de praktijk leidt tot sub-optimalisatie. Waar targets een willekeurige medewerker vertellen wat 'hij als een van de radertjes in de organisatie' moet bijdragen aan het geheel, leidt het sturings- en beloningsprincipe dat eraan gekoppeld is ertoe dat het behalen van het individuele of afdelingstargets een doel op zich worden. Alle inspanningen worden er nu op gericht om het target te halen.

En datzelfde doet mijn collega. En iedere andere collega in de organisatie. Iedereen richt zich op het behalen van de sub-sub-subdoelstellingen.

De organisatie wordt een verzameling van sub-sub-subdoelstellingen in plaats van een geheel dat streeft naar het behalen van het overall doel. Het gevolg hiervan is dat de optelsom van de delen, niet meer automatisch leidt tot het overall doel.

Dit is het punt waar efficiëntie, je sub-sub-subdoelstellingen halen met zo min mogelijk kosten en in zo min mogelijk tijd, in de weg kan zitten van effectiviteit, bijdragen aan het behalen van het gezamenlijke doel. Uiteindelijk wil je als organisatie natuurlijk beide. Maar er is wel een volgordelijkheid... Als je als organisatie de strategie wilt realiseren, gaat het eerst om effectiviteit, dan pas om efficiëntie.

5.3 Beheersing volgens Merchant

Eerder stelden we vast dat beheersing een duidelijke relatie met planning heeft. Daarnaast is er een duidelijk verband met organiseren, en dan met name met de organisatiestructurering. Het management heeft de taak de bedrijfsvoering te coördineren. Dit gebeurt ten eerste door, geredeneerd vanuit de organisatiedoelen, een bepaalde organisatiestructuur aan te brengen. Vervolgens moet men nagaan of de gestelde doelen ook daadwerkelijk bereikt gaan worden, en eventueel moet men corrigerend optreden als het bereiken van de doelen dreigt te mislukken.

De Amerikaanse hoogleraar Kenneth Merchant onderscheidt drie vormen van beheersing, die wij achtereenvolgens doornemen:
1 resultatenbeheersing
2 activiteitenbeheersing
3 personeelsbeheersing

5.3.1 Resultatenbeheersing
Resultatenbeheersing betreft een terugkoppelend beheersingsproces. De resultaten die gerealiseerd zijn door individuen of groepen, worden vergeleken met de productiedoelstelling. Bij afwijkingen van de doelstelling wordt ingegrepen. Voorbeeld: in de productiedoelstelling wordt meestal ook iets gezegd over de gewenste kwaliteit van de producten. Bijvoorbeeld een foutenpercentage van minder dan een procent. Als de productieresultaten een hoger percentage laten zien, wordt er ingegrepen.
Resultatenbeheersing is alleen mogelijk wanneer aan de volgende voorwaarden is voldaan:

- De resultaten moeten *meetbaar* zijn (objectief, begrijpelijk en tijdig beschikbaar).
- De gewenste resultaten moeten *bekend* zijn (kwaliteit, kwantiteit).
- De groep of het individu op wie de resultatenbeheersing wordt toegepast, moet een duidelijke *invloed* kunnen uitoefenen op het gewenste resultaat.

Zo kan men een productiemedewerker niet aanspreken op een hoog foutenpercentage als de machines niet goed functioneren of de gebruikte grondstoffen van een slechte kwaliteit zijn.
Ook de wijze van meten van de prestaties van Daan in onze openingscasus en het daarop reageren via beloning of sancties is een vorm van resultatenbeheersing. Uiteraard zien we in de praktijk ook mengvormen met een van de volgende beheersingsvormen.

5.3.2 Activiteitenbeheersing

De tweede manier waarmee men bedrijfsprocessen kan beheersen, is de zogenoemde activiteitenbeheersing. Dit is een beheersingsproces dat gebruikt wordt om zeker te zijn van het feit dat individuen bepaalde acties uitvoeren (of niet uitvoeren) waarvan men weet dat ze de organisatie voordelen (of nadelen) opleveren. Merchant onderscheidt verschillende manieren waarop de leiding van een organisatie activiteiten kan beheersen:

- **Het opleggen van gedragsbeperkingen**. Dit betekent dat de leiding van tevoren de activiteiten probeert te beheersen door aan te geven welk gedrag wel en welk niet tolerabel is bij de uitvoering van de activiteiten. Hierbij kan men denken aan veiligheidsvoorschriften, regels en werkprocedures. Er zijn fysieke en organisatorische gedragsbeperkingen. Een portier bij de fabriekspoort of een wachtwoord op een computer oefent een fysieke gedragsbeperking uit, omdat zij toegang door onbevoegden beperken. Een organisatorische gedragsbeperking wordt gevormd door bijvoorbeeld centralisatie, waardoor hiërarchisch lager geplaatste medewerkers bepaalde beslissingen niet mogen nemen, omdat dit op een hoger niveau gedaan wordt. Delegatie heeft dus een gedragsverruimende invloed.

Twee vormen van activiteitenbeheersing die Merchant niet noemt, zijn direct toezicht en direct leidinggeven.

- **Activiteiten vooraf beoordelen.** Hier beoordeelt de leiding op formele of informele wijze de gang van zaken nog voordat de activiteiten afgerond zijn. Tijdens de rit kan de manager ingrijpen. Zo zal een onervaren autoverkoper vaak eerst even met zijn baas overleggen, voordat hij een klant een inruilprijs voor zijn oude auto biedt. Zo kan de baas nog ingrijpen als de autoverkoper een taxatiefout dreigt te maken.
- **Actieverantwoordelijk.** Hierbij gaat het om het verantwoordelijk houden van de werknemers voor de door hun uitgevoerde acties. Eerst is door middel van gedragsbeperkingen aangegeven welke acties wel en welke niet gewenst zijn. Vervolgens kijkt men wat er nu daadwerkelijk op de werkvloer gebeurt (vooraf beoordelen). Indien er afwijkingen worden geconstateerd, worden de werknemers op basis van hun verantwoordelijkheid beloond bij positieve afwijkingen en bestraft bij negatieve afwijkingen.
- **Overcapaciteit.** Deze manier om activiteiten te beheersen staat enigszins los van de andere. Het houdt in dat men voor de zekerheid bepaalde belangrijke posities dubbel bezet. Bij deze manier van activiteitenbeheersing probeert men door overbezetting van belangrijke posities te voorkomen dat er fouten gemaakt worden omdat een sleutelpositie tijdelijk onbezet is.

Overcapaciteit is samen met de eerdergenoemde gedragsbeperking en activiteitenbeoordeling een preventieve manier van activiteitenbeheersing. Het tegenovergestelde curatief ingrijpen is alleen het geval bij actieverantwoordelijkheid. In figuur 5.10 wordt een schematisch overzicht gegeven van activiteitenbeheersing.

FIGUUR 5.10 Activiteitenbeheersing

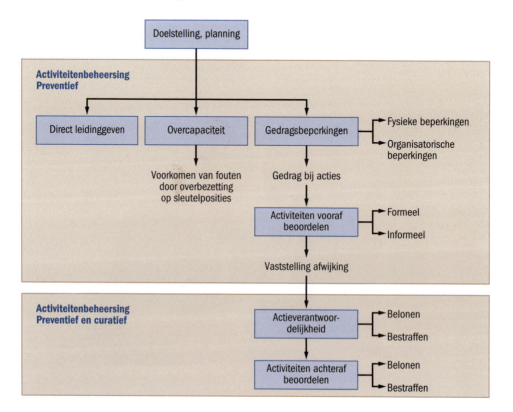

Twee vormen van activiteitenbeheersing die Merchant niet noemt, zijn:
- **Direct leidinggeven**: beheersing door continu de activiteiten in de gaten te houden.
- **Activiteiten achteraf beoordelen**: dit lijkt op resultatenbeheersing, maar het verschil is dat hier van tevoren wordt aangegeven hoe men de activiteit moet uitvoeren en de activiteit achteraf beoordeeld wordt. Bij resultatenbeheersing is er vooraf geen sturing en kan de werknemer zijn acties helemaal zelf invullen, en wordt er alleen gekeken naar het eindresultaat.

Activiteitenbeheersing is alleen mogelijk als het management weet hoe de activiteiten uitgevoerd zouden moeten worden.

5.3.3 Personeelsbeheersing

De derde manier die men kan gebruiken als beheersingsinstrument is personeelsbeheersing. Bij deze vorm van beheersing wil de organisatieleiding bevorderen dat werknemers de gewenste (beroeps)houding aannemen en daarmee het gewenste gedrag vertonen. De bedoeling ervan is enerzijds het verhogen van de sociale controle onder samenwerkenden en anderzijds het verhogen van de zelfcontrole door individuen. Bij zelfcontrole zal de werknemer ook zonder alle beheersingsmethoden het gewenste gedrag vertonen, omdat hij door de aard van het werk gemotiveerd wordt om het goed te doen (werkintrinsieke factoren van Herzberg, zie hoofdstuk 4).

Sociale controle
Zelfcontrole

● WWW.MT.NL (AANGEPAST)

Chefkok Robert Kranenborg over personeelsbeheersing

Robert Kranenborg haalde in totaal drie Michelinsterren in de jaren dat hij kookte voor het Amstel Hotel en het toenmalige Le Cirque in Den Haag. Sinds 2009 is hij zelfstandig consultant en op tv te zien in programma's als 'Over de Kook' en 'Topchef'.

Eigen kweek
'Nee, ik ben geen man van de boeken. Mijn opleiding tot chefkok duurde twaalf jaar. Die jaren heb ik dagelijks in de keuken doorbracht. Om diezelfde reden zweer ik bij het opleiden van eigen personeel. In mijn brigades is altijd minstens 60 procent leerling. Niet alleen omdat je eten anders onbetaalbaar wordt, maar ook omdat eigen kweek in de keuken tien keer loyalere mensen oplevert. Je kunt ook toppertjes naar binnen halen, maar vaak doen die achter de rug van de chef om hun eigen dingen, met hun eigen agenda. Die kunnen hele brigades helemaal in verwarring brengen.'

De ondernemingsleiding kan personeelsbeheersing op de volgende manieren toepassen:
- door de juiste werving en selectie van nieuwe werknemers;
- door opleiding;
- door culturele beheersing, het scheppen van het juiste sociale klimaat (gezelligheid maar ook verantwoordelijkheid);
- door groepsgewijze beloning, waardoor men elkaar naar een hoger niveau probeert te tillen;
- door het verschaffen van de benodigde middelen (voorzieningen, voldoende informatie voor de uitvoering van de taken, ondersteuning).

Personeelsbeheersing kan alleen toegepast worden als de betrokkenen de normen van de organisatie delen.

5.4 Veranderende beheersingsfilosofie

In deze paragraaf kijken we naar drie nieuwe toepassingen van beheersing in organisaties. We kijken naar gedecentraliseerde beheersing, open-bookmanagement en de balanced scorecard.

5.4.1 Van bureaucratische naar gedecentraliseerde beheersing

De in de praktijk toegepaste beheersingsmethoden zijn aan verandering onderhevig. Op dit moment zie je dat men beheersing op een lager niveau in de organisatie legt. Die beweging noemt men ook wel het overstappen van bureaucratische controle op gedecentraliseerde controle. We zullen deze beide begrippen nader toelichten. Daft geeft aan dat we met bureaucratische beheersing doelen op het controleren en beïnvloeden van het gedrag van de werknemer door intensief gebruik van regels, procedures, hiërarchie, geschreven documenten, beloningssystemen en andere formele mechanismen.
Dit om langs die weg de organisatiedoelen te verwezenlijken.

Bureaucratische beheersing

Gedecentraliseerde beheersing

De tegenhanger is de gedecentraliseerde beheersing. Hierbij vertrouwt men meer op culturele waarden, tradities, gedeelde uitgangspunten, en het geven van vertrouwen om de doelen van de organisatie te bereiken. Managers gaan ervan uit dat werknemers het vertrouwen waard zijn en dat zij uit zichzelf al gemotiveerd zijn om goed te werken. In tabel 5.11 is dit nader uitgewerkt.

Tabel 5.11 stelt bureaucratische beheersing tegenover gedecentraliseerdere methoden van beheersing. Bij bureaucratische beheersing zien we strikte regels, beleid en procedures waarmee men het gedrag van werknemers probeert te sturen, bijvoorbeeld door een uitgebreide taak- en functiebeschrijving vast te leggen voor een afdelingshoofd. De leidinggevende geeft de minimumeisen aan waaraan iemand moet voldoen. Op het moment dat je aan de eisen voldoet word je beloond met niet-werkgerelateerde beloningen als salaris, extra's en promotiemogelijkheden. De werknemer zelf is veelal geen onderdeel van het beheersingsproces. Hij kijkt dus niet zelf of het werk goed gedaan is. Ook kijkt hij zelf niet of de afdeling op schema ligt en of hij er wat aan kan verbeteren. Dat wordt allemaal door de leidinggevende gedaan. Op die manier ontstaat wat minder binding met het succes van de organisatie. Bureaucratische beheersing kan effectief zijn en goed werken. De dosering is belangrijk. Veel mensen vinden het wel prettig als ze weten waar ze aan toe zijn en als hun verteld wordt of ze het goed doen en als hun de doelen duidelijk worden gemaakt. Op het moment dat er te veel controle en feedback is gaat dit echter irriteren.

TABEL 5.11 Bureaucratische versus gedecentraliseerde beheersing

Bureaucratische beheersing	Gedecentraliseerde beheersing
Gebruik van gedetailleerde regels en procedures, en formele controlesystemen	Beperkt gebruik van regels, gebaseerd op gezamenlijke uitgangspunten, zelfbeheersing en (sociale) controle door de groep
Top-downautoriteit, formele hiërarchie, macht verbonden aan de positie, speciale controleurs voor kwaliteitsbeheersing	Flexibele autoriteit, platte structuur, macht van de expert, iedereen let op de kwaliteit
Nadruk op werkextrinsieke beloning (dus beloning buiten het werk, zoals loon, extraatjes en status)	Nadruk op werkextrinsieke en werkintrinsieke beloning (werk dat ertoe doet, groeikansen)
Beloning voor individuele prestaties	Beloning voor individuele en teamprestaties, nadruk op gelijke behandeling van personeel
Beperkte, geformaliseerde inspraak en betrokkenheid van de werknemer (door bijvoorbeeld een klachtenprocedure)	Brede betrokkenheid van de werknemer via kwaliteitscontrole, systeemontwerp (bijvoorbeeld over de structuur van de afdeling) door de werknemers zelf.

Bron: naar Daft

In de openingscasus zagen we dat Daan bij een accountantskantoor werkt. De aldaar werkende hoogopgeleide professionals werken zeer zelfstandig veelal in hun eentje ergens bij een klant. Bij hen zou bureaucratische beheersing minder passen. Daar ligt een meer gedecentraliseerde methode van beheersing voor de hand. Hierbij moeten de medewerkers zelf veel meer aan bewaking van de doelen doen. Dit kan alleen als ze er ook zelf invloed op hebben. Daarom is deze beheersing minder autoritair en hiërarchisch. De werknemer schept er voldoening in als hij zelf mee kan sturen en het realiseren van de doelen kan bewaken, is hier de gedachte. Bij deze vormen van beheersing is de macht gerelateerd aan de expertise die je meebrengt en de kwaliteit van het werk dat je aflevert. Dit in plaats van de situatie waarbij de macht gerelateerd is aan de functie die je hebt.

5.4.2 Open-bookmanagement

De kerngedachte van open-bookmanagement komt erop neer dat het belangrijk is om financiële cijfers te delen met iedereen in de organisatie. De cijfers blijven niet voorbehouden aan de top, maar worden kenbaar gemaakt aan iedereen. Op die manier weet iedereen hoe de vlag erbij hangt en vormt de kennis die voortvloeit uit de cijfers de basis van de beheersing. Als iedereen weet dat het op een afdeling of in een bepaalde markt slecht gaat, dan kunnen mensen daar wat aan doen. Ze kunnen harder werken, of nadenken over oplossingen. Op die manier ontstaat meer drive en betrokkenheid. Iedereen moet gaan denken als een eigenaar van de organisatie in plaats van denken als een ingehuurde kracht.

5.4.3 De balanced scorecard

Beheersing is in organisaties voor een groot deel financieel georiënteerd. Daarmee zijn de beheersing en de managementrapportages die in dat kader geproduceerd worden eenzijdig van aard. Bovendien kijkt men bij deze methode vaak in de achteruitkijkspiegel in plaats van vooruit. De financiële rapportages zeggen iets over hetgeen gepresteerd is en minder over de toekomst. Bovendien is het ook nog zo dat de diverse managementrapportages ieder op zich vaak maar een klein deel van het blikveld van de manager afdekken. Managementinformatie is met andere woorden verspreid over de organisatie te vinden. Kaplan en Norton kwamen aan deze bezwaren tegemoet. Zij ontwikkelden een beheersingsmethode genaamd balanced scorecard. Hierop worden financiële en andere belangrijke prestatiemaatstaven in *onderling samenhangend verband* – en toekomstgericht – samengevat. Op deze wijze kunnen managers meteen zien hoe de organisatie ervoor staat.

De prestatie van een organisatie wordt op de balanced scorecard vanuit vier verschillende invalshoeken bekeken, zie figuur 5.12:

1 Het **financiële perspectief**: hoe staat het met de waarde van het bedrijf (voor de aandeelhouder)?
2 Het **interne perspectief**: waar willen we goed in zijn en waar meten we dat aan af?
3 Het **perspectief van de klant**: hoe ziet de klant ons? Hierbij gaat het bijvoorbeeld niet om de kwaliteit die je feitelijk levert, maar om het beeld dat de klant ervan heeft.
4 Het **innovatieve perspectief**: wat doen we om ons te verbeteren en waar meten we dat aan af?

FIGUUR 5.12 De balanced scorecard

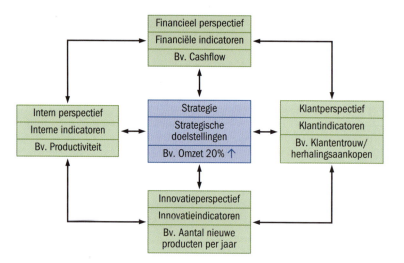

De genoemde perspectieven die we ook in de figuur terugzien, worden omgezet in indicatoren waarmee men de score op dat vlak kan aflezen. Zo kunnen de winst of de cashflow een indicator zijn voor het financiële perspectief van de organisatie. Een (gemeten) hoog percentage van terugkerende klanten kan iets zeggen over het klantperspectief. Op de Universiteit Maastricht is alle eenheden gevraagd om een balanced scorecard op te stellen en tevens aan te geven waar men over vijf jaar wil staan. Daarover zijn vervolgens met het bestuur van de universiteit afspraken gemaakt.

De kern van de balanced scorecard is dat het een minicockpit van de organisatie vormt. Met één blik op de card weet men hoe de organisatie ervoor staat en waar men op stuurt.

Niet iedere werknemer zit te wachten op open-bookmanagement. Sommigen weten liever niet alles, willen er niet de moeite voor doen of begrijpen niet alle bedrijfsinformatie. Zij krijgen de informatie liever op een 'need-to-knowbasis', zo blijkt uit recent onderzoek.

5.5 Kwaliteitsbeheersing

Het beheersen van kwaliteit in organisaties is onontkoombaar. Iedereen krijgt ermee te maken. Of het nu is door een meting van de kwaliteit van de opleiding waar je studeert. Of het is door een krantenadvertentie waarin staat dat het biertje dat je gisteren dronk helaas niet voldeed aan de hoogste kwaliteitsstandaarden van de brouwer, omdat er wellicht wat poetsmiddel in terecht is gekomen. In bijna ieder inleidend managementboek wordt bij het onderwerp beheersing, kwaliteitsbeheersing behandeld als speciale vorm van beheersing. Ook wij willen in deze paragraaf stilstaan bij kwaliteitsbeheersing.

Het kwaliteitsdenken is heel belangrijk geworden in de concurrentiestrijd. Een hoog kwaliteitsniveau is goed voor de logistieke beheersing, maar minstens zo belangrijk vanuit marketingoogpunt en zelfs vanuit strategisch oogpunt. Kwaliteit is namelijk vooral de mate waarin de kenmerken van het product overeenstemmen met de eisen en wensen van de consument ten aanzien van het product. Kwaliteitsmanagement betreft alle activiteiten en beslissingen die tot doel hebben de door de producent na te streven productkwaliteit vast te stellen, te bereiken en te behouden, alsmede de daarvoor benodigde methoden en middelen.

Kwaliteit

In deze paragraaf kijken we naar:
- kwaliteitsbeleid (subparagraaf 5.5.1);
- totale kwaliteitszorg (subparagraaf 5.5.2);
- traditionele kwaliteitszorg (subparagraaf 5.5.3);
- kwaliteitskosten (subparagraaf 5.5.4).

● WWW.CARRIERETIJGER.NL (AANGEPAST)

Kwaliteitsgerichtheid in de praktijk

Kwaliteitsgerichtheid wil zeggen dat je hoge eisen stelt aan je eigen werk en dat van anderen en voortdurend streeft naar verbetering ervan.

Wat houdt kwaliteitsgerichtheid concreet in?

Als je kwaliteit hoog in het vaandel hebt staan, dan voel je je verantwoordelijk voor de kwaliteit van jouw werk en dat van je collega's. Je ben niet tevreden met 'goed genoeg' en probeert fouten zo veel als mogelijk te voorkomen, ook al sta je onder tijdsdruk. Je ziet kansen en uitdagingen en denkt in oplossingen in plaats van in problemen. Wanneer de kwaliteit niet in orde is, onderneem je actie – je regelt zaken bijvoorbeeld anders of gaat een opleiding of cursus volgen om je kennis op een bepaald gebied bij te spijkeren – en je herstelt fouten wanneer dat nodig is. Ook geef je anderen constructieve feedback als het werk beter kan en evalueer je regelmatig je eigen werk en dat van anderen (eventueel in het licht van kwaliteitsnormen en -standaarden, zoals ISO en NEN).

Welke competenties komen hierbij kijken?

- Accuraat. Je voert je werk precies en nauwkeurig uit. Slordigheid vermindert immers de kans op succes.
- Prestatiemotivatie. De innerlijke wil om goed te presteren; om doelen te behalen en succesvol te zijn.
- Eigen werk organiseren. Wanneer je efficiënt en doelgericht werkt en prioriteiten stelt, komt dit de kwaliteit van je werk zeker ten goede.
- Anticiperen. Met een vooruitziende blik kun je toekomstige problemen of misstappen voorkomen.
- Verantwoordelijkheid. Je wilt kwalitatief hoogstaand werk afleveren omdat je weet dat er veel van afhangt. Je bent medeverantwoordelijk voor de prestaties van het bedrijf waar je werkt. Een ongeordende werkwijze heeft een negatieve invloed hierop.
- Energiek. Als je energiek bent, heb je een sterke dadendrang en onderneem je voortdurend actie, ook al zitten de omstandigheden niet mee. Doemen er problemen op, dan blijf je optimistisch en zoek je graag naar oplossingen.

5.5.1 Kwaliteitsbeleid

Om kwaliteitsbeheersing inzichtelijker te maken zullen we ingaan op verschillende aspecten van het kwaliteitsbeleid. Onder kwaliteitsbeleid verstaan we het gedeelte van de kwaliteitsbeheersing dat probeert de uiteindelijke productkwaliteit te beheersen. Hierna gaan we eerst in op de doelstellingen ten aanzien van het kwaliteitsbeleid en daarna verdiepen we ons in kwaliteitssystemen.

"Ik beschouw iedere fles Heineken waarbij tijdens de productie iets fout is gegaan en die toch op de markt komt, als een persoonlijke belediging."

— Freddy Heineken

Doelstellingen kwaliteitsbeleid
Ten aanzien van het kwaliteitsbeleid onderscheiden we twee soorten doelstellingen:
- **Productdoelstellingen**. Uit de productdoelstellingen kunnen we het gewenste kwaliteitsniveau van het product afleiden. Het kwaliteitsniveau wordt aangegeven door de productspecificatie. (Een blik verf kleur X, moet 2,5 liter (met een marge van plus of min 0,05 liter) verf bevatten met een kleur tussen X1 en X2, de componenten zijn X, Y en Z in de hoeveelheden A, B en C, dit mag binnen de volgende tolerantie variëren...) Ook bestaat er vaak een controlespecificatie die de meetprocedure waarmee men het behalen van de productspecificaties kan beproeven.
- **Procesdoelstellingen**. Procesdoelstellingen geven aan hoe het productieproces georganiseerd is om de productdoelstellingen te kunnen behalen. Het productieproces wordt daarin in brede zin bezien in termen van het personeel, de machines en het (inkoop)materiaal.

Kwaliteitssystemen
Het kwaliteitssysteem betreft de organisatiestructuur en de gebruikte methoden en technieken voor de kwaliteitsbeheersing. Het onderhoud van het kwaliteitssysteem en het aantonen dat het systeem nog steeds optimaal functioneert (dat wil zeggen voldoet aan de eisen), noemen we kwaliteitsborging. De ISO-9000-norm is een voorbeeld van internationaal erkende normen voor kwaliteitssystemen en kwaliteitsborging. In de industrie (maar ook erbuiten) ging men in de jaren 1990 steeds meer over tot certificering van bedrijven die aan bepaalde kwaliteitseisen voldoen: de zogenoemde ISO-normering van de International Organisation of Standardization. Bedrijven die denken te voldoen aan deze normering, kunnen zich laten keuren door deze organisatie. Zij beschrijven hun kwaliteitszorgsysteem in een kwaliteitshandboek. Meer en meer bedrijven willen alleen nog maar zaken doen met ISO-gecertificeerde bedrijven, waardoor de integrale kwaliteitszorg duidelijk tot buiten de eigen fabriekspoorten reikt.

De ISO-normering met haar verplichte administratie kan leiden tot een bureaucratische papieren tijger. Kwaliteitsdenken moet men levend houden door bijvoorbeeld ideeënbussen (met beloning), kwaliteitsacties en kwaliteitscirkels. Kwaliteitscirkels zijn vergaderingen waarin het operationeel management en de werknemers gezamenlijk nadenken over de verbetering van de werkzaamheden. Een andere veelgebruikte kwaliteitsmethodiek is de EFQM-methodiek van de European Foundation for Quality Management. Ook hierbij kan men gecertificeerd worden.

Kwaliteitsborging

ISO-normering

Kwaliteitscirkels

EFQM-methodiek

5.5.2 Totale kwaliteitszorg

Een goed kwaliteitssysteem beziet het totale organisatieproces. Het is onvoldoende om kwaliteitszorg uitsluitend over te laten aan één controleur die aan het einde van de productie van een dienst of product de finale kwaliteit controleert. Kwaliteitszorg moet het totale proces van meet af aan binnendringen. Het begint bij eisen voor de ontwerpkwaliteit (voor klant en productie) en aanpassing van het ontwerp aan de klant (te denken valt aan betrouwbaarheid, gebruiksvriendelijkheid en service); het betreft ook marketingkwaliteit, inkoopkwaliteit, fabricagekwaliteit, verkoopkwaliteit en het eindigt bij de kwaliteit van de aftersalesactiviteiten. Dit betekent dat een hedendaags kwaliteitssysteem het totale industriële c.q. dienstverlenende proces betreft; vandaar dat men ook wel spreekt van totale kwaliteitszorg, afgekort tot TKZ of TQM naar het Engelse total quality management.

TKZ of TQM / Total quality management

Totale kwaliteitszorg of integrale kwaliteitszorg is een organisatiestrategie die kwaliteit tot verantwoordelijkheid van alle medewerkers maakt. Totale kwaliteit wordt nagestreefd door het uitvoeren van een scala aan voorwaartskoppelende en terugkoppelende maatregelen (zie subparagraaf 5.2.7) die erop geënt zijn volledige tevredenstelling van de klant te bewerkstelligen. Totale kwaliteitszorg omvat onder andere:

- het plannen en ontwerpen van kwaliteit;
- het voorkomen van fouten;
- het corrigeren van fouten;
- het continu verbeteren van de kwaliteitsstatus van proces en product of dienst, naargelang dit technisch, economisch en qua concurrentie mogelijk is.

Dit betekent dat men op (top)managementniveau bereid moet zijn kwaliteit als een langetermijninvestering te zien, waarvan het effect niet altijd meteen zichtbaar wordt.

Totale kwaliteitszorg wordt in de jaren negentig van de vorige eeuw met name gezien als een van de factoren waarmee men (internationale) concurrentiekracht kan verkrijgen. Hiervoor zijn twee redenen. Ten eerste is het zo dat de consument steeds meer de geboden kwaliteit van een product of dienst verifieert. Ten tweede is het zo dat de toename van (proces- en product)kwaliteit gepaard gaat met een productiviteitsstijging en alle hieraan gekoppelde voordelen, waaronder effectiviteits- en efficiëntieverhogingen.

Hierna gaan we eerst in op het KAIZEN-principe en vervolgens bespreken we het EFQM- en het INK-model voor kwaliteitszorg.

KAIZEN-principe

De Japanner Masaaki Imai wordt gezien als een van de grondleggers van de totale of integrale kwaliteitszorg. Het door hem beschreven KAIZEN-principe houdt een kwaliteitsverbeteringsfilosofie in waarbij elke dag de door de organisatie geleverde kwaliteit door iedereen, stap voor stap, continu wordt verbeterd. KAIZEN is gebaseerd op de volgende fundamenten:

- teamwork;
- discipline van de werknemers;
- verbetering van de (arbeids)moraal;
- kwaliteitscirkels;
- de mogelijkheid voor iedereen om suggesties voor kwaliteitsverbetering te doen.

Zeer belangrijk bij KAIZEN is de drive om
- afval, verspilling en inefficiëntie tegen te gaan,
- voor een nette 'huishouding' te zorgen (schoon, netjes, opgeruimd en gedisciplineerd) op de werkplaats, de fabriek en het kantoor,
- te werken aan standaardisatie van opleiding en werkmethoden.

Het EFQM- en INK-model voor kwaliteitszorg

Een toepassing van totale kwaliteitszorg zien we bij het Europese *EFQM-model* voor kwaliteitszorg. EFQM staat voor European Foundation for Quality Management, de non-profitorganisatie die bestaat dankzij de deelnemende organisaties. EFQM is de op dit moment in Europa meest toegepaste kwaliteitsfilosofie in organisaties. EFQM is een kwaliteitsfilosofie, die ervan uitgaat dat er meer dan één manier bestaat om een excellente (kwaliteits)organisatie te creëren. Dit naargelang de eigen situatie van de organisatie. Er is echter wel een aantal fundamentele concepten dat altijd onder het EFQM-model ligt:

EFQM-model

1 **Oriëntatie op resultaten**: bereik resultaten die alle betrokkenen bij de organisatie (stakeholders) op waarde weten te schatten.
2 **Focus op de klant**: creëer langdurig houdbare toegevoegde waarde voor de klant zodat deze jouw product of dienst prefereert.
3 **Leiderschap**: de organisatie zou aangevoerd moeten worden door inspirerende visionaire leiders.

Bij de Japanse KAIZEN-kwaliteitsfilosofie wordt continu en beetje bij beetje de kwaliteit verhoogd.
Bij westerse kwaliteitsverbetering verloopt de kwaliteitsverbetering meer schoksgewijs, in grotere stappen. Dat zag men zeker in de laatste twintig jaar van de vorige eeuw terug in de automobielindustrie. De Japanners brengen sneller achter elkaar nieuwe modellen uit die geleidelijke veranderingen laten zien. Bij de Europeanen komen minder vaak nieuwe modellen of series. Maar als ze met iets nieuws komen, dan is dit ook echt anders dan de voorganger.

4 **Management door processen en feiten**: de organisatie moet gemanaged worden door het hanteren van een set van afhankelijke en aan elkaar gekoppelde systemen, processen en feiten.
5 **Ontwikkeling van personeel en betrokkenheid**: verhoog de betrokkenheid van personeel bij de organisatie door het personeel te ontwikkelen op een manier waar de organisatie en het individu beter van worden.
6 **Blijven leren, innoveren en verbeteren**: durf de geijkte methoden uit te dagen door creatief naar verbeteringen te zoeken en bereik verandering door met elkaar te leren en zo innovatie- en verbetermogelijkheden te ontdekken.
7 **Ontwikkeling van samenwerkingspartners**: ontwikkel en onderhoud samenwerkingsverbanden die waarde toevoegen.
8 **Organisationele sociale verantwoordelijkheid**: streef de minimale 'wettelijke' eisen die aan de organisatie gesteld zijn voorbij als het gaat om de omgang met de betrokkenen bij de organisatie. Leer de behoeften van de laatstgenoemden kennen en geef hier een antwoord op.

Bij het EFQM-kwaliteitsmodel kijken we naar negen aandachtsgebieden in organisaties. Deze aandachtsgebieden zijn weergegeven in figuur 5.13. Vijf van deze aandachtsgebieden betreffen elementen die het de organisatie mogelijk maken te functioneren. Dit betreft de zogeheten *enablers*. Zij beschrijven wat de organisatie doet. Hieraan moet men vervolgens kwaliteitseisen stellen. Zo is er het aandachtsgebied leiderschap: teneinde kwalitatief hoogwaardig te werken, worden in het model eisen gesteld aan de kwaliteit van het leiderschap. De resterende vier aandachtsgebieden betreffen resultaten (*results*). Deze resultaten laten zien wat de organisatie bereikt als gevolg van de juiste inzet van enablers. De vijf enablers zijn:

- leiderschap;
- personeel;
- strategie (en beleid);
- samenwerkingsrelaties;
- processen.

De vier resultaatgebieden waarop men de organisatie kan evalueren, zijn de resultaten bij respectievelijk:

- het personeel;
- de klanten;
- de maatschappij;
- de hoofdresultaten van een organisatie.

Het EFQM-model wordt altijd zoals in figuur 5.13 afgebeeld. Voor dit model grijpen we terug op de versie van de INK-organisatie (Instituut voor Nederlandse Kwaliteitszorg), de Nederlandse pendant van de EFQM-organisatie. Dit levert een 'Nederlandse' versie van het EFQM-model dat vrijwel identiek is aan het oorspronkelijke EFQM-model. In het INK-model wordt het totaal van de velden van de 'enablers' aangeduid met organisatie. In het INK-model wordt de 'staat van paraatheid' van het kwaliteitszorgsysteem weergegeven in vijf ontwikkelingsfasen (fase 1 tot en met 5). Hoe beter men scoort op de negen aandachtsgebieden voor wat betreft de borging van de kwaliteit, hoe hoger de INK-fase waarop men ingedeeld wordt.

Een organisatie kan in het model precies teruglezen wat men moet verbeteren op welk van de negen aandachtsgebieden, om in aanmerking te komen voor een hogere, betere fase van kwaliteitszorg.

FIGUUR 5.13 Het INK-/EFQM-model voor kwaliteitszorg

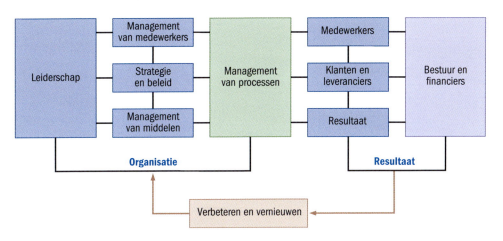

5.5.3 Traditionele kwaliteitszorg

In contrast met totale kwaliteitszorg staat de traditionele kwaliteitszorg, die enkele decennia geleden voor het eerst is ingevoerd maar nog steeds navolging vindt. De traditionele vorm van kwaliteitszorg verwijst voornamelijk naar productinspectie gedurende of aan het eind van het productieproces, meestal zonder dat hieraan een stap voorafgaat. Vaak wordt de traditionele kwaliteitszorg door een speciale kwaliteitscontroleafdeling uitgevoerd die zich primair richt op correctieve maatregelen in plaats van op preventieve maatregelen. In tabel 5.14 wordt de traditionele tegen de totale kwaliteitszorg afgezet.

TABEL 5.14 Traditionele versus totale kwaliteitszorg

Traditionele kwaliteitszorg	Totale kwaliteitszorg
• Controleer op kwaliteit • Kwaliteit is de verantwoordelijkheid van de kwaliteitscontroleafdeling • Sommige fouten zijn onvermijdelijk • Kwaliteit betekent inspectie • Afval, uitval en herstelwerkzaamheden vormen de kosten die je door slechte kwaliteit moet maken • Kwaliteit betreft de tactiek	• Plan voor kwaliteit • Kwaliteit is de verantwoordelijkheid van iedereen • Streef naar 0 fouten (zero defects) • Kwaliteit betekent het voldoen aan normen • Afval, uitval en herstelwerkzaamheden vormen slechts een klein gedeelte van de kosten die je door het niet behalen van de normen moet maken • Kwaliteit betekent strategie

Bron: Hellriegel en Slocum

5.5.4 Kwaliteitskosten

Kwaliteitskosten zijn kosten die gemaakt worden voor het kwaliteitssysteem of, wanneer er toch kwaliteitsproblemen optreden, ondanks het kwaliteitssysteem. Feigenbaum (1992) geeft aan dat er vier soorten kwaliteitskosten zijn:

1 **Preventiekosten.** Voor de productie van goederen of het leveren van diensten worden verschillende activiteiten ontplooid om verkeerde procesoutput te voorkomen. Bij deze activiteiten kunnen we denken aan:
   - kwaliteitsgericht productontwerp;
   - procesontwerp;
   - taakontwerp;
   - het herzien van ontwerpen;
   - klachtenanalyse;
   - motivatieprogramma's;
   - preventief onderhoud;
   - het bijbrengen van een kwaliteitsmentaliteit bij en scholing van personeel en het afstemmen met leveranciers om een aanlevering van kwalitatief goede goederen te bewerkstelligen.

   Al de in het kader van het kwaliteitsbeleid hiervoor gemaakte kosten noemen we preventiekosten.

2 **Beoordelingskosten.** Om de proces- en productkwaliteit te kunnen beoordelen, moeten kosten gemaakt worden om machines te testen, instellingen te verifiëren en producten te controleren op het behalen van de normen. Soms zelfs op een wijze waardoor het product onverkoopbaar wordt. Er zullen laboratoriumproeven gedaan moeten worden, en steekproeven, audits en ingangscontroles gehouden moeten worden. Bovendien zal het controlesysteem (inclusief testfaciliteiten en personeel) onderhouden moeten worden. Al deze kosten kunnen we scharen onder de beoordelingskosten.

3 **Interne faalkosten.** Op het moment dat de preventieve maatregelen niet goed gewerkt hebben en een beoordeling aan het licht brengt dat een product niet aan de normen voldoet, zal het gerepareerd moeten worden (nieuw materiaal en mankracht) of afgeschreven moeten worden (afval en verloren investering). Alle hiermee gepaard gaande kosten, zoals sorteerkosten, afkeuring, reparatie, wachttijd en wijzigingen, zijn de zogenoemde interne faalkosten, waarbij intern slaat op het gegeven dat het product de fabriek nog niet verlaten had.

4 **Externe faalkosten.** In het ergste geval komt de productfout pas aan het licht als het product de fabriek al heeft verlaten en onderweg is naar het verkooppunt of reeds is verkocht. Het verhelpen van klachten, schadeclaims, garantieclaims, productherroepingen en verlies aan goodwill bij de klant kost geld. Deze kosten noemen we externe faalkosten.

Samenvatting

- Beheersing: verifiëren of de gestelde doelen en planning ook daadwerkelijk gehaald worden.

- Beheersing in de vorm van planning- en controlcycli: men plant, doet, checkt en grijpt in.

- Redenen om aan beheersing te doen:
  - aanpassen aan gewijzigde omstandigheden
  - verminderen van fouten en het voorkomen van een opeenstapeling van fouten
  - kunnen omgaan met complexiteit
  - minimaliseren van kosten

- We onderscheiden:
  - corrigerende of curatieve beheersing
  - preventieve beheersing

- Beheersing wordt toegepast door: het individu, de groep, de organisatie, belanghebbenden buiten de organisatie.

- Vormen van beheersing:
  - bureaucratische beheersingsmethoden
  - organische beheersingsregels
  - marktbeheersing
  - financiële beheersing
  - machinale beheersing

- Beheersing via een systeembenadering kent voorwaartskoppelende en achterwaartskoppelende beheersingsacties.

- Drie meetpunten ten behoeve van de beheersing: productiviteit, effectiviteit en efficiëntie.

- Drie vormen van beheersing volgens Merchant:
  - Resultatenbeheersing, een terugkoppelend beheersingsproces. Resultaten van individuen of groepen worden vergeleken met productiedoelstellingen.
  - Activiteitenbeheersing, wordt gebruikt om er zeker van te zijn dat individuen bepaalde voor de organisatie voordelige acties uitvoeren.
  - Personeelsbeheersing; de organisatieleiding wil bevorderen dat werknemers het gewenste gedrag vertonen.

- Verandering van beheersingsfilosofie:
  - overstappen van bureaucratische controle naar gedecentraliseerde beheersing
  - nieuwe toepassingen van beheersing zoals open-bookmanagement
  - beheersingsinstrument: de balanced scorecard

- Kwaliteit is de mate waarin kenmerken van het product overeenstemmen met de eisen en wensen van de klant. Traditionele versus totale kwaliteitszorg. Het EFQM- en het INK-model.

Kernbegrippen

Activiteitenbeheersing	Een beheersingsproces dat gebruikt wordt om zeker te zijn van het feit dat individuen bepaalde acties uitvoeren (of niet uitvoeren) waarvan men weet dat ze de organisatie voordelen (of nadelen) opleveren.
Balanced scorecard	Kernachtige samenvatting van de voor de organisatie belangrijkste prestatie-indicatoren.
Beheersing	Het verifiëren of de gestelde doelen en planning ook daadwerkelijk gehaald worden door de organisatie. Dit om zo nodig te kunnen bijsturen.
Bureaucratische beheersingsmethoden	Beheersingsmethoden waarbij de manager strenge formele regels gebruikt om de organisatie te beheersen.
Corrigerende of curatieve beheersing	Beheersing waarbij men achteraf afwijkingen van de eerder opgestelde norm corrigeert.
Effectiviteit	Verhouding tussen het werkelijk bereikte resultaat en het normresultaat dat men eigenlijk had moeten halen.
Efficiëntie	Verhouding tussen de normoffers die men eigenlijk had mogen brengen en de werkelijk gebrachte offers.
EFQM-model voor kwaliteitszorg	Kwaliteitszorgmodel van de European Foundation for Quality Management.
INK	Instituut voor Nederlandse Kwaliteitszorg, de Nederlandse pendant van de EFQM-organisatie.
KAIZEN-principe	Kwaliteitsverbeteringsfilosofie waarbij elke dag de door de organisatie geleverde kwaliteit door iedereen, stap voor stap, continu wordt verbeterd.
Kwaliteit	De mate waarin de kenmerken van het product overeenstemmen met de eisen en wensen van de consument ten aanzien van het product.
Open-book-management	Managementaanpak waarbij men financiële cijfers deelt met de gehele organisatie.

Organische beheersingsmethoden	Vorm van beheersing waarbij de manager zich kan verlaten op individuele zelfbeheersing en groepsbeheersing.
Personeelsbeheersing	Bij deze vorm van beheersing wil de organisatieleiding bevorderen dat werknemers de gewenste (beroeps)houding aannemen en daarmee het gewenste gedrag vertonen.
Preventieve beheersing	Beheersing waarbij men vooraf probeert afwijkingen van de norm te voorkomen.
Productiviteit	Verhouding tussen het bereikte (of beoogde) resultaat (R) en de daarvoor gebrachte (of verwachte) offers (O).
Resultatenbeheersing	Een terugkoppelend beheersingsproces. De resultaten die gerealiseerd zijn door individuen of groepen, worden vergeleken met de productiedoelstelling. Bij afwijkingen van de doelstelling wordt ingegrepen.
Terugkoppelend beheersingsproces	Beheersingsproces waarbij de meetgegevens aanleiding kunnen geven tot een ingreep enige stappen terug in het organisatieproces.
Traditionele kwaliteitszorg	Productinspectie gedurende of aan het eind van het productieproces, meestal zonder dat hieraan een stap voorafgaat.
Voorwaartskoppelend beheersingsproces	Beheersingsproces waarbij de metingen van de invoer naar voren via een ingreep richting proces gekoppeld worden.

Vragen en opdrachten

Vragen

5.1 Geef zelf een voorbeeld van curatieve en preventieve beheersing.
5.2 Welke drie vormen van beheersing onderscheidt Merchant?
5.3 Wat is het verschil tussen resultatenbeheersing en activiteiten achteraf beoordelen?
5.4 Wat is het verschil tussen een voorwaartskoppelend en een terugkoppelend proces?
5.5 In paragraaf 5.4 staat: 'In de openingscasus zagen we dat Daan bij een accountantskantoor werkt. De aldaar werkende hoogopgeleide professionals werken zeer zelfstandig veelal in hun eentje ergens bij een klant. Bij hen zou bureaucratische beheersing minder passen.' Waarom niet?
5.6 Schets de verschillen tussen traditionele en totale kwaliteitszorg.

Opdrachten

5.7 Probeer een registratiesysteem voor uit te lenen boeken in een bibliotheek als terugkoppelend proces te beschrijven en te tekenen.

5.8 Idem voor een voorwaartskoppelend proces als de aanmeldingen voor Pinkpop. Wat kan men doen als de voorverkopen tegenvallen?

5.9 Beschrijf welke beheersingsmethoden bij jou passen en welke niet. Heb jij veel controle van buitenaf nodig? Of regel je zoveel als mogelijk zelf bij?

5.10 Lees het artikel over internetgebruik op het werk.

● WWW.MT.NL (AANGEPAST)

Opleggen van gedragsbeperkingen in de praktijk: 'Privé surfen is uren stelen van de baas'

Naar huis bellen, privé mailen of surfen tijdens werktijd. Er zijn werknemers die 4,9 uur per week in de baas zijn tijd bezig zijn met privézaken, zo blijkt uit onderzoek van Ernst & Young via de ICT-barometer. 'Je steelt uren van

de baas', vindt Ria Engels. Engels werkt als gemeentesecretaris (hoogste directeur) in Oss. Zij geeft leiding aan ongeveer zevenhonderd ambtenaren, van wie er vijfhonderd een werkplek hebben met internet.
'Over mailen, surfen en bellen hebben wij afspraken gemaakt, een soort protocol over hoe je omgaat met de tijd van de baas', zegt Engels. Een keertje een privémailtje sturen moet kunnen volgens Engels. Als het structureel gebeurt, begint het pas een probleem te vormen. Pornografische of racistische sites bezoeken in de baas zijn tijd is al helemaal uit den boze.
Om tegen te gaan dat werknemers tijdens werktijd surfen, worden er logboeken bijgehouden met het surfgedrag van alle medewerkers. 'Deze logboeken controleren we steekproefsgewijs, of als er aanleiding voor is. Als we constateren dat er iets gebeurt wat niet kan, dan kan een disciplinaire maatregel volgen. Dit betekent ten minste een berisping, en in het uiterste geval ontslag. Dat is ook bekend bij onze mensen', zo vertelt Engels.

    a Hoe vind je het als je surfgedrag opgeslagen wordt door je werkgever?
    b Kun je negatieve consequenties van bovengenoemde controlemaatregelen aangeven?
    c Kun je positieve consequenties van bovengenoemde controlemaatregelen aangeven?
    d Wat zou jij als directeur doen op dit vlak?

Antwoorden op vragen en opdrachten vind je op de bij dit boek behorende website **www.introductiemanagement.noordhoff.nl**.

Literatuur-overzicht

Alblas, G., Thuis, P. & Kokke, K. (2012). *Bedrijfskunde, de basis*. Groningen: Noordhoff Uitgevers.
Ansoff, H.I. (1968). *Corporate Strategy*. New York: McGraw-Hill.
Ashby, W.R. (1956). *An introduction to Cybernetics*. Londen: Chapman and Hall.
Barnard, C.I. (1938). *The Functions of Executive*. Cambridge, MA: Harvard University Press.
Barnard, C.I. (1938). *The Functioning of organizations*. Cambridge, MA: Harvard University Press.
Barnard, C.I. (1948). *Organization and Management*. Cambridge, MA: Harvard University Press.
Bartlett, C.A. & Ghoshal, S. (1994). 'Changing the Role of Top Management: Beyond Strategy to Prupose', *Harvard Business Review*, november-december.
Bennis, W.G. (1966). *Changing Organizations*. New York: McGraw-Hill.
Bennis, W. (1994). *On Becoming a Leader*. New York: Addison Wesley.
Bennis, W. & Townsend, R. (1995). *Reinventing Leadership: Strategies to Empower the Organization*. New York: William Morrow.
Bij, J.D. van der et al. (1990). *Inleiding Kwaliteitsmanagement*. Technische Universiteit Eindhoven, faculteit der Technische Bedrijfskunde, BDK 1340.
Blake, R.R. & Mouton, J.S. (1972). *'The Managerial Grid', Advanced Management Office Executive, 1* (9).
Bowlman, L.G. & Deal, T.E. (1995). *Leading with Soul: An Uncommon Journey of Spirit*. San Francisco: Jossey-Bass.
Boyett, J. & Boyett, J. (1999). *De goeroe gids, een kritisch overzicht*. Thema.
Bruce, A. & Pepitone J. (2002). *Werknemers motiveren*. Schoonhoven: Academic Service.
Brundtland, G.H. e.a. *Report of the World Commission on Environment and Development (WCED): Our Common Future*. UN documents, www.un-documents.net/wced-ocf.htm.
Buitenhuis, R. & Zanten, M. van (2006). *Coachen*, management toolbox, Main Press.
Buitenhuis, R. & Zanten, M. van (2006). *Leidinggeven*, management toolbox, Main Press.
Buitenhuis, R. & Zanten, M. van (2006). *Motiveren*, management toolbox, Main Press.
Burns, T. & Stalker, G.M. (1966). *The Management of Innovation*. London: Tavistock Publications.
Chandler, A.D. (1962). *Strategy and Structure, Chapters in the History of the Industrial Enterprise*. Cambridge MA: the MIT Press.
Cohen, M.D. March, J.G. & Olsen, J.P. (1972). 'A garbage can model of organizational Choice', *Administrative Science Quarterly*, 17.
Crosby, Ph.B. (1961). *Quality is free*. New York: McGraw-Hill.

Cyert, R.M. & March, J.G. (1963). *A Behavioral Theory of the Firm*. Englewood Cliffs: Prentice Hall.
Daft, R.L. (2001). *Organization Theory and Design*, 7th edition. Cincinnati: South-Western College Publishing.
Daft, R. (2003). *Management*, 6th edition, Thomas Learning
Drucker, P. (1954). *The Practice of Management*. New York: Harper & Row.
Drucker, P. (1985). *Management: Tasks, Responsibilities, Practices*. New York: Harper Business (aangepaste versie van de 1973 druk).
Feigenbaum, A.V. (1992). *Total Quality Control*, 3d edition. New York: McGraw-Hill.
Festinger, L. (1957). *A Theory of Cognitive Dissonance*. Palo Ato: Stanford University Press.
Fiedler, F.E. (1967). *A Theory of Leadership Effectiveness*. New York: McGraw-Hill.
Fiedler, F.E. (1978). 'The contingency model and the dynamics of leadership proces'. In L. Berkowitz, *Advances in experimental social psychology (Vol 11)*. New York: Academic Press.
Gardner, J.G. (1990). *On Leadership*. New York: The Free Press.
Garvin, D.A. (1984). 'What does 'Product Quality' really men?', *Sloan Management Review*.
Gatewood, R.D. et al. (1995). *Management, Comprehension, Analysis, and Application*. Chicago: Irwin/Austen Press.
Goleman, D. (1990), *Emotionele intelligentie*. Olympus.
Greenleaf, R.K., 'Life's Choices and Markets' in Spears, *Reflections on Leadership*, p. 20.
Greiner, L. (1972). 'Evolution and revolution as organizations grow', *Harvard Business Review*, juli-aug.
Greiner, L. & Metzger, R.V. (1983). Consulting to Management. Englewood Cliffs: Prentice Hall.
Hellriegel, D. & Slocum, J.W. (1993). *Management* (zesde editie). Reading: Addison-Wesley Publishing Company.
Herzberg, F. et al. (1959). *The motivation to Work*. New York: Wiley.
Hofstede, G. (1984). *Culture's Consequences. International differences in work-related values*. London: Sage.
Hofstede, G. (1991). *Cultures and Organizations, the Software of the Mind*. Londen: McGraw-Hill.
Howard, P.J., Medina, P.L. & Howard, J.M. (1996). *The big five locator: A quick assessment tool for consultants and trainers*. San Diego, CA: Pfeiffer and Company.
Huey, J. (1993). Managing in the Midst of Chaos', *Fortune*, april 5.
Imai, M. (1991). *KAIZEN, de sleutel van Japans succesvolle concurrentie*. Deventer: Kluwer.
Janis, I.L. (1971). 'Groupthink', *Psychology Today*, nov.
Janis, I.L. (1972). *Victims of groupthink*. Boston: Houghton Mifflin.
Johnson, G. & Scholes, K. (1993). *Exploring Corporate Startegy*, Text and Cases (derde druk). Englewood Cliffs: Prentice Hall.
Kaplan, R.S., & Norton, D.P. (1996). Using the balanced scorecard as a strategic Management System, *Harvard Business Review*, (jan-feb)
Katz, D. & Kahn, R.L. (1966). *The Social Pschology of Organizations* (tweede druk). New York: Wiley.
Kennedy, C. (1999). *Gids van managementgoeroes*. Amsterdam: Uitgeverij Contact.
Kets de Vries, M.F.R. (1995). *Life and Death in the Executive Fast Lane*. San Francisco: Jossey-Bass.

Kolb, D.A. e.a. (1974). *Organizational Psychology. A book of readings*. New Jersey: Prentice Hall.
Kotter, J.P. & Schlessinger, L.S. (1979). Choosing Strategies for Change. *Harvard Business Review*, march-april 1979.
Kotter, J.P. (1990). *A Force for Change: How Leadership Differs from Change*. New York: The Free Press.
Kouzes, J.M. & Posner, B.Z. (1995). *The Leadership Challenge*. San Francisco: Jossey-Bass.
Larkin, T.J. & Larkin, S. (1996). 'Reaching and changing Frontline Employees', *Harvard Business Review*, may-june.
Lawrence, P.R. & Lorsch, J.W. (1967). *Organization and Environment*. Cambridge, MA: Harvard University Press.
Lewin, K. (1951). *Field Theory in Social Science*. New York: Harper & Row.
Lewis, P. et al. (1994). *Management, Challenges in the 21st Century*. St. Paul: West Publishing Company.
Maslow, A.H. (1943). 'A Theory of Human Motivation', *Psychological Review*, 50.
Mayo, E. (1945). *The Social Problems of Industrial Civilization*. Boston: Harvard University.
McDonough, W. & Braungart, M. (2002). *Cradle to Cradle: Remaking the Way We Make Things*. New York: North Point Press.
McGregor, D. (1960). *The Human Side of Enterprise*. New York: McGraw-Hill.
Merchant, K.A. (1985). *Control in Business Organizations*. Cambridge: Ballinger.
Mintzberg, H. (1973). *The Nature of Managerial Work*. New York: Harper & Row.
Mintzberg, H. (1975). 'The Managers Job: Folklore and Fact', *Harvard Business Review*, juli-aug.
Mintzberg, H. (1979). *The Structuring of Organizations*. Englewood Cliffs: Prentice Hall.
Mintzberg, H. (1983). *Power in and around Organizations*. Englewood Cliffs: Prentice Hall.
Mintzberg, H. (1983). *Structure in Fives, Designing Effective Organizations*. Englewood Cliffs: Prentice Hall.
Mintzberg, H. (1989). *Mintzberg on Management: inside our strange world of organizations*. New York: The Free Press.
Mitroff, I.I. (1983). *Stakeholders of the Organizational Mind*. San Francisco: Jossey-Bass.
Moorhead, G. & Griffin, R.W. (1989). *Organizational Behaviour* (tweede druk). Hougthon: Mifflin Company.
Nadler, D.A. (1983). 'Concepts for the management of organizational Change', in J.R. Hackman, et al., *Perspectives on Behavior in Organizations* (tweede druk). New York: McGraw-Hill.
Pfeffer, J. (1981). *Power in Organizations*. Boston: Pitman.
Pieterman, M. (1993). *De middlemanager in confrontatie met de praktijk*. Baarn: Nelissen.
Porter, M.E. (1980). *Competitive Strategy: Techniques for Analyzing Industries and Competitors*. New York: The Free Press.
Porter, M.E. (1985). *Competition in Global Industries*. Cambridge, MA: Harvard Business School.
Porter, M.E. (1985). *Competitive Advantage, Creating and Sustaining Superior Performance*. New York: The Free Press.
Pugh, D.S. & Hickson, D.J. (1976). *Organizational Structure in its Context, the Aston Programme I*. Gower Publishing.
Pugh, D.S. et al. (1983). *Writers on Organizations* (derde druk). London: Penguin Books.

Quinn, J., Mintzberg, H. & James, R.M. (1988). *The Strategy Process*. Englewood Cliffs: Prentice Hall.
Raven, B. & French, F. (1959). The basis of Social Power, in: Darwin Cartwright, ed., *Studies in Social Power*. Ann Harbor: University of Michigan Press.
Robbins, S.P., & Coulter, M. (2003). *Management*, 7th edition, Pearson, Prentice Hall
Sayles, L.R. (1964). *Managerial Behavior*. New York: McGraw-Hill.
Simon, H. (1976). *Administrative Behavior: A Study of Decision Making Processes in Administrative Organization* (derde druk). New York: The Free Press.
Stoner, J. & Freeman, R.E. (2002). *Management* (5e druk). Academic Service.
Strebel, P. (1996). 'Why Do Employees Resist Change?', *Harvard Business Review*, mei-juni.
Tetenbaum, T.J. (1998). 'Shifting Paradigms: from Newton to Chaos', *Organizational Dynamics*, spring.
Thuis, P.T.H.J. (2017). *Toegepaste Organisatiekunde* (zevende druk). Groningen: Noordhoff Uitgevers.
Thuis, P.T.H.J. & Mulders, M.M. (2013). *101 Managementkengetallen*. Groningen: Noordhoff Uitgevers.
Thuis, P.T.H.J. & Stuive, R. (2016). *Bedrijfskunde Integraal* (tweede druk). Groningen: Noordhoff Uitgevers.
Tulega, T. (1987). *Beyond the Bottom Line*, New York: Penguin Books.
Thompson, J.D. (1967). *Organizations in Action*. New York: McGraw-Hill.
Zaltman, G. & Duncan, R. (1977). *Strategies for Planned Change*. New York: Wiley.

Over de auteur

Ir. Peter Thuis (1970) studeerde technische en internationale bedrijfskunde aan de TUE en de UM. Hij was docent organisatiekunde in het hbo voor de Heao Breda, faculteitsdirecteur in het wetenschappelijk onderwijs en is thans bestuursvoorzitter van een roc in het mbo. Thuis was op provinciaal en regionaal niveau actief voor de evaluatie van overheidsbeleid, en heeft diverse toezicht- en bestuursfuncties. Bij Avans is hij gecommitteerde voor de examens bij de MER.
Peter Thuis publiceerde bij Noordhoff verschillende managementboeken.

Illustratie-verantwoording

Picture Research: Daliz, Den Haag

Photo's:
iStockphoto, Calgary: p. 6, 9, 12, 48, 109, 166
Shutterstock, New York: p. 8, 18, 22, 24, 25, 36, 38, 42, 46, 58, 59, 74, 76, 79, 87, 97, 99, 102, 105, 112, 122, 124, 135, 137, 143, 151, 168, 172, 176, 180, 181, 185, 187, 191, 195
Eveliene Jacq/ Hollandse Hoogte, Den Haag: p. 10
123RF, San Francisco: p. 45
Photofusion Picture Library / Alamy Stock Photo, London: p. 54
Waymart / Hamburger University, Oak Brook, Illinois: p. 92
Dreamstime, San Francisco: p. 128, 184
Lannoo Campuz, Tielt: p. 132
Jaco Klamer/ Hollandse Hoogte, Den Haag: p. 156
Marco Okhuizen/ Hollandse Hoogte, Den Haag: p. 177
Arie Kievit/ Hollandse Hoogte, Den Haag: p. 192

Met betrekking tot sommige teksten en/of illustratiemateriaal is het de uitgever, ondanks zorgvuldige inspanningen daartoe, niet gelukt eventuele rechthebbende(n) te achterhalen. Mocht u van mening zijn (auteurs)rechten te kunnen doen gelden op teksten en/of illustratiemateriaal in deze uitgave dan verzoeken wij u contact op te nemen met de uitgever.

Register

3P- of PPP-benadering *19*
360-gradenfeedback *104*

A

aangeboren leiderschap *126*
aangeleerd leiderschap *126*
aanvaardbaarheid van een strategie *51*
achterwaartse beheersing *179*
actief luisteren *151*
actieverantwoordelijk *186*
activiteitenbeheersing *185*
activiteitenoverzicht *62*
adverteren *101*
afdelingen *77*
afstemming *88*
analyse strategische situatie *43*
Ansoff *48*
Ansoff-matrix *48*
Ansoffs product-marktcombinaties *48*
arbeidsdeling *77*
arbeidsinhoud *78*
arbeidsomstandigheden *78*
arbeidsverdeling *20*
arbeidsverhoudingen *78*
arbeidsvoorwaarden *78*
assessments *103*
attitude *143*
autonomiecrisis *113*
autoritair leiderschap *129*

B

balanced scorecard *189, 190*
banenmarkten *102*
Barnard *87, 157*
basisfuncties van de manager *27*
bedreigde expertise *141*
bedreigde macht *141*
bedrijf *11*
bedrijvendagen *102*
beëindiging arbeidsrelatie *107*
begrensde rationaliteit *57*
begroting *169*
beheerscrisis *113*

beheersen *27*
beheersingsbronnen *171*
beheersingscriteria *171*
beheersingsfilosofie *188*
beheersingsvormen *171*
beheersing volgens Merchant *184*
behoefte aan acceptatie *136*
behoefte aan waardering en erkenning *136*
behoefte aan zekerheid en veiligheid *136*
behoefte aan zelfontplooiing *136*
behoeftehiërarchie *136*
behoeftepiramide van Maslow *136*
belanghebbenden *173*
beloningsmacht *139*
Bennis *125, 127*
beoordelingsgesprek *104*
beoordelingskosten *198*
beperkt-rationele besluitvormingsmodel *57*
beschouwingsniveaus *4*
beslisser *150*
besloten vennootschap (bv) *13*
besluitvormende rollen *26*
besluitvorming *26*
besluitvormingsmodellen *57*
besluitvormingsproces *55*
besluitvormingsregels *60*
bevoegdheid *78*
bevriezen *114*
bewust bekwaam *149*
bewust onbekwaam *149*
bezinner *150*
Big five *146*
Blake en Mouton *130*
Bowlman en Deal *127*
Brundtland-rapport *19*
budgetteren *61*
Buitenhuis *149*
bureaucratiecrisis *114*
bureaucratische beheersing *188*
bureaucratische beheersingsmethoden *175*
bv *13*

C

C2C 20
charisma 133
coachen 149
coaching 104
coachingstijlen 151
cognitieve component 143
cognitieve dissonantie 144
collectieve mentale (geestelijke) programmering 108
commanditaire vennootschap (cv) 13
communicatie 142
communicatienetwerken 154
communicatieproces 152
communicatieve vaardigheden 25
conceptuele vaardigheden 25
configuratie 90
consensus 60
consolideren 49
coöperatieve vereniging (cv) 13
coöptatie 142
coördinatie 88
coördinatie in organisaties 87
coördinatiemechanismen 88
coördineren 27
corrigerende beheersing 172
Cradle to Cradle 20
crisismanagement 53
criteria voor de effectiviteit van beheersing 173
criteria voor effectieve plannen 39
cultuur 27
cultuur in organisaties 108
cultuurtypering volgens Hofstede 108
curatieve beheersing 172
cv 13

D

Daft 143, 188
defensieve perceptie 145
defensieve strategie 46
delegeren 152
democratisch leiderschap 129
demografische variabelen 15
denker 150
depth of control 83
deskundigheidsmacht 140
DESTEMP 15
differentiatiestrategie 47
direct investment 50
direct leidinggeven 187
direct toezicht 88, 91
dissatisfiers 139
diversificatie 48

doelgerichte training 127
doener 150
Drucker 137
Duncan 141
duurzaam ondernemen 19
Duurzame ontwikkeling 19

E

ecologische variabelen 17
economische factoren 141
economische variabelen 15
eenheid van bevel 82
eenheid van gezag 82
eenman 60
eenmanszaak 13
effectiviteit 182
efficiëntie 182
EFQM-methodiek 193
EFQM-model 195
elementen uitgezet in de tijd 61
emoties 57, 146
emotionele component 143
empathie 146
employability 107
enablers 196
entrepreneur 125
EQ 146
ervaringsleren 150
escalatie van verbondenheid 58
exitgesprek 107
externe belanghebbenden 15
externe faalkosten 198
externe hoofddoelstelling 11
extrinsieke motivatie 135

F

faciliteiten 142
feedback 151, 179
feedforward 179
Festinger 144
Fiedler 126, 131
financieel perspectief 190
financiële beheersing 176
F-indeling 80
focusstrategie 47
formeel gezag 26
framing 58
franchise 51
functies 77, 78
functionele indeling 80
functioneringsgesprek 104
fusie 50
fysiologische behoeften 136

G

Ganttkaart *62*
gedecentraliseerde beheersing *188*
gediversifieerde organisatie van Mintzberg *94*
gedrag in organisaties *139*
gedragscomponent *143*
geïsoleerd *155*
gelijklopende beheersing *180*
gemeenschappelijk doel *11*
generieke strategieën van Porter *47*
genetische aanleg en de vroege jeugd *127*
geografische indeling *80*
geprogrammeerde beslissingen *52*
geschiktheid van een strategie *51*
gewoonte *141*
gezelligheidsvereniging *131*
G-indeling *80*
Goleman *146*
Greiner *113*
groeifasen van Greiner *113*
groepen *173*
groepsinertie *141*

H

haalbaarheid van een strategie *51*
halo-effect *145*
headhunters *101*
HEG-methode *151*
helden en verhalen *111*
Herzberg *78, 138*
hiërarchie *20, 21, 89, 140*
Hofstede *108*
hoofddoelstelling van de organisatie *11*
hoofdvorm voor de strategie *46*
horizontale communicatie *155*
horizontale verdeling van arbeid *20*

I

ideologie *97*
indirecte omgeving *15*
individu *173*
individualisme versus collectivisme *109*
informatieoverdracht *153*
informationele macht *139*
informationele rollen *25*
informele organisatie *87*
INK-model *195, 196*
innovatieve organisatie van Mintzberg *96*
innovatieve perspectief *190*
input *14*
instrumenten van de coach *150*
interne belanghebbenden *15*
interne faalkosten *198*

interne hoofddoelstelling *11*
intern perspectief *190*
interpersoonlijke rollen *25*
interpersoonlijke vaardigheden *25*
intrinsieke motivatie *135*
intuïtie *58*
invloed *185*
IQ *146*
ISO-norming *193*

J

job enlargement *78*
job enrichment *78*
job rotation *78*
joint venture *51*

K

Kahn *140*
KAIZEN-principe *194*
Katz *140*
kerngebieden *39*
Kets de Vries *127*
Kolb *150*
kosmopolieten *155*
kostenleiderschapsstrategie *47*
Kotter *127, 142*
kritieke pad *63*
kwaliteit *191*
kwaliteitsbeheersing *191*
kwaliteitsbeleid *193*
kwaliteitsborging *193*
kwaliteitscirkels *193*
kwaliteitskosten *197*
kwaliteitssystemen *193*

L

lagen in een organisatiecultuur *110*
lager kader *40*
laterale communicatie *155*
leercyclus *149*
legitieme macht *139*
leiders *125*
leiderschapscrisis *113*
leiderschapsstijl *128*
leidinggeven *27, 125, 151*
léren leren *149*
Lewin *114*
licentie *51*
lifelong-employment *105*
lijn *82*
lijnorganisatie *82*
lijn-staforganisatie *83*
locus of control *149*
loongebouw *106*

M

maatschap *13*
maatschappelijk verantwoord ondernemen (MVO) *19*
machinale beheersing *176*
machineorganisatie van Mintzberg *92*
macht *139*
machtiging *61*
machtsafstand *109*
machtsgrondslagen *140*
management *22*
management by chaos (MBC) *134*
management by delegation (MBD) *134*
management by direction and control (MBDC) *134*
management by exception (MBE) *134*
management by objectives (MBO) *134*
management by results (MBR) *134*
management by walking around (MBW) *134*
managementmethoden voor beheersing *175*
managementniveaus *22*
managementrollen *25*
managementtechnieken *134*
managementvaardigheden *25*
manager *22, 125*
managerial grid *130*
manipulatie *142*
marktbeheersing *175*
marktconform *106*
markt- en bedrijfstakvariabelen *17*
marktindeling (M-indeling) *80*
marktontwikkeling *48*
marktpenetratie *48*
masculiniteit versus femininiteit *110*
Maslow *136*
matrixorganisatie *84*
maximale productiviteit *182*
meerderheid *60*
Merchant *184*
meten *178*
meten en regelen *171*
methoden voor een strategie *49*
middenkader *40, 95*
middenmanagement *22*
M-indeling *80*
minimaliseren van kosten *172*
Mintzberg *25, 88, 89*
missie *40*
missionaire organisatie van Mintzberg *97*
missionstatement *40*
motivatie *134*
moving *114*

N

naamloze vennootschap (nv) *13*
nacalculatie en jaarverslag *170*
Nadler *141*
natuurlijke personen *13*
netwerkplanning *62*
niche *47*
niet-geprogrammeerde beslissingen *52*
niet-planmatige organisatieverandering *113*
norm *39, 61*
normen en waarden *111*
nv *13*

O

offensieve strategie *46*
omgeving *14*
omgevingsinvloeden *14*
omspanningsvermogen *83*
onbewust bekwaam *150*
onbewust onbekwaam *149*
onderlinge afstemming *88, 96*
onderneming *11*
ondersteunende staf *96*
ondersteuning *142*
onzekerheidsvermijding *109*
open-bookmanagement *189*
open sollicitaties *102*
operationeel management *23*
operationele kern *93*
operationele plannen *40*
opleggen gedragsbeperkingen *185*
organisatie *9, 11, 173*
organisatiebegrip
 – funcioneel *11*
 – institutioneel *11*
 – instrumenteel *11*
organisatiemodellen *89*
organisatiestelsels *80*
organisatieverandering *27*
organisational behaviour *139*
organische beheersingsregels *175*
organiseren *27*
organogram *80, 154*
output *14*
outsourcing *51*
overcapaciteit *186*
overdreven stabiliteit *140*
overname *50*

P

participatie en betrokkenheid *142*
participatief leiderschap *129*

perceptie *144*
personeelsbeheersing *187*
personeelsbestand *27*
personeelsplanning *101*
persoonlijke aandacht *106, 133*
persoonskenmerken *140*
perspectief van de klant *190*
PERT *62*
P-indeling *80*
piramide *23*
planbord *61*
planmatige verandering *113*
plannen *26, 39*
planning- en control cyclus *169*
planning en omgeving *41*
planniveaus *40*
plantermijnen *40*
politieke organisatie van Mintzberg *98*
politieke variabelen *17*
poortwachter *155*
Porter *47, 86*
prestatiebeloning *39*
prestatiebeoordeling *104*
preventiekosten *198*
preventieve beheersing *172*
primair coördinatiemechanisme *90*
procesdoelstellingen *193*
productdoelstellingen *193*
productindeling (P-indeling) *80*
productiviteit *182*
productontwikkeling *48*
proefperioden *103*
professionele organisatie van Mintzberg *93*
projectie *145*
projectorganisatie *84*
promoveren *101*
psychologisch contract *22*

Q
quickscan Big Five *147*

R
Rationeel-Emotieve Therapie (RET) *58*
rationele besluitvormingsmodel *57*
Raven en French *140*
realisatie *169*
rechtspersonen *13*
rechtsvormen *12*
referentiemacht *140*
referenties *103*
refreezing *114*
regelactie *178*
regels en procedures *89*
resultatenbeheersing *184*

results *196*
RET *58*
richtingen voor een strategie *48*
rituelen en traditities *111*
ruis *153, 157*

S
salaris *106*
samenwerking *9*
sanctionele macht *139*
satisfiers *138*
satisfying *57*
scenarioplannen *53*
Schlesinger *142*
scope of control *83*
secundaire arbeidsvoorwaarden *106*
selecteren juiste personeel *102*
single-use plan *52*
situationeel leiderschap *131*
smeermiddel *87*
sociale behoefte *87*
sociale controle *187*
sociale factoren *141*
sociale vaardigheden *146*
sociale variabelen *15*
spandiepte *83*
span of control *83*
spanwijdte *83*
staf *83*
standaardisatie van arbeidsprocessen *92*
standaardisatie van bekwaamheden *93*
standaardisatie van kennis en vaardigheden *89*
standaardisatie van normen *89, 97*
standaardisatie van output *95*
standaardisatie van resultaten *88*
standaardisatie van werkprocessen *88*
stappenplan besluitvormingsproces *55*
statusverschillen *157*
STEP-analyse *17*
stereotypering *145*
strategie *26*
strategie-implementatie *43*
strategieontwikkeling *43*
strategische allianties *50*
strategische plannen *40*
strategische top *91*
strategische uitgangspunten Porter *47*
strategisch planningsproces *43*
stress *57*
structureren van organisaties *77*
structuur *77, 86*
stuck-in-the-middle *47*
SWOT-analyse *44*

symbolen *111*
synergie-effect *9*

taak *78*
taakanalyse *101*
taakgericht *61*
taakmanagement *131*
taakroulatie *78*
taakverrijking *78*
taakverruiming *78*
tactische plannen *40*
taken *78*
teammanagement *131*
technische vaardigheden *25*
technologische variabelen *16*
technostructuur *92*
terugkoppelende beheersing *179*
terugtrekken *49*
the big five *146*
tijdsdruk *157*
TKZ *194*
toewijzing van middelen *141*
topmanagement *22, 40*
totale kwaliteitszorg *194*
total quality management *194*
TQM *194*
traditionele kwaliteitszorg *197*
training en development *104*
transactioneel leiderschap *133*
transformatieproces *13*
transformationeel leiderschap *133*
tweefactorentheorie van Herzberg *138*
tweefactorentheorie voor motivatie *138*

uitgangspunten van beheersing *173*
uitgangspunten voor een strategie *47*
unanimiteit *60*
unfreezing *114*

van Zanten *149*
veiligheid *141*
vennootschap onder firma (vof) *13*

veranderen van organisaties *111*
verarmd management *131*
verbinding *155*
verifiëren *27*
verloop *105*
verminderen van fouten *171*
vermogen om anderen aandacht te geven *125*
vermogen om betekenis te geven *125*
vermogen om vertrouwen te geven *126*
vermogen om zichzelf te managen *126*
verschuiven *114*
verticale communicatie *155*
verticale verdeling van arbeid *20*
vetorecht *60*
vier A's *78*
visie *133*
visionair *125*
vof *13*
voortbestaan organisatie *11*
voorwaartskoppelende beheersing *178*

W

weerstand *140*
weerstand op individueel niveau *141*
weerstand op organisatieniveau *140*
weerstandsvermindering *142*
werkgever–werknemerrelatie *106*
werkgroepen en vergaderingen *89*
werven *101*

X

X-theorie van McGregor *129*

Y

Y-theorie van McGregor *129*

Z

Zanten, Van *149*
Zaltman *141*
zelfbewustzijn *146*
zelfcontrole *187*
zelfstandige ontwikkeling *49*